Kohlhammer | Deutscher Gemeindeverlag

SCHRIFTENREIHE
DES FREIHERR-VOM-STEIN-INSTITUTES
WISSENSCHAFTLICHE FORSCHUNGSSTELLE
DES LANDKREISTAGES NORDRHEIN-WESTFALEN
AN DER UNIVERSITÄT MÜNSTER

BAND 61

Linus Tepe

Verfassungsrechtliche Vorgaben für Zuständigkeitsverlagerungen zwischen Gemeindeverbandsebenen

Verlag W. Kohlhammer
Deutscher Gemeindeverlag

Die Rechtswissenschaftliche Fakultät der Westfälischen Wilhelms-Universität Münster hat diese Arbeit als Dissertation angenommen.

D 6

2009
Deutscher Gemeindeverlag GmbH
Verlagsort: 70565 Stuttgart
Gesamtherstellung Deutscher Gemeindeverlag GmbH/Verlag W. Kohlhammer GmbH, Stuttgart

ISBN 978-3-555-01459-3

Vorwort

Im Nachklang zum 2. Verwaltungsmodernisierungsgesetz des Landes NRW änderte der nordrhein-westfälische Landesverordnungsgeber im Jahr 2003 die Zuständigkeiten im Bereich des ambulant betreuten Wohnens für Menschen mit Behinderung. Waren bis Mitte 2003 noch die Kreise und kreisfreien Städte für diese Aufgabe sachlich zuständig, so zeigen sich seit dem 1.7.2003 (zunächst befristet bis 2010) die beiden Landschaftsverbände hierfür verantwortlich. Diese befristete Hochzonung war Anlass für die vorliegende Untersuchung.

Kompetenzverlagerungen zwischen kommunalen Ebenen sind nicht neu. Das Bundesverfassungsgericht hat sich grundlegend zur verfassungsrechtlichen Relevanz einer Hochzonung zwischen der Ebene der Gemeinden und der Kreise bereits Ende der 80-er Jahre in seinem »Rastede-Beschluss« geäußert. Dieser Beschluss fand in der rechtwissenschaftlichen Literatur große Beachtung. Zahlreiche Monographien wurden zur Zulässigkeit solcher Hochzonungen verfasst. Die Rechtsprechung wurde nachhaltig durch den Rastede-Beschluss beeinflusst.

Untergewichtet hingegen wurden Untersuchungen zur Frage, unter welchen Voraussetzungen Kompetenzverlagerungen zwischen den Ebenen der Kreise und kreisfreien Städte auf der einen, der Ebene höherer Gemeindeverbände, wie beispielsweise der Ebene der Landschaftsverbände, auf der anderen Seite zulässig sind. Die vorliegende Untersuchung will einen Beitrag dazu leisten, diese Lücke zu schließen.

Die Arbeit geht dabei auf die Gewährleistungen der Selbstverwaltungsgarantie nach dem Grundgesetz und der nordrhein-westfälischen Landesverfassung ein und untersucht, ob sich aus der Garantie der Art. 28 GG und Art. 78 LVNW Maßstäbe ergeben, die der Gesetz- und Verordnungsgeber bei Aufgabenverlagerungen innerhalb der untersuchten Ebenen zu berücksichtigen hat. Nach dieser Ausarbeitung wendet der Verfasser diese Ergebnisse konkret auf die Zuständigkeit für das ambulant betreute Wohnen für Menschen mit Behinderung an. Eingehend werden dabei auch die Ergebnisse der wissenschaftlichen Begleitstudie des Zentrums für Planung und Evaluation Sozialer Dienste Siegen einbezogen.

Münster, im Februar 2009

Professor Dr. Janbernd Oebbecke

Geschäftsführender Direktor
des Freiherr-vom-Stein-Instituts

Vorwort des Verfassers

Die vorliegende Arbeit ist während meiner zweijährigen Tätigkeit als wissenschaftlicher Referent am Freiherr-vom-Stein-Institut in Münster entstanden. Am Ende einer solchen Zeit gilt es, danke zu sagen. Mein erster Dank gilt dem Geschäftsführenden Direktor des Instituts, Herrn Professor Dr. Janbernd Oebbecke. Seine wertvollen Hinweise und hervorragende Betreuung haben zum Gelingen der Arbeit wesentlich beigetragen. Herrn Prof. Dr. Fabian Wittreck danke ich für die Erstellung des Zweitgutachtens.

Das FSI bot mir während meiner Tätigkeit optimale Forschungsbedingungen. Stellvertretend bedanke ich mich bei Herrn Dr. Martin Klein, Hauptgeschäftsführer des Landkreistages NRW, dafür, dass der LKT NRW eine solche Forschungsstelle unterhält und somit gewährleistet, dass auch teilweise abgelegene Rechtsgebiete wissenschaftlich begleitet werden.

Auch ohne die hervorragende Betreuung vor Ort wäre die Erstellung der vorliegenden Arbeit nicht möglich gewesen. Bei Frau Dr. Dörte Diemert, ehemalige Leiterin des FSI, bedanke ich mich für die fachlichen und persönlichen Gespräche, die mit zu dem Gelingen beigetragen haben. Lebhafte Diskussionen gab es auch stets unter den Mitreferenten Frau Anna Roth, Herrn Carsten Lund, Herrn Christian Thiemann und Herrn Jan-Stefan Lüdde. Letzterem gilt gemeinsam mit Frau Anna Wilde, Frau Hanna Groß und Frau Juliane Wessels ein herzlicher Dank für die Unterstützung in ihrer Aufgabe als studentische Hilfskräfte. Ein Dank gilt auch Frau Hiltrud Martellock. Durch ihre stets freundliche, persönliche Art hat sie ganz entscheidend für das hervorragende Arbeitsklima am FSI gesorgt. Herrn Diplom-Verwaltungswirt Hans-Jürgen Richard danke ich für die Lösung manch technischer Probleme und die umfangreiche Erstellung der Druckfassung.

Ein letzter Dank gilt meinen Eltern, die mich von klein auf in all meinen Entscheidungen unterstützt haben. Von ihnen kamen stets aufmunternde Worte. Dafür danke ich ihnen sehr und widme ihnen diese Schrift, insbesondere unserem Vater, der das Bestehen des Examens und die vorliegende Veröffentlichung leider nicht mehr miterleben konnte.

Münster, im Februar 2009

Linus Tepe

Inhaltsübersicht

Inhaltsverzeichnis

Abkürzungsverzeichnis

BAGüS	Bundesarbeitsgemeinschaft der überörtlichen Sozialhilfeträger
difu	Deutsches Institut für Urbanistik
DV	Deutscher Verein für öffentliche und private Fürsorge
FG	Festgabe
GesSlg.	Gesetzessammlung
HdbKWP	Handbuch der kommunalen Wissenschaft und Praxis
HdbStR	Handbuch des Staatsrechts
IH-NRW	Selbstständiges Wohnen behinderter Menschen – Individuelle Hilfe aus einer Hand
KommPolBl.	Kommunalpolitische Blätter
KomSozVG	Gesetz über den Kommunalen Sozialverband
LKT NRW	Landkreistag Nordrhein-Westfalen
LPK	Lehr- und Praxiskommentar
LVR	Landschaftsverband Rheinland
LWL	Landschaftsverband Westfalen-Lippe
MAGS	Ministerium für Arbeit, Gesundheit und Soziales
MASQT	Ministerium für Arbeit und Soziales, Qualifikation und Technologie
MGSFF	Ministerium für Gesundheit, Soziales, Frauen und Familie
NetOH	Netzwerke Offene Hilfen
StGR	Städte- und Gemeinderat
SuGI	Stadt und Gemeinde INTERAKTIV
SV	Die Selbstverwaltung
ZPE	Zentrum für Planung und Evaluation sozialer Dienste

Die sonst in der Arbeit verwendeten Abkürzungen richten sich, sofern sie nicht allgemein gebräuchlich oder im Text definiert sind, nach *Kirchner,* Hildebert / *Butz,* Cornelie, Abkürzungsverzeichnis der Rechtssprache, 5. Auflage, Berlin 2003.

Erster Teil: Einleitung

§ 1 Einführung in die Problematik

A. Allgemeines

»Bei der Unvollkommenheit aller menschlichen Dinge sehen wir die besten Einrichtungen entarten. Daher muss von Zeit zu Zeit, wo es nötig ist, die bessernde Hand angelegt werden, damit die Einrichtungen ihren ursprünglichen Zweck wieder erfüllen.«[1]

Dass diese Aussage Friedrich des Großen auch nach mehr als 250 Jahren immer noch hohe Aktualität besitzt, zeigen die immer wiederkehrenden, auch heute anstehenden Diskussionen um den Aufbau der Verwaltung, den Umfang staatlicher Aufgabenwahrnehmung und die Frage der Aufgabenzuweisung an eine bestimmte Ebene innerhalb der Verwaltung. So ist festzustellen, dass in fast allen Bundesländern in den letzten Jahren ein hartes Ringen um eine vermeintlich durchgreifende, weitgehende und effektive Verwaltungsmodernisierung mit teils erheblichen Änderungen von Zuständigkeiten für verschiedene Bereiche, Eingliederungen von Sonderbehörden in bereits bestehende Verwaltungsstrukturen, Kommunalisierung von Aufgaben, Entbürokratisierung und ähnliche Maßnahmen begonnen hat. Nicht selten werden die politischen Diskussionen unter dem Motto »So wenig Staat wie möglich, so viel Staat wie nötig«[2] geführt, auch wenn nach langjähriger politischer Praxis der »schlanke Staat« allenfalls eine unverbindliche Vision ist, die man beschwört[3]. Es wird nämlich bei allen noch so eifrigen Bemühungen bisweilen übersehen, dass eine endgültige moderne Verwaltung selbst durch noch so umfassende Regelungen nicht geschaffen werden kann. Eine sich wandelnde Welt, Ausbau und Fortentwicklung neuer

1 *Friedrich der Große,* Das Politische Testament von 1752; zitiert aus 2. Hand nach: *Kibele,* VBlBW 2005, 14 (14).

2 *Buchner,* in: FS Odersky, S. 183 (184); ähnlich auch *Karpen,* in: v. Oertzen, Rechtsstaatliche Verwaltung im Aufbau I, S. 23 (36).

3 *Ellwein/Hesse,* Staatsreform – Hessen, S. 120.

Medien und die veränderten Bedürfnisse der Bürger verlangen einen kontinuierlichen Verbesserungsprozess.[4]

Angespornt durch Anstrengungen der anderen föderalen, konkurrierenden Gliedstaaten, aber auch durch schon früher umgesetzte Reformen und die dabei gewonnene Erkenntnis, dass Verwaltungsmodernisierung kein Selbstzweck ist, sondern als komplexes Instrumentarium der Verbesserung der Verwaltung dienen soll[5], fallen die Neuregelungen in den Ländern unterschiedlich umfassend aus und sind unterschiedlich erfolgreich. Ersteres ist nicht zuletzt an dem Regelungsumfang der Gesetze, die das Thema Verwaltungsmodernisierung zu ihrem Inhalt haben, zu erkennen, die von vergleichsweise wenigen Regelungen bis hin zu fast 200 Artikeln (mit mehreren Paragraphen pro Artikel) umfassenden Gesetzen reichen. Trotz aller Unterschiedlichkeit der Landes- und Bevölkerungsstrukturen sowie der Parteikonstellationen der jeweiligen Landesregierungen ist als Tendenz zu erkennen, dass sich die Bestrebungen nicht auf den Abbau von Personal beschränken, um dadurch eine »schlanke Verwaltung« zu erreichen, vielmehr werden auch innerbehördliche (zum Teil) überholte Strukturen aufgebrochen und neu geordnet.

Begrifflich ist bei den Modernisierungen zwischen Funktionalreform, Gebietsreform und Verwaltungsstrukturreform zu unterscheiden: Unter einer Funktionalreform versteht man die Neuzuordnung von Aufgaben und Zuständigkeiten auf die bestehenden kommunalen und staatlichen Verwaltungsebenen.[6] Abzugrenzen ist diese einerseits von der Gebietsreform, andererseits von einer Verwaltungsstrukturreform. Bei einer Gebietsreform geht es um die Veränderungen im territorialen Zuschnitt innerhalb bestehender Verwaltungsstrukturen. Die Verwaltungsstrukturreform hingegen ist

---

4 *Wurzel,* in: v. Oertzen, Rechtsstaatliche Verwaltung im Aufbau I, S. 97 (107); *Hesse,* in: Henneke, Kommunale Verwaltungsstrukturen, S. 141 (141); *Köstering,* in: difu, Funktionalreform, S. 147 (151); *K. König,* DÖV 1995, 349 (352); *Laux,* in: Morlok/Windisch/Miller, Rechts- und Organisationsprobleme, S. 48 (48). Dass sich die Verwaltung den stets wandelnden Situationen im Ggesellschaftlichen, Sozialen und Wirtschaftlichen anpassen muss, hat bereits der *VerfGH Rh.-Pf.,* Urt. v. 5.9.1969 – VGH 29/69 –, in: AS 11, 119 (131) Ende der 60er Jahre festgestellt.

5 *M. König,* VerwArch 96 (2005), 44 (46).

6 *Ruge,* Der Landkreis 2005, 514 (514); *ders.*, ZG 2006, 129 (129); *ders.*, in: Henneke, Kommunale Verwaltungsstrukturen, S. 91 (91); *Maunz,* in: Maunz/Dürig, GG, Bd. IV, Art. 28, Rn. 53.

dadurch gekennzeichnet, dass es zu einer Neuordnung der Verwaltungsebenen, gegebenenfalls auch durch Abschaffung einer Ebene, kommt[7].

Überblickt man die aktuellen Diskussionen der Reformansätze innerhalb der Länder, so geht es teilweise um die Anstrengung einer Gebietsreform.[8] Überwiegend umfassen die Bestrebungen der Länder indes funktionalreformerische und verwaltungsstrukturreformerische Aspekte. Beispiele für letzteres sind u. a. die bereits durchgeführte Abschaffung der Landeswohlfahrtsverbände Württemberg-Hohenzollern und Baden zugunsten eines Kommunalverbands für Jugend und Soziales[9] sowie die Abschaffung der Bezirksregierungen in Niedersachsen[10]. Derartige Bestrebungen der Länder, Modernisierungen ihrer Verwaltungen durchzuführen, sind nicht neu. Im Rahmen der kommunalen Gebietsreformen in den 70iger Jahren wurde in nahezu allen Bundesländern bereits intensiv über eine Struktur- und Funktionalreform gestritten, mehrere Reformschritte wurden umgesetzt.[11] Die heute ins Spiel gebrachten Vorschläge, wie und wo man Verwaltungskräfte bündeln und neu organisieren kann, sind oft an die damaligen Maßnahmen angelehnt. *Frido Wagener* bezeichnete das Phänomen der ständigen Wiederholung alter Forderungen nach Verwaltungsmodernisierung bereits 1984 als ganz natürliche Wellenbewegung innerhalb der Verwaltungsdiskussion, als »Mode-Trend im 20-Jahre Zyklus«.[12]

---

7 *Ruge,* Der Landkreis 2005, 514 (514); *ders.*, ZG 2006, 129 (129); *ders.,* in: Henneke, Kommunale Verwaltungsstrukturen, S. 91 (91).

8 In Mecklenburg-Vorpommern hat das Landesverfassungsgericht die Kreisgebietsreform für verfassungswidrig erklärt, *LVerfGMV,* Urt. v. 26.7.2007 – LVerfG 9-17/06 –, in: DVBl. 2007, 1102 ff. In Sachsen wurde eine Gebietsreform der Landkreise vorgenommen, Gesetz zur Neugliederung des Gebietes der Landkreise des Freistaates Sachsen und zur Änderung anderer Gesetze v. 29.1.2008, GVBl. Sachs. 2008, S. 102 ff. Auch im Saarland sind Bestrebungen einer Gebietsreform ersichtlich, vgl. *LT-Drucks. Saar* 13/1403. In Rheinland-Pfalz gibt es Anzeichen für eine Gebietsreform, vgl. Regierungserklärung des Ministerpräsidenten v. 30.5.2006, StaatsZeitung, Sonderheft, II/2006, S. 10.

9 Dazu näher unten S. 19 ff.

10 Dazu *Ipsen,* in: Oebbecke u. a., Zwischen kommunaler Kooperation und Verwaltungsreform, S. 37 (39 f.).

11 Vgl. bspw. für NRW: Erstes Gesetz zur Funktionalreform v. 28.6.1978, GVBl. NRW 1978, S. 290; Zweites Gesetz zur Funktionalreform v. 18.9.1979, GVBl. NRW 1979, S. 552.

12 *Wagener,* Zur Zukunft der Selbstverwaltung, S. 18 (19).

Die Maßnahmen der Gesetzgeber im Bereich der Verlagerung von Kompetenzen auf die oder innerhalb der kommunalen Ebene haben auch die Rechtsprechung immer wieder beschäftigt. Eine in der verfassungsgerichtlichen Rechtsprechung erreichte Wegmarke zur Zulässigkeit einer Kompetenzverlagerung bildet ohne Zweifel der Rastede-Beschluss des Bundesverfassungsgerichts aus dem Jahr 1988.[13] Im zugrunde liegenden Rechtsstreit wandte sich die niedersächsische Gemeinde Rastede im Rahmen einer kommunalen Verfassungsbeschwerde (Art. 93 Abs. 1 Nr. 4b GG, §§ 8a, 90 ff. BVerfGG) gegen § 1 Abs. 1, 2 Nds. AG-AbfallG[14], der vorsah, dass das Einsammeln, Befördern und Beseitigen von Müll nicht mehr von den Gemeinden wahrgenommen werde, sondern von nun an den Landkreisen und kreisfreien Städten die Zuständigkeit für diese Aufgaben übertragen sei. Sie rügte eine verfassungsrechtlich nicht gerechtfertigte Verletzung ihrer aus Art. 28 Abs. 2 S. 1 GG abgeleiteten Selbstverwaltungsgarantie. Dieses sah das BVerfG anders und wies diese Verfassungsbeschwerde zurück, wenn auch mit teilweise anderer Begründung als die Instanzgerichte.[15] Das BVerfG stellte die Gemeinden in dem Beschluss aber nicht völlig schutzlos gegen Zuständigkeitsverlagerungen auf eine höhere Ebene (hier der Kreise), sondern formulierte Kriterien, die für die Rechtfertigung einer »Hochzonung« von Aufgaben von Gemeinden auf die Kreise (Gemeindeverbände) vorliegen müssten und an denen sich ein gesetzgeberisches Eingreifen in die gemeindliche Selbstverwaltung des Art. 28 Abs. 2 S. 1 GG messen lassen müsse.[16] Der Rastede-Beschluss fand in der literarischen Nachlese eine erhebliche Beachtung, zumal das BVerfG bei der Bestimmung des »Schutzbereichs« der »Angelegenheiten der örtlichen Gemeinschaft« – anders als in früheren Urteilen[17] – erstmals auf das Kriterium der Verwaltungskraft der einzelnen Gemeinden verzichtete und somit den Gewährleistungsbereich der gemeindlichen Selbstverwaltung erheblich erweiterte. Seitdem versteht die Rechtsprechung unter den »Angelegenheiten der örtlichen Gemeinschaft« »diejenigen Bedürfnisse und Interessen, die in der

---

13 *BVerfG,* Beschl. v. 23.11.1988 – 2 BvR 1619, 1628/83 (»Rastede«) –, in: BVerfGE 79, 127 ff. = DVBl. 1989, 300 ff. = NVwZ 1989, 347 ff.

14 Nds. GVBl. 1973, S. 109.

15 Dieses waren: *VG Oldenburg,* Urt. v. 11. 3. 1977 – II A 86/75 –, unveröffentlicht; *OVG Lüneburg,* Urt. v. 8. 3. 1979 – IX A 183/77 –, in: DÖV 1980, 417 ff.; *BVerwG,* Urt. v. 4.8.1983 – 7 C 2/81 –, in: BVerwGE 67, 321 ff. = DVBl. 1983, 1152 ff. = NVwZ 1984, 176 ff.

16 Dazu unten S. 94 f.

17 *BVerfG,* Urt. v. 30.7.1958 – 2 BvG 1/58 –, in: BVerfGE 8, 122 (134); Beschl. v. 17.1.1979 – 2 BvL 6/76 –, in: BVerfGE 50, 195 (201).

örtlichen Gemeinschaft wurzeln oder auf sie einen spezifischen Bezug haben, die also den Gemeindeeinwohnern gerade als solchen gemeinsam sind, indem sie das Zusammenleben und -wohnen der Menschen in der (politischen) Gemeinde betreffen; auf die Verwaltungskraft der Gemeinde kommt es hierfür nicht an.«[18] Das BVerfG und der im Anschluss an die Entscheidung überwiegende Teil der Stimmen im Schrifttum beschränkten sich zumeist auf Erörterungen über Vorgaben für Hochzonungen im Verhältnis kreisangehörige Gemeinden – (Land-)Kreise, bezogen jedoch nur selten Stellung zu der Frage, unter welchen verfassungsrechtlichen Voraussetzungen der Gesetzgeber Aufgaben von der Kreisebene auf die Ebene höherer Kommunalverbände[19] verlagern könne und andererseits auch Aufgaben der höheren Kommunalverbände auf die Kreisebene / Ebene der kreisfreien Städte.

Die mangelnde Auseinandersetzung mit dem Thema mag nicht zuletzt dadurch bedingt sein, dass es nicht in allen Bundesländern eine weitere kommunale Ebene oberhalb der Ebene der Kreise und kreisfreien Städten gibt. Derartige »Zusatzebenen« gibt es in Baden-Württemberg[20], Bayern[21], Hessen[22], Mecklenburg-Vorpommern[23], Niedersachsen[24], Nordrhein-Westfalen[25], Rheinland-Pfalz[26] und Sachsen[27]. Allen aufgezählten Verbänden ist gemein, dass ihre Mitglieder die Kreise und kreisfreien Städte sind.[28]

18 *BVerfG,* Beschl. v. 23.11.1988 – 2 BvR 1619, 1628/83 (»Rastede«) –, in: BVerfGE 79, 127 (151 f.) = DVBl. 1989, 300 (303) = NVwZ 1989, 347 (350). Kritisch dazu: *Schink,* VerwArch 81 (1990), 385 (404 ff.).

19 Teilweise auch bezeichnet als »höhere Gemeindeverbände«, »regionale Kommunalverbände« oder »regionale Gemeindeverbände«; Nachweise bei *Gutsfeld,* Höhere Kommunalverbände, S. 59.

20 Kommunalverband Jugend und Soziales.

21 Bayerische Bezirke.

22 Landeswohlfahrtsverband Hessen.

23 Kommunaler Sozialverband Mecklenburg-Vorpommern.

24 Ostfriesische Landschaft, Bezirksverband Oldenburg und Oldenburgische Landschaft.

25 Landschaftsverbände, Kommunalverband Ruhrgebiet, Landesverband Lippe.

26 Bezirksverband Pfalz.

27 Kommunaler Sozialverband Sachsen, ehemals Landeswohlfahrtsverband.

28 § 2 JSVG; Art. 7 BayBezO; § 3 HessMittelstufenG; § 2 Abs. 1 KomSozVG MV; § 3 des Gesetzes über die Oldenburgische Landschaft; Art. 1 der Verfassung der Ostfriesischen Landschaft; § 1 LVerbONRW; § 1 Abs. 2 RhPfBezO; § 1 Abs. 1 SächsKomSozVG.

Auch in NRW sind die Diskussionen über verfassungsrechtliche Vorgaben für vertikale Kompetenzverlagerungen zwischen Gemeindeverbandsebenen sehr zurückhaltend geführt worden. Dabei ist die Untersuchung dieser Frage nicht gegenstandslos. Dieses zeigt aktuell die bis 2010 befristete Übertragung der Zuständigkeit des ambulant betreuten Wohnens für Menschen mit Behinderung von den Kreisen und kreisfreien Städten auf die Landschaftsverbände. Letztere nehmen nun »aus einer Hand« die Aufgaben der Eingliederungshilfe nach § 54 SGB XII wahr, § 2 Abs. 1 AV-SGB XII NRW. Diese Hochzonung stieß insbesondere bei den Kreisen und kreisfreien Städten auf wenig Gegenliebe, auch wenn sie die befristete Hochzonung zunächst akzeptierten und nicht gerichtlich überprüfen ließen. Ob eine mögliche erneute Hochzonung nach Ablauf der Befristung verfassungsrechtlich möglich ist, ist Gegenstand dieser Arbeit.[29]

B. Gang der Untersuchung

Der zweite Teil der Arbeit beginnt mit einer Darstellung der Gründe, die der Gesetzgeber für Maßnahmen im Bereich der Verwaltungsmodernisierung als entscheidend ansieht. Hieran anschließend werden sogleich landesspezifische Maßnahmen im Bereich der Verwaltungsmodernisierungen sowie Maßnahmen auf Bundesebene dargestellt. Bei der Darstellung der Maßnahmen auf Landesebene beschränken sich die Ausführungen auf die »alten« Bundesländer, in denen höhere Gemeindeverbände als überörtlicher Träger der Sozialhilfe fungieren.

Im dritten Teil der Untersuchung werden die Schutzrichtungen der Verfassungsbestimmungen zur Selbstverwaltungsgarantie dargestellt. Hauptaugenmerk wird dabei auf die Garantie der kommunalen Selbstverwaltung zugunsten der Kreise und Landschaftsverbände nach der grundgesetzlichen Bestimmung des Art. 28 Abs. 2 S. 2 GG gelegt (§§ 3, 4). Im Rahmen der objektiven Rechtsinstitutionsgarantie geht die Arbeit auch auf den Schutz der Gemeinden nach Art. 28 Abs. 2 S. 1 GG ein. Hieran schließt sich die Prüfung der kommunalen Selbstverwaltungsgarantie der Ebenen nach Art. 78 der nordrhein-westfälischen Landesverfassung[30] an (§§ 5, 6). Der Schwerpunkt in diesem Teil der Arbeit liegt in der Frage der Gemeindeverbandsqualität der Landschaftsverbände, auch wenn sie zumindest aus

29 Hierzu ausführlich unten S. 137 ff., v. a. S. 151 ff.

30 Im Folgenden: LV. Normen ohne Landesbezeichnung beziehen sich auf das nordrhein-westfälische Landesrecht.

Sicht der Rechtsprechung nach der Straßenbau-Entscheidung des nordrhein-westfälischen Verfassungsgerichtshofs geklärt scheint.

Der vierte Teil (§ 7) widmet sich zunächst der Frage, wer überhaupt verfassungsrechtlich dazu berufen ist, Kompetenzverlagerungen in der vorliegenden Konstellation vorzunehmen. Anschließend wird untersucht, ob Eingriffe in die gemeindeverbandlichen Aufgaben rechtfertigungsbedürftig sind und welchen Einfluss eine Verlagerung einer Aufgabenwahrnehmung innerhalb der kommunalen Ebenen hat. Sodann werden die aus der Selbstverwaltungsgarantie und anderen Verfassungsprinzipien herrührenden Aspekte herausgearbeitet, die bei der Rechtfertigung eines Eingriffs in die Selbstverwaltungsgarantie zu berücksichtigen sind. Ebenso wird Stellung zu der Frage bezogen, wie die Überprüfung eines Eingriffs in das Selbstverwaltungsrecht »technisch« überprüft werden kann und welchen Überprüfungsmaßstab ein zur Entscheidung über die Rechtmäßigkeit eines Eingriffs berufenes Gericht zugrunde legt.

Im fünften Teil (§ 8) werden die zuvor herausgearbeiteten Kriterien am Beispiel des ambulant betreuten Wohnens für Menschen mit Behinderung exemplarisch geprüft. Nach einer generellen Einführung in das Themengebiet der Eingliederungshilfe als Teil der Sozialhilfe werden die Entwicklungen der in NRW momentan zeitlich befristeten Hochzonung über die Zuständigkeit für das ambulant betreute Wohnen auf die beiden Landschaftsverbände dargestellt. Die verfassungsrechtliche Prüfung der Zulässigkeit einer Hochzonung dieser Aufgabe wird dabei für die Situation dargestellt, bei der die Zuständigkeit für das ambulant betreute Wohnen für Menschen mit Behinderung dauerhaft (oder erneut zeitlich befristet) auf die höhere Gemeindeverbandsebene verlagert wird.

Die Arbeit schließt mit einer Zusammenfassung der Ergebnisse in Leitsätzen.

Zweiter Teil: Verwaltungsmodernisierung in Bund und Ländern

§ 2 Gründe und Maßnahmen der Modernisierung der Verwaltung

Bevor sogleich die unterschiedlichen Maßnahmen des Bundes und einzelner Bundesländer im Bereich der Verwaltungsmodernisierung dargestellt werden, soll zuvor auf die Gründe, die den Modernisierungsvorhaben zugrunde liegen, eingegangen werden.

A. Gründe für Verwaltungsmodernisierung

Die Gründe für Verwaltungsmodernisierungen sind vielschichtig; eine abschließende Beurteilung und Nennung möglicher Gründe ist dabei fast nicht realisierbar, da diese sich oft nur in den Köpfen der für Verwaltungsreformen Verantwortlichen abspielen. Am Anfang von Verwaltungsreformen steht fast immer die Erkenntnis, dass ein bestehender Zustand unbefriedigend ist und man sich von einer Veränderung Verbesserungen verspricht.[31] Die Darstellung der bevorstehenden Maßnahmen gegenüber den Bürgerinnen und Bürgern ist geprägt durch das Heraufbeschwören einer Krise, sei es, dass eine akute Wirtschaftskrise als Anlass genommen wird, sei es, dass eine Legitimationskrise der bürokratischen Organisationssteuerung zugrunde gelegt wird.[32] Diese Krise wird – analysiert man die Gesetzesbegründungen zum Thema »Verwaltungsmodernisierung« – auch jetzt wieder als Beweggrund für nötige Veränderungen angeführt.

Drei Hauptargumente für solche Reformen kristallisieren sich bei allen Maßnahmen heraus.

I. Finanzprobleme der Länder

Als *der* entscheidende Beweggrund für Verwaltungsmodernisierungen wird die finanzielle Situation der Länder genannt. In Zeiten unsicherer Haushaltslagen müssen die Länder Wege finden, die es ihnen ermöglichen, Kosten in allen Bereichen einzusparen, um die noch zur Verfügung stehenden

31 *Ellwein/Hesse,* Staatsorganisation – Hessen, S. 121.

32 *Göbel/Lauen,* Die Verwaltung 35 (2002), 263 (266); *Meyer,* DÖV 2006, 929 (931).

Ressourcen effektiv zu nutzen.[33] Bevor die Politik jedoch den Bürgern weitere Belastungen in Form von Erhöhung bestehender oder Einführung neuer Steuern auferlegt, um die Lage zu verbessern, wird versucht, Lösungen zu finden, die sich beispielsweise in Maßnahmen von Umstrukturierungen im Bereich der Verwaltung und Aufgabenwahrnehmung widerspiegeln. Hiervon erhoffen sich die Gesetzgeber möglichst große Einspareffekte.

Dass die Lage der Haushalte der Länder tatsächlich einen dramatischen Verlauf genommen hat, ist unbestritten. So betrugen die Schulden der öffentlichen Haushalte in den Ländern zum 31.12.2006 insgesamt 479,5 Milliarden Euro, die der Gemeinden und Gemeindeverbände 81,9 Milliarden Euro. Das Schlusslicht der Länder ist – in absoluten Zahlen[34] – Nordrhein-Westfalen mit 112,9 (Land) bzw. 23,81 (Gemeinden und Gemeindeverbände) Milliarden Euro Schulden. Dieses ist im Vergleich zum Jahr 2001, in dem das Land NRW einen Schuldenstand von 83,16 Milliarden Euro hatte, ein Zuwachs von fast 36 %. Bei den Gemeinden und Gemeindeverbänden in NRW ist im Vergleich zu 2001 (ca. 24,44 Milliarden Euro), 2004 (24,07 Mrd. Euro) und 2005 (24,28 Mrd. Euro) ein leichter Rückgang zu verzeichnen.[35]

Um zumindest diese Schuldenentwicklung zu bremsen und den Trend eventuell umzukehren, bedarf es in den Augen der meisten Volksvertreter hauptsächlich einer Straffung der Binnenorganisation einzelner Behörden und Aufgabenbündelungen, einhergehend mit einer Ausdünnung der Personaldecke in der öffentlichen Verwaltung. Die Schuldenberge von Bund, Ländern und Gemeinden stiegen seit 1998 stetig an, die Personaldecke hingegen wurde seit 1998 bis Mitte 2005 um gut 659.200 Beschäftigte

---

33 So alle Begründungen der Verwaltungsmodernisierungsgesetze, s. etwa nur *LT-Drucks. BW* 13/3201, S. 1; genauer sogleich S. 19 ff.; 32 ff.; außerdem: *Stüer,* Funktionalreform, S. 31; *Meyer,* DÖV 2006, 929 (937).

34 Die Pro-Kopf-Verschuldung betrug 2006 pro Einwohner in NRW 7.583 Euro. Das Bundesland liegt damit im Mittelfeld aller Bundesländer. Bremen weist mit 20.149 Euro die höchste Pro-Kopf-Verschuldung auf, Bayern mit 3.070 die geringste. Quelle: Statistisches Bundesamt, http://www.destatis.de/jetspeed/portal/cms/Sites/destatis/Internet/DE/Content/Statistiken/FinanzenSteuern/OeffentlicheHaushalte/Schulden/Tabellen/Content50/SchuldenstandEuroEinwohner,templateId=renderPrint.psml [letzter Abruf: 21.4.2008].

35 Statistisches Bundesamt, www.destatis.de [letzter Abruf: 4.1.2008]. Aufgrund dynamischer Verweisung des Internetangebots wird auf die Zitierung des genauen Links verzichtet.

ausgedünnt, nämlich von 4.459.800 auf rund 3.800.000[36] (davon von Juni 2004 bis Juni 2005 allein 97.500 Beschäftigte), allein in NRW wurden im Bereich der Landesbediensteten zwischen 1995 und 2006 über 15.000 Stellen abgebaut[37] (bei den Gemeinden und Gemeindeverbänden waren es von 1995 bis 2006 sogar fast 66.000 Mitarbeiterinnen und Mitarbeiter[38]). Erreicht wurde in NRW durch den Stellenabbau eine Verringerung der Ausgaben für den Personalbereich von 41 % auf rund 37 % des gesamten Ausgabenvolumens.[39] Diese Verringerung der prozentualen Einsparungen darf nicht darüber hinwegtäuschen, dass kurzfristige Erfolge im Bereich der Haushaltskonsolidierung allein mit derartigen Maßnahmen nur schwerlich realisierbar sind. Hinzu kommt, dass Schwierigkeiten bestehen dürften, die Einsparungen in den Landeshaushalten durch die Straffung der Binnenorganisation zu berechnen. Zwar kann man, wie es beispielsweise Baden-Württemberg gemacht hat, einen Mindestwert an Einsparungen (Effizienzrendite) vorgeben[40], ob sie realisierbar ist, ist nicht vorhersehbar. Insofern ist bei einer Straffung der Binnenorganisation und Aufgabenwahrnehmung stets kritisch zu beleuchten, ob Einsparungseffekte tatsächlich realisiert werden können.[41] Trotz der Ungewissheit, ob sich durch die genannten Maßnahmen tatsächlich Einsparpotenziale realisieren lassen, wird von den politisch Verantwortlichen als einer *der* Gründe für die Anstrengungen um

36 Statistisches Bundesamt, www.destatis.de [Abrufdatum: 4.1.2008]. Aufgrund dynamischer Verweisung des Internetangebots wird auf die Zitierung des genauen Links verzichtet.

37 Quelle: Statistische Ämter des Landes NRW, http://www.lds.nrw.de/statistik/datenangebot/daten/g/personal/r324pers2.html [letzter Abruf: 4.1.2008].

38 Quelle: Statistische Ämter des Landes NRW, http://www.lds.nrw.de/statistik/datenangebot/daten/g/personal/r324pers3.html [letzter Abruf: 4.1.2008].

39 *Reichard,* in: Jann u. a., Status-Report, S. 87 (93).

40 Zu den Bemühungen Baden-Württembergs s. u. S. 19 ff.

41 Betrachtet man beispielsweise die Kommunalisierung der Versorgungsverwaltung in NRW, ist fraglich, ob durch diese Maßnahme die Kosten tatsächlich verringert werden können. Im Rahmen der Gesetzgebung wurden von verschiedener Seite erhebliche Zweifel angemeldet, dass eine Kommunalisierung insgesamt zu Einsparungen führe, s. etwa Kreutz (SoVD) in der 36. öffentlichen Sitzung des Ausschusses für Arbeit, Gesundheit und Soziales vom 12.6.2007, APr 14/444, S. 8 f.; ebenso Strutz (LAG SB NRW), ebenda, S. 11. Auch der Landesgesetzgeber nimmt an, dass eine Kostenentlastung durch Personaleinsparungen erst bis 2014 realisierbar sei, *LT-Drucks. NRW* 14/4342, S. 2 f. Weiterhin geht er davon aus, dass durch Synergien Einsparungen realisiert werden können, a. a. O., S. 3.

eine Verwaltungsmodernisierung die Notwendigkeit der Kosteneinsparung und des Schuldenabbaus angeführt.

II. Politikverdrossenheit – »Entbürgerisierung«

Ein weiterer Grund für die aktuellen Tendenzen einer Modernisierung der Verwaltung ist darin zu sehen, dass in der Bevölkerung der Eindruck entstanden ist, dass die Politik sich immer mehr von den Bürgerinnen und Bürgern entfernt habe, was gleichzeitig zu einem Gefühl der Politikverdrossenheit[42] führte[43]. Diesem Gefühl versucht die Politik nun dadurch gegenzusteuern, dass sie auf der einen Seite durch eigene Anstrengungen den Bürgern zeigt, dass auch der Staat die Zeichen der Zeit verstanden hat und nicht über seine Verhältnisse leben möchte, auf der anderen Seite aber zumindest die Organisation der Verwaltung vor Ort als effektive, bürgernahe und -freundliche Institutionen des Staates, sozusagen als kundenfreundliche Dienstleistungszentren ausgestaltet[44]. Hinzu kommt, dass den Bürgern zumindest das Gefühl vermittelt werden soll, dass sie durch die Stärkung der kommunalen Ebene (auch durch Aufgabenverlagerungen »nach unten«) wirksam und umfassend am demokratischen Willensprozess beteiligt werden.[45] Ob durch die zahlreichen Aufgabenverlagerungen auf die unteren Ebenen tatsächlich die Politikverdrossenheit gemindert werden kann, ist fraglich. Ursächlich für die Politikverdrossenheit ist zumeist ein Fehlverhalten der politisch Verantwortlichen, nicht jedoch das Verwaltungshandeln bzw. der Umstand, dass Aufgaben auf höherer oder unterer Ebene wahrgenommen werden. Dieses sollte nicht davon abhalten, Verwaltung möglichst so zu organisieren, dass sie bürgernah handeln kann. Dass hierdurch aber ein größeres Vertrauen in die Politik entsteht, ist zweifelhaft. Dessen ungeachtet, wird die »Entbürgerisierung« ebenfalls häufig in Gesetzesbegründungen angeführt, mit denen die Maßnahmen der Verwaltungsmodernisierung gerechfertigt werden.

42 Wort des Jahres 1992, s. http://www.allegro-c.de/chronik/a36.htm [letzter Abruf: 4.1.2008].

43 *Ellwein,* DVBl. 1984, S. 255 (260); *Buchner,* in: FS Odersky, S. 183 (191).

44 Vgl. *Hesse,* RVR-NRW, S. 152.

45 *Stüer,* Funktionalreform, S. 31.

III. Schnellere Verwaltungsverfahren und weniger Bürokratie

Als dritter Hauptgrund für die Durchführung von Verwaltungsmodernisierung in all seinen Facetten sei hier noch auf die Hilfestellung für Neugründungen im Wirtschaftsbereich (Einführung des sog. Zaunprinzips, wonach nur eine Behörde sowohl zentrale Anlaufstelle als auch diejenige ist, die über alle rechtlichen Aspekte entscheidet,[46] = Alles-aus-einer-Hand-Lösung/»Rundum-sorglos-Paket«[47]) hingewiesen, die ebenfalls zur Verlagerung von Kompetenzen und Zuständigkeiten führt oder bereits geführt hat und bisweilen unter dem Schlagwort der »funktionalen Notwendigkeit«[48] geführt wurden. Eine vergleichbare Problemlage ist auch bei Privatpersonen anzutreffen. Auch bei ihnen herrscht ein kritisches Verhältnis zu den Verwaltungsstellen vor, das in nicht unerheblicher Weise auf die Dauer und Kompliziertheit von Verwaltungsverfahren zurückzuführen ist.[49] Denn auch im privaten Bereich hat die Normenflut und Undurchsichtigkeit in den letzten Jahren eher zu- als abgenommen.[50] Hier setzen die verschiedenen Reformansätze ebenfalls an, indem z. B. eine Genehmigungsfiktion nach einer gewissen Dauer des Verwaltungsverfahrens eintritt[51] oder aber auf lang andauernde Abstimmungsprozesse zwischen einzelnen Behörden verzichtet wird.

Unlängst haben auch verschiedene Landesregierungen die Entbürokratisierung und Deregulierung als »Konjunkturprogramm«[52] (wieder-)entdeckt und treiben in nahezu allen Bereichen, in denen bürokratische Hemmnisse für Unternehmen bestehen (oder bestehen könnten), eine Normenreduzierung voran. Dieses wird zum einen durch die Befristung von Gesetzen oder durch Verfallserklärung der Normen erreicht, wobei es hier zu einer Beweislastumkehr kommt: nur solche Regelungen entfallen, deren Notwendig-

46 *Schink,* in: Oebbecke u. a., Zwischen kommunaler Kooperation und Verwaltungsreform, S. 109 (110 f.); *Kibele,* VBlBW 2005, 14 (16).

47 *Kibele,* VBlBW 2005, 14 (16).

48 *Bogumil/Ebinger,* Verwaltungsstrukturreform BW, S. 16.

49 *Buchner,* in: FS Odersky, S. 183 (191).

50 *Weidemann,* Modellkommunen, VR 2006, 298 (298) bezeichnet es als Regelungsmanie.

51 *Stoiber,* Perspektiven für Bayern schaffen, Sparen – reformieren – investieren, Regierungserklärung des Bayerischen Ministerpräsidenten Dr. Edmund Stoiber am 6. November 2003 (Manuskriptfassung), Bayerische Staatskanzlei, München 2003, S. 24 (Infobroschüre der bayerischen Staatskanzlei); in diese Richtung auch *Bitter,* DÖV 1997, 855 (864).

52 Pressemitteilung 162 der bayerischen Staatskanzlei v. 2.5.2006.

keit die Verwaltung nicht nachweisen kann.[53] Damit geht einher, dass nach der erfolgreichen Einführung von Bürokratiekostenmessung in europäischen Nachbarstaaten, insbesondere den Niederlanden[54], seit 2006 auch in Deutschland Messungen von Bürokratiekosten durchgeführt werden. Positive Erfahrungen werden von den Beteiligten der Modellregion Ostwestfalen-Lippe berichtet. Durch die Möglichkeit einer stärkeren Flexibilisierung, die das OWL-Gesetz einräumte, konnten verschiedene Bürokratiekosten mindernde Maßnahmen ausprobiert werden, die unterschiedlich erfolgreich waren. Am Beispiel der Bauwirtschaft wurde die These aufgestellt, dass durch die Vorschaltung eines Präqualifizierungsverfahrens[55] bundesweit Bürokratiekosten im hohen dreistelligen Millionenbereich eingespart werden könnten.[56] Ob Einsparungen in dieser Höhe tatsächlich realisiert werden können, ist offen. Auch andere Untersuchungen gehen davon aus, dass bei nachhaltigem Bürokratieabbau erhebliche Kosten der Unternehmen verringert werden könnten. Die rund 85.000 Verordnungen und Vorschriften verursachten Bürokratiekosten in Höhe von rund 46 Milliarden Euro im Jahr 2003.[57]

---

53 So z. B. Bayern (5-Jahres-TÜV), Pressemitteilung 162 der bayerischen Staatskanzlei v. 2.5.2006; zur Befristung und »Entforstung« in NRW s. http://www.im.nrw.de/vm/14.htm [letzter Abruf: 4.1.2008], wonach 250 Gesetze und Rechtsverordnungen aufgehoben wurden und über 800 mit einer Befristung oder einem Verfallsdatum versehen wurden.

54 Zum Vorgehen und den Erfolgen des SKM in den Niederlanden: *Brick/Brinkmann/Ernst,* ZG 2006, 28 (30 f.).

55 Ein Verfahren, mit dem Unternehmen der Baubranche sich einmalig im Hinblick auf bestimmte Eignungs- und Leistungsanforderungen jeweils für ein Jahr bei einer zugelassenen Präqualifizierungsstelle zertifizieren lassen können, die Ergebnisse auf einer Internetseite festgehalten werden und auf das dann bei allen Ausschreibungen verwiesen werden kann, ohne dass jedes Mal wieder stereotypische Informationsverpflichtungen erfüllt werden müssen; *NordWest Consult,* Pilotmessung, S. 13; dazu auch *Kratzenberg,* SuGI 2006, 283 ff.

56 *NordWest Consult,* Pilotmessung, S. 8.

57 Im September 2007 betrug die Summe für bis dahin cirka 2.000 gemessene Informationspflichten knapp 27 Mrd. Euro, s. *Kreibohm/Schön,* EILDIENST LKT NRW 2008, 61 (64). Zur Methode der Berechnung von Bürokratiekosten s. http://www.bmi.bund.de/cln_012/nn_122688/Internet/Content/Common/Anlagen/Broschueren/2006/Methodenhandbuch__zur__Buerokratiekostenmessung,templateId=raw, property=publicationFile.pdf/Methodenhandbuch_zur_Buerokratiekostenmessung.pdf [letzter Abruf: 30.4.2008].

B. Verwaltungsmodernisierung auf Bundesebene

Maßnahmen zur Modernisierung der Verwaltung sind auf allen staatlichen Ebenen vorzufinden. Auch der Bund hat im Rahmen seiner Möglichkeiten Gestaltungsräume für die Länder eröffnet und in eigenen Regelungsmaterien Maßnahmen vorgenommen. Bereits mit den kommunalen Gebietsreformen in den 70er Jahren wurde das erste Zuständigkeitslockerungsgesetz verabschiedet[58], in dem durch 31 Artikel diverse starre Zuständigkeitsregelungen aufgeweicht wurden, die Länder also abweichende Regelungen treffen konnten. Die Änderungen zogen sich quer durch die Rechtsbereiche, angefangen beim Arbeitsrecht[59] bis hin zum Gewerberecht[60], Straßen- und Wegerecht[61] und einer Reihe an Nebengesetzen[62]. Begründet wurden die Lockerungen schon damals damit, dass den Ländern im Rahmen ihrer funktionalen Reformen ohne eine solche Lockerung keine flexible Lösung möglich sei.[63]

Die aktuellen Reformbestrebungen der Länder haben den Bund seit dem Jahr 2000 erneut dazu bewogen, weitere bundesgesetzliche Lockerungen der Zuständigkeiten zugunsten der Länder zu verabschieden. Mit dem zweiten und dem in den parlamentarischen Beratungen befindlichen dritten Zuständigkeitslockerungsgesetz gestattete der Bund den Ländern, noch mehr auf Länderspezifika einzugehen[64] und somit eine möglichst optimale Ausgestaltung ihrer Behörden zu erreichen. Damit folgte der Bundestag den jeweiligen Gesetzentwürfen und Wünschen der Länderkammer, die sich für eine solche Lockerung stets stark gemacht hatten.[65] Im Zweiten Zuständigkeitslockerungsgesetz[66], das insgesamt 27 Artikel umfasst, wurden etliche Rechtsbereiche und Normen, darunter das Bundesimmissionsschutz-

58 Gesetz zur Erleichterung der Verwaltungsreform in den Ländern (Zuständigkeitslockerungsgesetz) v. 10.3.1975, BGBl. I 1975, S. 685 ff.

59 Art. 21, 1. ZustLockG.

60 Art. 17, 1. ZustLockG.

61 Art. 26 ff., 1. ZustLockG.

62 z. B. Art. 7, 10, 12, 1. ZustLockG.

63 *BT-Drucks.* 7/273, S. 16 für die Begründung des Bundesrates; S. 17 zur grundsätzlich positiven Haltung der Bundesregierung zu dem Vorhaben; jedoch wurden auch Bedenken geäußert, z. B. a. a. O., S. 17 (18); kritisch dazu *Rasch,* DVBl. 1973, 916 (916).

64 So schon die Begründung zum 1. ZustLockG, *BT-Drucks.* 7/273, S. 16.

65 *BR-Drucks.* 428/04.

66 Zweites Gesetz zur Erleichterung der Verwaltungsreform in den Ländern (2. Zuständigkeitslockerungsgesetz) v. 3.5.2000, BGBl. I 2000, S. 632 ff.

gesetz[67], das Vereinsgesetz[68] und das Gerichtsverfassungsgesetz[69] zugunsten von Regelungsmöglichkeiten durch die Länder geöffnet. Dabei wurde in allen Artikeln die bundesgesetzliche Formulierung »die zuständige oberste Landesbehörde« durch »oder die nach Landesrecht zuständige Stelle« oder ähnliche Formulierungen ergänzt. Ein bekanntes Beispiel für eine solche Auflockerung war § 96 Abs. 1 S. 1 BSHG, der durch Art. 12, 2. ZustLockG in der Form geändert wurde, dass die örtliche Trägerschaft der Sozialhilfe nicht notwendigerweise bei den Kreisen und kreisfreien Städten liegen musste, sondern die Länder abweichende Regelungen treffen konnten. Dies hatte zur Folge, dass auch die kreisangehörigen Gemeinden örtliche Träger der Sozialhilfe werden konnten[70], sofern die »neuen« örtlichen Träger mit der Übertragung der Aufgabe einverstanden waren, eine ausreichende Leistungsfähigkeit zur Aufgabenerfüllung besaßen und eine Erfüllung der Aufgaben im gesamten Kreisgebiet sichergestellt war[71]. Ein durch die bis dahin geltende Fassung des § 96 Abs. 1 S. 2 BSHG mögliches Auseinanderfallen von Ausführungsverantwortung und Kostenträgerschaft sollte vermieden und abgebaut werden, so dass die möglicherweise durch einige Länder geplante Zusammenführung von Aufgabenträgerschaft und Finanzverantwortung nicht an bundesrechtlichen Vorgaben scheitern konnte.[72] Wie schon beim 1. ZustLockG wollte der Bundesgesetzgeber den föderalen Aufbau der Bundesrepublik deutlicher akzentuieren und die Verwaltungsreform der Länder erleichtern, gleichzeitig aber auch dafür Sorge tragen, dass die Länder nicht ohne weiteres Aufgaben auf untere Ebenen delegieren, wenn eine Wahrnehmung durch diese nicht gleichermaßen ordnungsgemäß und dem Sinn der jeweiligen Rechtsmaterie nach gewährleistet ist.[73] Durch das 3. Zuständigkeitslockerungsgesetz, das ebenfalls auf einen Gesetzentwurf des Bundesrates[74] zurückgeht[75], sollen

---

67 Art. 9, 2. ZustLockG.

68 Art. 13, 2. ZustLockG.

69 Art. 15, 2. ZustLockG.

70 So der ursprüngliche Entwurf des Bundesrates, *BT-Drucks.* 14/640, S. 4.

71 Dieses wurde durch den Innenausschuss des BT ergänzend gefordert, *BT-Drucks.* 14/2797, S. 6 (7), und auch so beschlossen, BGBl. I 2000, S. 632 (633).

72 *BT-Drucks.* 14/640, S. 10; vgl. ausführlich zur Rechtslage in NRW: *Hörster,* Wahrnehmung der Sozialhilfeaufgaben.

73 *BT-Drucks.* 14/640, S. 9 für den Bundesrat sowie S. 14 für die Stellungnahme der Bundesregierung.

74 *BR-Drucks.* 428/04 (B).

75 Aufgrund des Diskontinuität des Bundestags aus Art. 39 Abs. 1 GG i. V. m. § 125 GOBT durch die vorgezogene Neuwahl Ende 2005 wurde das Gesetz erneut in den Bundesrat eingebracht (*BR-Drucks.* 885/05).

erneut eine Anzahl von Bundesgesetzen, die die Zuständigkeit innerhalb der Länder bis dato reglementieren, zugunsten eines Zugriffs der Länder geöffnet werden.[76] Auch hiermit sollen die schon zuvor genannten Ziele verfolgt und besser erreicht werden.[77] Als Beispiel sei Art. 6, 3. ZustLockG genannt, der eine Änderung des § 69 Abs. 1 SGB VIII herbeiführen soll. Der Gesetzgeber will es den Ländern danach freistellen, ob sie ein Landesjugendamt errichten oder nicht. Hierdurch wird außerdem die Regelung des § 85 Abs. 2 SGB VIII, der die Aufgaben des überörtlichen Trägers der Jugendhilfe näher umschreibt, für eine stärkere Kommunalisierung geöffnet.[78]

Neben diesen länderfreundlichen Maßnahmen trieb der Bundesgesetzgeber auch auf seiner Ebene eine Modernisierung und Verschlankung der Verwaltung voran. So kam der Bund dem Ruf nach weniger Bürokratie gerade aus Reihen der Wirtschaft im Jahr 2006 nach, indem er einen Nationalen Normenkontrollrat (NKR) einrichtete.[79] Ausschließliche Aufgabe des NKR ist es, die Bundesregierung dabei zu unterstützen, die durch Gesetze verursachten Bürokratiekosten durch Anwendung, Beobachtung und Fortentwicklung einer standardisierten Bürokratiekostenmessung auf Grundlage des Standard-Kostenmodells (SKM) zu reduzieren, § 1 Abs. 2 NKRG.[80]

Fast gleichzeitig brachte die Bundesregierung in den Bundesrat ein »Erstes Gesetz zum Abbau bürokratischer Hemmnisse überwiegend in der mittelständischen Wirtschaft«[81] ein, in dem es insbesondere um Änderung von Steuerrechtsnormen und Berichtspflichten ging. Dieses Gesetz trat zum 1.7.2007 in Kraft. Hierin wurden insbesondere Berichtspflichten der Unternehmen vereinfacht, verringert oder ein völliger Verzicht normiert.[82, 83]

---

76 Das 3. ZustLockG ist noch nicht durch den Bundestag verabschiedet worden [Stand: 30.4.2008].

77 *BR-Drucks.* 428/04, S. 5.

78 *BR-Drucks.* 428/04 (B), S. 9.

79 Gesetz zur Einrichtung eines Nationalen Normenkontrollrates v. 14.8.2006, BGBl. I 2006, S. 1866.

80 Zusätzlich wurde eine Änderung der Gemeinsamen Geschäftsordnung der Bundesministerien beschlossen, nach der die Ministerien bei Gesetzesvorschlägen die Bürokratiekosten der Vorhaben nunmehr ermittelt und dargestellt werden müssen, Bek. d. BMI v. 14.11.2006 – O 2 – FN – 32/1; kritisch zu den möglichen Erfolgen: *Sigmund/Stratmann,* Bürokratieabbau droht zum Flop zu werden, Handelsblatt v. 7.11.2006, Nr. 215, S. 6.

81 Gesetz v. 22.8.2006, BGBl. I 2006, S. 1970 ff.

82 Vgl. beispielsweise Art. 5, 10 und 13 des Gesetzes.

83 Eine Kurzübersicht findet sich auch in RS 569/06 des LKT NRW, S. 3.

Durch das »Zweite Gesetz zum Abbau bürokratischer Hemmnisse insbesondere der mittelständischen Wirtschaft«[84] wurden weiter Maßnahmen zur Entlastung kleinerer und mittlerer Betriebe in Bezug auf das Statistik-, Wirtschafts- und Melderecht unternommen. Beispielsweise sind Existenzgründer im ersten Jahr generell von Statistikpflichten befreit, im zweiten und dritten Jahr unterliegen sie einer Meldepflicht nur, sofern die Umsätze zusammen mit Einnahmen aus selbständiger Arbeit mehr als 500.000 Euro betragen[85]; Kleinunternehmen mit weniger als 50 Beschäftigten werden künftig nur noch höchstens drei Mal pro Jahr stichprobenartig zu statistischen Stichproben herangezogen[86].

Schließlich wurden durch zahlreiche Rechtsbereinigungsgesetze der einzelnen Bundesministerien[87] überflüssige Normen gestrichen. Dass hierdurch eine Enlastung der Bürgerinnen und Bürger oder der Unternehmen eintrat, also vornehmlich Bürokratien abgebaut wurden, die die Betroffenen belasten, ist nicht feststellbar. Vielmehr wurden überwiegend solche Regelungen aufgehoben oder geändert, die entweder gar nicht hätten erlassen werden sollen oder aber bereits seit der Gründung der Bundesrepublik hätten geändert werden können.[88] Insoweit fördert der Gesetzgeber sein Ziel, die

84 Gesetz v. 7.9.2007, BGBl. I 2007, S. 2246 ff.

85 Art. 12 bis 19, 20, 21 des Gesetzes.

86 Art. 3 des Gesetzes.

87 Erstes und Zweites Gesetz über die Bereinigung von Bundesrecht im Zuständigkeitsbereich des Bundesministeriums der Justiz v. 19.4.2006, BGBl. I 2006, S. 866 ff. bzw. v. 23.11.2007, BGBl. I 2007, S. 2614 ff.; Erstes und Zweites Gesetz über die Bereinigung von Bundesrecht im Zuständigkeitsbereich des Bundesministeriums des Innern v. 19.2.2006, BGBl. I 2006, S. 334 ff. bzw. v. 2.12.2006, BGBl. I 2006, S. 2674 ff.; Erstes und Zweites Gesetz zur Bereinigung von Bundesrecht im Zuständigkeitsbereich des Bundesministeriums für Wirtschaft und Technologie und im Zuständigkeitsbereich des Bundesministeriums für Arbeit und Soziales v. 19.4.2006, BGBl. I 2006, S. 894 ff. bzw. v. 25.4.2007, BGBl. I 2007, S. 594 ff.; Gesetz über die Bereinigung von Bundesrecht im Zuständigkeitsbereich des Bundesministeriums für Ernährung, Landwirtschaft und Verbraucherschutz v. 13.4.2006, BGBl. I 2006, S. 855 f.; Gesetz über die Bereinigung von Bundesrecht im Zuständigkeitsbereich des Bundesministeriums für Arbeit und Soziales und des Bundesministeriums der Gesundheit v. 14.8.2006, BGBl. I 2006, S. 1869 ff.; Erstes Gesetz über die Bereinigung von Bundesrecht im Zuständigkeitsbereich des Bundesministeriums für Verkehr, Bau und Stadtentwicklung v. 19.9.2006, BGBl. I 2006, S. 2146.

88 *Fliedner*, ZG 2006, 397 (399, 401 f.).

den Rechtsanwender betreffende Bürokratie abzubauen, alleine durch die Rechtsbereinigungsgesetze nur sehr eingeschränkt.

C. Verwaltungsmodernisierungen außerhalb NRWs

Sind soeben die wesentlichen Bemühungen des Bundesgesetzgebers geschildert worden, sollen im Folgenden die einzelnen Maßnahmen der Länder im Bemühen um eine moderne Verwaltung dargestellt werden. Dabei beschränkt sich die Darstellung auf die föderalen Gliedstaaten der »alten« Bundesländer, deren höhere Kommunalverbände als überörtlicher Träger der Sozialhilfe fungieren. Dieses sind neben Nordrhein-Westfalen die Länder Baden-Württemberg, Bayern und Hessen. Die Darstellung umfasst nicht nur die Maßnahmen, in denen die höheren Kommunalverbände involviert waren und sind, sondern gibt einen größeren Überblick, nimmt jedoch nicht für sich in Anspruch, alle Maßnahmen der Länder zu dokumentieren. Im Rahmen der Darstellung wird für jedes Land außerdem auf die Zuständigkeitsvorschriften im Bereich des ambulant betreuten Wohnens für Menschen mit Behinderung eingegangen. Dieses begründet sich daraus, dass in einem späteren Teil der Arbeit[89] detailliert auf die Rechtslage zu diesem Themengebiet in NRW eingegangen wird und die Zuständigkeiten in den anderen Ländern eventuell Argumentationshilfen für eine Regelung nach nordrhein-westfälischem Landesrecht bieten. Die Darstellung nordrhein-westfälischer Bemühungen erfolgt gesondert weiter unten.[90]

I. Moderne Verwaltung in Baden-Württemberg

Das Land Baden-Württemberg, das neben den Gemeinden, Landkreisen/Stadtkreisen, Regierungspräsidien und dem Land bis Ende 2004 noch die Ebene der Landeswohlfahrtsverbände (Baden und Württemberg-Hohenzollern) kannte, ist erst 2003 (erste Beratungen; Gesetzeserlass 2004) und damit vergleichsweise spät auf den Zug der Verwaltungsmodernisierung aufgesprungen.[91] Von den ergriffenen Maßnahmen wird aber teilweise behauptet, dass sie im Vergleich der Verwaltungsmodernisierungen aller

89 S. 137 ff.

90 S. 32 ff.

91 Eine vorherige größere Verwaltungsreform in Baden-Württemberg erfolgte in den Jahren 1973-1975; vgl. *Trumpp*, in: Henneke/Meyer, Kommunale Selbstverwaltung, S. 209 (211).

Länder ein beachtliches Ausmaß angenommen hätten.[92] Wissenschaftlich vorbereitet durch das Gutachten von *Hesse*[93] im Auftrag des Bundes der Steuerzahler Baden-Württemberg e.V. hat das Bundesland noch unter dem inzwischen ausgeschiedenen Ministerpräsidenten Teufel ein 187 Artikel umfassendes Verwaltungsstrukturreformgesetz (VRG) erlassen[94], das die schon genannten Gründe der Einsparung von Kosten (in Baden-Württemberg das Erreichen der sog. Effizienzrendite von 20 % innerhalb von sieben Jahren)[95] und die Schaffung einer bürgernahen Verwaltung mit kurzen Laufwegen für alle Beteiligten[96] aufführte. Ein prägendes Element des VRG war die Strukturreform, die den Großteil der Normen des Gesetzes ausmachte. So wurden durch das VRG rund 350 der gut 450 Sonderbehörden aufgelöst und in die allgemeine Verwaltung integriert. Neben den Sonderbehörden erfolgte auch eine Auflösung der beiden Landeswohlfahrtsverbände Württemberg-Hohenzollern und Baden zugunsten eines Kommunalverbandes für Jugend und Soziales Baden-Württemberg (KVJS).[97] Auf die Abschaffung der Dreistufigkeit der Verwaltung wurde ausdrücklich verzichtet, so dass diese zum prägenden Element der Landesverwaltung wurde.[98] Damit kam es innerhalb einer Dekade[99] zu einer zweiten Strukturreform.

---

92 *Ruge,* Der Landkreis 2005, 514 (514); *Bogumil/Reichard/Siebart,* Gutachten, S. 25; *Bogumil/Elbinger,* Verwaltungsstrukturreform BW, S. 7-10.

93 *Hesse,* RVR-BW.

94 Gesetz zur Reform der Verwaltungsstruktur, zur Justizreform und zur Erweiterung des kommunalen Handlungsspielraums (Verwaltungsstruktur-Reformgesetz – VRG) v. 1.7.2004, GBl. BW. 2004, S. 469 ff.

95 *LT-Drucks. BW* 13/3201, S. 1. Um diese Effizienzrendite zu erreichen, wird die jährliche Mittelzuweisung im Rahmen des Finanzausgleichs gekürzt.

96 *LT-Drucks. BW* 13/3201, S. 241.

97 Art. 177, § 1 Gesetz zur Auflösung der Landeswohlfahrtsverbände, GBl. BW. 2004, S. 469 (570); zur geschichtlichen Entwicklung, Aufgaben, Verfassung, Rechtsstellung, Organisation und Finanzierung vgl. *Hörster,* in: Mann/Püttner, HdbKWP, Bd. 1, S. 901 (928 ff.).

98 *LT-Drucks. BW* 13/3201, S. 1 und 249.

99 Gesetz zur Eingliederung der Staatlichen Veterinärämter, zur Aufhebung der Staatlichen Gesundheitsämter, zur Übertragung von Aufgaben der Ämter für Wasserwirtschaft und Bodenschutz auf untere Verwaltungsbehörden sowie zur Bereinigung fleischhygiene- und lebensmittelrechtlicher Zuständigkeiten (Sonderbehörden-Eingliederungsgesetz) v. 12.12.1994, GBl. BW. 1994, S. 653 ff. Diverse Behörden wurden hierdurch in den allgemeinen Behördenaufbau eingegliedert, zumeist in die Landratsämter und Stadtkreise, Art. 1 SoBEG.

Einher ging die Verwaltungsstrukturreform mit einer Funktionalreform.[100] Außerdem wurde mit der Einrichtung eines »Ombudsmannes Bürokratieabbau« (unabhängiger Landesbeauftragter für Bürokratieabbau, Deregulierung und Aufgabenabbau) eine Stelle geschaffen, die sich auf eine strikte Normenüberprüfung konzentriert und schon nach einem Jahr große Erfolge vorweisen kann.[101] Schließlich wurde das »Zaunprinzip« in Vorschriften über genehmigungspflichtige Vorhaben eingeführt.[102] Die Erfahrungen der Stadt- und Landkreise, die sie mit dem VRG machten, wurden im Bericht des Innenministers im Herbst 2007 dargestellt.[103]

Die Maßnahmen der Reform wurden nie verfassungsgerichtlich überprüft.[104] Dieses gilt auch für die Entscheidung, die beiden Landeswohlfahrtsverbände zugunsten eines Kommunalverbandes Jugend und Soziales (KVJS) aufzulösen, womit eine größere Vereinheitlichung der Verwaltung erreicht, integrierte Verwaltungsentscheidungen ermöglicht, Einsparungen durch Synergieeffekte erzielt und eine ortsnähere und individuellere Aufgabenerfüllung gewährleistet werden sollten.[105] Ob die Auflösung dieser Gemeindeverbandsebene einer verfassungsrechtlichen Prüfung standgehalten hätte, wäre an Art. 71 Abs. 1 S. 2 LV BW zu messen gewesen. Nach wohl herrschender Meinung ergeben sich durch die Auflösung der Landeswohlfahrtsverbände keine verfassungsrechtlichen Probleme, da sich die Landeswohlfahrtsverbände zwar auf das Recht der Selbstverwaltung gem. Art. 71 Abs. 1 S. 2 LV BW berufen konnten[106], dieses jedoch nicht ein Recht auf dauerhafte Existenz umfasst habe[107] und sie daher vom Gesetzgeber hätten aufgelöst werden können[108]. Der Bestand der Landeswohlfahrtsverbände bestimme sich nach dem Gesetz über die Landeswohlfahrtsverbände. Dieses

100 Einen Überblick über die einzelnen Änderungen gibt: *Schenk,* VBlBW 2006, 228 ff.

101 Zu diesem Ergebnis kommt die *Bertelsmannstiftung,* Bürokratieabbau in den Bundesländern – Zwei Fallbeispiele aus Baden-Württemberg und Brandenburg, Länder-Letter, Die Bundesländer im Standortwettbewerb, I/2006, S. 7.

102 *Kibele,* VBlBW 2005, 14 (21).

103 *LT-Drucks. BW* 14/1740.

104 Teilweise wird die Verfassungsmäßigkeit nur festgestellt: *Bogumil/Ebinger,* Verwaltungsstrukturreform BW, S. 99: »An der Legalität und Gesetzmäßigkeit … kann … nicht gezweifelt werden«.

105 *LT-Drucks. BW* 13/3201, S. 423.

106 *Witti,* in: Püttner, HdbKWP, Bd. 2, S. 432 (444 f.).

107 *Gutsfeld,* Höhere Kommunalverbände, S. 96.

108 *Braun,* LV BW, Art. 71, Rn. 11; *Witti,* in: Püttner, HdbKWP, Bd. 2, S. 432 (444).

Gesetz dürfe aber auch insoweit eine Änderung erfahren, als es die Landeswohlfahrtsverbände auflöse.[109]

Keine Änderung gab es durch den Rechtsträgerwechsel bei den Funktionen des höheren Kommunalverbandes. Diese Funktionen waren vor ihrer Auflösung in § 2 Abs. 1-3 baden-württembergisches Landeswohlfahrtsverbandsgesetz enumerativ (vgl. nachstehende Tabelle) bestimmt. Danach gehörte zu den Pflichtaufgaben der beiden Landeswohlfahrtsverbände die überörtliche Trägerschaft der Sozialhilfe, die Stellung als Landesjugendamt sowie die Hauptfürsorgestelle der Kriegsfürsorge und der Schwerbehindertenhilfe. Daneben bestanden noch weitere Aufgaben, die den Landeswohlfahrtsverbänden durch Gesetz auferlegt werden konnten. Der neu gegründete KVJS erfüllt gemäß § 2 des Gesetzes zur Auflösung der Landeswohlfahrtsverbände[110] genau die gleichen Funktionen, die zuvor die Landeswohlfahrtsverbände wahrnahmen, es kam zu einem vollständigen Übertragung der Aufgaben, die die Landeswohlfahrtsverbände bis zum 31.12.2004 innehatten; genauer ist der Aufgabenkatalog des KVJS in § 3 JSVG[111] niedergelegt.

Aufgabe	Landeswohlfahrtsverbände (Landeswohlfahrtsverbandsgesetz BW)[112]	Kommunalverband Jugend und Soziales (JSVG)
Überörtlicher Träger der Sozialhilfe	§ 2 Abs. 1	§ 3 Abs. 1
Überörtlicher Träger der Jugendhilfe	§ 2 Abs. 2	§ 3 Abs. 2
Überörtlicher Träger der Kriegsopferfürsorge	§ 2 Abs. 3	§ 3 Abs. 3
Beratungsfunktion für örtliche Träger	–	§ 3 Abs. 4 S. 1
Einrichtung eines medizinisch-pädagogischen Fachdienstes	–	§ 3 Abs. 4 S. 2
Weitere Aufgaben, die eigentlich in die Zuständigkeit der örtlichen Träger fallen	(§ 2 Abs. 4)	§ 3 Abs. 5 S. 1

Aufgabenzuständigkeit der ehemaligen Landeswohlfahrtsverbände und des neuen Kommunalverbandes Jugend und Soziales

109 *Spreng,* in: Spreng/Birn/Feuchte, LV BW, Art. 71, 2. (S. 246).

110 Gesetz v. 1.7.2004, GBl. BW 2004, S. 469 ff.

111 Gesetz über den Kommunalverband für Jugend und Soziales Baden-Württemberg, Art. 178 des VRG, GBl. BW 2004, S. 469 (572 ff.).

112 GBl. BW 1963, S. 35 ff.

Auch wenn der KVJS dem Grunde nach weiterhin überörtlicher Träger der einzelnen Bereiche ist, hat sich die Quantität der Aufgaben verringert. Durch den Erlass des VRG ist es mit der Errichtung des KVJS zu einer Verlagerung der Zuständigkeiten innerhalb der »kommunalen Familie« gekommen. So sind alle Aufgaben, die der Landesgesetzgeber auf die Stadt- und Landkreise übertragen konnte, auch auf diese übergegangen. Nur wo bundesrechtliche Vorschriften eine Zuständigkeit eines überörtlichen Trägers zwingend vorsahen und -sehen, wurden die Zuständigkeiten auf der höheren Ebene belassen.[113]

Dass die durchgeführten Reformen die politisch anvisierten Ziele gefördert haben, ließ sich nach Ansicht vieler Praktiker der kommunalen Körperschaften schon nach gut einem Jahr VRG sagen: so konnten die meisten Landkreise die für 2005 angepeilte Effizienzrendite von 2 % sicher erreichen, Vernetzungen innerhalb der Behörden haben zu einem verbesserten Angebot für die Bürger geführt.[114] Auch die Erreichung der insgesamt angepeilten Effizienzrendite von 20 % bis 2011 wird nicht grundsätzlich bezweifelt[115], aber nach zweieinhalb Jahren neuer Strukturen als schwierig betrachtet[116]. Auch der zweite Grund, der der Verwaltungsreform zugrunde lag, nämlich eine Verwaltung mit kurzen Laufwegen, konnte vielerorts realisiert werden. So wurde z. B. im Landratsamt Karlsruhe eine Koordinierungsstelle eingerichtet, die bei Großverfahren die Beteiligung der verschiedenen Fachdisziplinen koordiniert und als alleinige Anlaufstelle der Antragsteller fungiert.[117] Auch im Landratsamt Heidenheim wurden ähnliche bürger- und wirtschaftsfreundliche Antragsbearbeitungen durch eine engere Absprache der einzelnen Ämter, sog. »One-Stop-Agency«, ermöglicht.[118] Die positive Grundeinstellung zur Verwaltungsreform herrschte auch noch Mitte 2007 vor, auch wenn es einige Nachbesserungswünsche gab.[119]

113 Vgl. *LT-Drucks. BW* 13/3201, S. 423 (zu Art. 177 § 2 VRG).

114 *Rech,* Landkreis Nachrichten Baden-Württemberg, Heft 1 2006, 6 (8).

115 *Wütz,* Landkreis Nachrichten Baden-Württemberg, Heft 1 2006, 10 (11).

116 *LT-Drucks. BW* 14/1740, S. 6.

117 *Menzel/Böser/Hartmann,* Landkreis Nachrichten Baden-Württemberg, Heft 1 2006, 29 (29).

118 *Neumaier,* Landkreis Nachrichten Baden-Württemberg, Heft 1 2006, 33 (34).

119 *LT-Drucks. BW* 14/1740, S. 4 f.

II. »Verwaltung 21«, Bayern

Nachdem der Freistaat Bayern bereits Mitte der 90iger Jahre erhebliche Anstrengungen zur Neuorganisation der Landesverwaltung unternommen hatte[120], hat das Land einen neuerlichen Reformzyklus Anfang 2004 unter dem Titel »Verwaltung 21« begonnen und dabei die Vorschläge der sog. Henzler-Kommission (Bayerische Deregulierungskommission) zugrunde gelegt[121]. Grund für die Planung und Ausführung von Maßnahmen der Verwaltungsmodernisierung waren nach Angaben der politisch Verantwortlichen die knappen Finanzmittel der öffentlichen Hand durch bis dahin stetig sinkende Steuereinnahmen. Daher wollte sich die Staatsregierung von 2004 an auf die Kernbereiche des staatlichen Handelns konzentrieren.[122] Darüber hinaus forderte der damalige Ministerpräsident Stoiber zugunsten einer besseren Entfaltungsmöglichkeit der Wirtschaft den Abbau bürokratischer Hemmnisse, es müsse zu einer spürbaren Entlastung für Bürger und Wirtschaft kommen, so dass diese nur noch eine Anlaufstelle in der Verwaltung hätten.[123] Den Anfang der Modernisierungsvorhaben machte der Freistaat durch das Erste Verwaltungsmodernisierungsgesetz[124], in dem der Wegfall von Beratungsaufgaben insbesondere im Gesundheitsbereich[125] und die Möglichkeit der Übertragung von technischen Prüfungen auf private Dritte im Rahmen der Beleihung[126] vorgesehen war. Diesen ersten Einschnitten folgte kurze Zeit später die Abschaffung des Bayerischen Obersten Landesgerichts und der dort angesiedelten Staatsanwaltschaft unter Aufteilung der

---

120 Hierzu *Noe,* in: Bogumil u. a., Modernisierung der Landesverwaltungen, S. 14 (20); außerdem: VerwaltungsReformReport (VRR), 1/98 – 6/98 mit den damaligen Bemühungen, z. B. der Deregulierung, dem PPP, der Erstellung der Datenbank Bayern-Recht etc.

121 Zu den Vorschlägen zusammenfassend: *Lindner,* BayVBl. 2004, 225 (230 ff.); s. a. http://www.bayern.de/Wirtschaftsstandort/Deregulierungskommission/welcome.html [letzter Abruf: 3.1.2008].

122 Gesetz zur Modernisierung der Verwaltung, VerwModG, A) Problem = *LT-Drucks. Bay.* 15/3277, S. 1; vgl. auch VRR 1/98, S. 1, 2 (»Haushaltsmittel knapper«).

123 *Stoiber,* Perspektiven für Bayern schaffen, Regierungserklärung, S. 12; ebenso *Huber,* Regierungserklärung v. 4.3.2005, »Verwaltung 21 – Reform für ein modernes Bayern«, http://www.bayern.de/imperia/md/content/stk/verwaltung21/v21regerkl_04032005_1_20.pdf [letzter Abruf: 8.1.2008], S. 18; außerdem: *LT-Drucks. Bay.* 15/3277, S. 1.

124 Gesetz zur Modernisierung der Verwaltung (Verwaltungsmodernisierungsgesetz – VerwModG) v. 25.10.2004, Bay. GVBl. 2004, S. 398 f.

125 U. a. entfiel die Wahrnehmung der Ernährungsberatung, Art. 1, 1. VerwModG.

126 Art. 3, 1. VerwModG.

Aufgaben auf die OLG Bamberg, München und Nürnberg,[127] eine Straffung der Polizeiorganisation,[128] eine Neuorganisationen im Immobilienmanagement[129] und Änderungen in der Denkmalschutzverwaltung[130].

Neun Monate später folgte das Zweite Verwaltungsmodernisierungsgesetz[131], durch das die Verwaltungsmodernisierung in die Breite ausgedehnt wurde; fast kein Ressort wurde auslassen. Besonders umfassend traf es die Umweltverwaltungsbehörden (Forst, Landwirtschaft[132], Verbraucherschutz[133], Immissionsschutz[134]), aber auch die Staatsbau- und Wasserwirtschaftsverwaltung sowie das Bayerische Staatsministerium der Finanzen mussten Veränderungen hinnehmen. Auffällig an diesem 2. Verwaltungsmodernisierungsgesetz ist – entgegen den Entwicklungen in den anderen Ländern –, dass es zu einer Zentralisierung der Aufgabenwahrnehmung und der Zuständigkeitsregelungen kam, so z. B. im Bereich des Vermessungs- und Katasterwesens[135]. Neben der Umverteilung von Zuständigkeiten kam es – ebenfalls im Gegensatz zu anderen Ländern, in denen Sonderbehörden umfangreich abgeschafft wurden – zu einer Neuerrichtung eines Landesamtes für Umwelt.[136] Dadurch wurden die Aufgaben von den Bayerischen

---

127 Gesetz zur Auflösung des Bayerischen Obersten Landesgerichts und der Staatsanwaltschaft bei diesem Gericht (Gerichtsauflösungsgesetz – BayObLGAuflG), v. 25.10.2004, Bay. GVBl. 2004, S. 400; zur verfassungsrechtlichen Zulässigkeit: *BayVerfGH,* Entsch. v. 29.9.2005 – Vf. 3-VII-05, Vf. 7-VIII-05 –, in: VerfGHE 58, 212 ff. Inzwischen gibt es einen Antrag einiger SPD-Abgeordneter zur Wiedereinrichtung des BayOLG und der Staatsanwaltschaft bei dem Gericht, *LT-Drucks. Bay.* 15/9285.

128 Gesetz zur Änderung des Polizeiorganisationsgesetzes, v. 26.7.2005, Bay. GVBl. 2005, S. 262; Gesetz zur Umsetzung der Polizeiorganisationsreform, v. 20.12.2007, Bay. GVBl. 2007, S. 944 ff.

129 Gesetz zur Änderung des Haushaltsgesetzes 2005/2006, v. 9.5.2006, Bay. GVBl. 2006, S. 193 ff.; hier: Art. 9a (Errichtung des Staatsbetriebes »Immobilien Freistaat Bayern«), S. 193 (195).

130 Gesetz zur Änderung denkmalrechtlicher Vorschriften, v. 24.7.2003, Bay. GVBl. 2003, S. 475.

131 Zweites Gesetz zur Modernisierung der Verwaltung – 2. Verwaltungsmodernisierungsgesetz (2. VerwModG) v. 26.7.2005, Bay. GVBl. 2005, S. 287 ff.

132 Weitere organisationsrechtliche Änderungen durch die Verordnung zur Änderung organisationsrechtlicher Vorschriften der staatlichen Landwirtschaft und Forstverwaltung v. 11.4.2007, Bay. GVBl. 2007, S. 300 ff.

133 Zuständigkeitsänderungen im Bereich des Gesundheitsdienst- und Verbraucherschutzgesetzes und anderer Rechtsvorschriften, Bay. GVBl. 2007, S. 951 ff.

134 Gesetz zur Änderung des Bayerischen Immissionsschutzgesetzes, bisher nur *LT-Drucks. Bay.* 15/8783.

135 Art. 7 Nr. 5, 2. VerwModG.

136 Art. 16 Nr. 2, Art. 5 Abs. 1 S. 1, 2. VerwModG (Bay. GVBl. 2005, S. 287 (292)).

Landesämtern für Umweltschutz und für Wasserwirtschaft sowie vom Bayerischen Geologischen Landesamt auf das neue Landesamt für Umwelt übertragen.[137] Schließlich gab es im Bereich des KJHG eine Neuschaffung des Zentrums Bayern Familie und Soziales, das beim Staatsministerium für Arbeit und Soziales angesiedelt wurde und seitdem als überörtlicher Träger der Kinder- und Jugendhilfe agiert. Dort ist das Landesjugendamt einzurichten.[138] Darüberhinaus wurde das Widerspruchsverfahren größtenteils abgeschafft oder fakultativ zugelassen.[139] Weiterhin wurden Standards, die die kommunalen Ebenen in ihrer Handlungsfähigkeit einschränken, offener gestaltet.[140] Zudem wurde den Körperschaften empfohlen, einen Verfahrensmanager zu installieren, der Unternehmungsgründungen und wirtschaftliche Investitionen fördern sollte. Hauptaufgabe dieses Managers ist es, als einziger Ansprechpartner für Unternehmer diesen durch gezielte Unterstützung schnell zu den notwendigen Genehmigungen zu verhelfen.[141]

Betrachtet man die bisherigen Maßnahmen, so ist das ursprüngliche Ziel, das Handeln des Staates auf ein Minimum zu reduzieren und sich auf die Kernaufgaben zu konzentrieren, noch nicht verwirklicht. Eine Übertragung maßgeblicher Aufgaben auf die kommunale Ebene hat nur sehr eingeschränkt stattgefunden. Ebenfalls hat sich das Land nur bedingt der Aufgabenerfüllung durch Private bedient. Eine bürgernahe und einheitliche Verwaltung wurde noch nicht erreicht.[142]

Änderungen gab es bei der Zuständigkeitsverteilung bezüglich der Eingliederungshilfe nach dem SGB XII. Die überörtliche Trägerschaft der Sozialhilfe liegt hier weiterhin bei den Bezirken, Art. 81 Abs. 1 AGSG[143].

---

137 Art. 16 Nr. 3, 2. VerwModG.

138 Art. 30 Nr. 3 (Änderung des Art. 13 Abs. 1 S. 1 BayKJHG) (Bay. GVBl. 2005, S. 287 (297)).

139 Gesetz zur Änderung des Gesetzes zur Ausführung der Verwaltungsgerichtsordnung v. 22.6.2007, Bay. GVBl. 2007, S. 390.

140 *LT-Drucks. Bay.* 15/6415.

141 Broschüre des Bayerischen Innenministeriums »Zentrale Anlaufstelle für Antragsteller bei Genehmigungsbehörden – Verfahrensmanager, Leitfaden für Genehmigungsbehörden«.

142 Zu diesem Schluss kommt auch *Ruge,* Der Landkreis 2005, 514 (515) = ZG 2006, 129 (131).

143 Gesetz zur Ausführung der Sozialgesetze v. 8.12.2006, Bay. GVBl. 2006, S. 942 (961).

Durch das Zweite Gesetz zur Änderung des Gesetzes zur Ausführung der Sozialgesetze[144] sind die Bezirke nunmehr zuständig für alle Leistungen der Sozialhilfe nach dem Sechsten Kapitel des SGB XII, die übrigen in stationären und teilstationären Einrichtungen erbrachten Leistungen sowie die Leistungen der Blindenhilfe nach § 72 SGB XII. Gemäß Art. 84 Abs. 2 AGSG können die örtlichen Träger (Kreise und kreisfreien Städte, Art. 80 AGSG) zur Aufgabenerfüllung durch Verordnung herangezogen werden, bei ambulanten Leistungen nach dem Sechsten Kapitel des SGB XII jedoch nur bis zum 31.12.2008, Art. 118 Abs. 1 S. 3 AGSG.[145] Bis zur Änderung waren die Bezirke sachlich zuständig für alle Hilfen in stationären Einrichtungen und Einrichtungen zur teilstationären Betreuung, für die Eingliederungshilfe von körperlich und geistig Behinderten und von einer solchen Behinderung Bedrohten, die durch Dienste der offenen Behindertenarbeit erbracht wird, die Eingliederungshilfe von seelisch Behinderten und von einer solchen Behinderung Bedrohten, die durch ambulante psychiatrische Betreuung erbracht wird, und einige Aufgaben mehr.[146]

III. Moderne Verwaltung in Hessen – Reformkurs Hessen

Das Bundesland Hessen hat seit dem Jahr 2002 die Maßnahmen zur Verwaltungsmodernisierung des Landes forciert. Die Maßnahmen betreffen dabei zwei Bereiche. Auf der einen Seite kam es durch insgesamt drei Verwaltungsstrukturreformgesetze[147] zu gravierenden Einschnitten im Bereich der Verfahrensstruktur, auf der anderen Seite wurde durch das »Gesetz zur Kommunalisierung des Landrates sowie des Oberbürgermeisters als Behörden der Landesverwaltung«[148] eine Kommunalisierung von Aufgaben vorgenommen und somit ein erster Schritt zum Abbau von

144 Gesetz v. 20.12.2007, Bay. GVBl. 2007, S. 979 f.

145 Zu den Gründen für die Kompetenzverschiebung und die daraus entstehenden Folgen s. *LT-Drucks. Bay.* 15/8865, S. 9 ff.

146 Gesetz zur Ausführung der Sozialgesetze v. 8.12.2006, Bay. GVBl. 2006, S. 942 (962).

147 Erstes Gesetz zur Verwaltungsstrukturreform v. 20.6.2002, GVBl. Hess. Teil I 2002, S. 342 ff.; Zweites Gesetz zur Verwaltungsstrukturreform v. 20.12.2004, GVBl. Hess. Teil I 2004, S. 506 ff.; Drittes Gesetz zur Verwaltungsstrukturreform v. 17.10.2005, GVBl. Hess. Teil I 2005, S. 674 ff.

148 Gesetz v. 21.3.2005, GVBl. Hess. Teil I 2005, S. 229 ff.

Überschneidungen in der Zuständigkeit, die sich aus dem Aufbau der Hessischen Verwaltung ergaben[149], getan.

1. Verwaltungsmodernisierungsgesetze

Im Ersten Verwaltungsstrukturreformgesetz wurden mehrere Sonderbehörden aufgelöst, neu gegliedert oder neu organisiert. So wurden die Aufgaben des Hessischen Landesamtes für Versorgung und Soziales (Landesversorgungsamt Hessen) auf das Regierungspräsidium Gießen übertragen; das Landesamt selbst wurde aufgelöst[150]. Die Staatlichen Ämter für Arbeitsschutz und Sicherheitstechnik wurden in die Regierungspräsidien eingegliedert.[151] Der Landesprüfstelle Baustatik widerfuhr das gleiche wie dem Landesversorgungsamt (Aufgabenübergang auf das Regierungspräsidium und eigene Auflösung).[152] Ein wesentlicher Baustein im Bereich der Verfahrensvereinfachung war die Abschaffung des Widerspruchs für Teilbereiche durch die Änderung des Hess. AGVwGO.[153] Darüber hinaus erfolgten einige Regelungen, in denen eines der Regierungspräsidien zur zuständigen Stelle erklärt wurde.[154]

Im Zweiten Verwaltungsstrukturreformgesetz wurden neben der Neuzuschneidung der Land-, Arbeits- und Sozialgerichtsbezirke[155] die meisten Änderungen aufgrund der Einrichtung diverser Landesbetriebe und Landesämter notwendig. So kam es zur Neuerrichtung des Landesbetriebs Landwirtschaft Hessen unter Auflösung des Hessischen Dienstleistungszentrums für Landwirtschaft und Naturschutz[156], zur Errichtung des Landesbetriebs Hessisches Landeslabor[157] und zur Errichtung des Hessischen Landesprüfungs- und Untersuchungsamtes im Gesundheitswesen[158]. Zudem wurden

149 Landrat als »echte Doppelbehörde«; strikte Trennung der Aufgabenerfüllung des Landrates v. Kreis, dazu: *Kneip,* VerwArch 91 (2000), 566 (569); Gebietsgleichheit von Bezirk und Kreis, § 1 Abs. 2 HKO und die dadurch entstehenden finanziellen und personellen Auswirkungen, § 56 HKO.

150 Art. 1, § 1 Abs. 1 und 2, 1. VSRG.

151 Art. 2, 1. VSRG.

152 Art. 3, § 1, 1. VSRG.

153 Art. 4, 1. VSRG samt Anlage zu § 16a (Wegfall des Vorverfahrens), bspw. Enteignung (Nr. 1.1 der Anlage), Datenschutz (Nr. 1.3 der Anlage), Entscheidungen der Regierungspräsidien als Einbürgerungsbehörde (Nr. 2 der Anlage).

154 Bspw. Art. 27 Nr. 2, Art. 29, Art. 43, Art. 45, 1. VSRG.

155 Art. 1-3, 2. VSRG.

156 Art. 33, 2. VSRG.

157 Art. 34, 2. VSRG.

158 Art. 49a, 2. VSRG.

zahlreiche Gesetzesbefristungen vorgenommen, die sich alle auf einen Zeitraum bis zum 31.12.2009 erstreckten.[159]

Durch das Dritte Verwaltungsstrukturreformgesetz änderte der Landesgesetzgeber erneut Bestimmungen über die Notwendigkeit der Durchführung eines Widerspruchsverfahrens vor der Erhebung einer verwaltungsgerichtlichen Klage[160], einige Regelungen für den Bereich der Bautechnik und des Ingenieurwesens, darunter auch Zuständigkeitsverlagerungen[161], etliche Zuständigkeitsnormen in Ausbildungs- und Prüfungsordnungen für verschiedene Berufe[162] sowie Regelungen im Bereich des Naturschutzrechts i. w. S.[163] Die Erhebung einer Abgabe für die gebietliche Absatzförderung von Wein und die Abgabe für den Deutschen Weinfonds nach dem Weingesetz kann nunmehr durch Private in Form der Beleihung erfolgen.[164]

Damit vertiefte und aktualisierte der hessische Gesetzgeber die schon in den beiden vorherigen Verwaltungsstrukturreformgesetzen erlassenen Regelungen über Zuständigkeiten und Verwaltungsvereinfachungen. Außerdem wurden die Baustoff- und Bodenprüfstellen Darmstadt, Kassel und Wetzlar zum »Hessischen Amt für Baustoff- und Bodenprüfung« mit Sitz in Wetzlar sowie Außenstellen in Kassel und Darmstadt zusammengefasst.[165] Die Industrie- und Handelskammern Dillenburg und Wetzlar wurden zur Industrie- und Handelskammer Lahn-Dill zusammengefasst.[166] Zuständigkeiten im Bereich des Immissionsschutzrechts wurden stärker gebündelt und das Zaunprinzip eingeführt.[167] Daneben privatisierte der hessische Gesetzgeber die arbeitssicherheitstechnische Betreuung der Landesbediensteten, die Staatsdomains, die Staatsbäder, den Straßenbau, die Fahrschulüberwachung, die Universitätskliniken Marburg und Gießen zur Universitätsklinik Gießen

159 Z. B. Art. 15 Nr. 4 b) oder Art. 20 Nr. 3, 2. VSRG.

160 Art. 1, 3. VSRG.

161 Art. 12 Nr. 5, 13, 14, 3. VSRG.

162 Art. 10 Nr. 2, 26 Nr. 1, 27 Nr. 2, 28 Nr. 1, 29 Nr. 2, 3. VSRG.

163 Art. 18-23, 3. VSRG.

164 Art. 16, 17, 3. VSRG.

165 Art. 2 des Gesetzes zur Änderung des Hessischen Straßengesetzes und zur Neuordnung von Behörden der Hessischen Straßen- und Verkehrsverwaltung v. 29.3.2007, GVBl. Hess. Teil I 2007, S. 250 f.

166 Verordnung über den Zusammenschluss der Industrie- und Handelskammern Dillenburg und Wetzlar v. 10.10.2007, GVBl. Hess. Teil I 2007, S. 677.

167 Verordnung über die Zuständigkeiten nach dem Bundes-Immissionsschutzgesetz und zur Durchführung der Umweltverträglichkeitsprüfung bei der Zulassung eines Vorhabens durch mehrere Behörden v. 11.10.2007, GVBl. Hess. Teil I 2007, S. 678.

und Marburg GmbH und Teile des Justizvollzugs in Hünfeld in der Überzeugung, dass Private diese Tätigkeitsfelder günstiger wahrnehmen könnten. Außerdem wurden sechs Landesbetriebe, darunter das Hessische Immobilienmanagement, Hessen Forst[168], das Landgestüt Dillenburg[169] und das Hessische Baumanagement errichtet.

2. Kommunalisierungsaspekte

Um dem Problem der Überschneidungen von Zuständigkeiten des Landrats und der Kreise zu begegnen, hat das Land durch das »Gesetz zur Kommunalisierung des Landrats sowie des Oberbürgermeisters als Behörden der Landesverwaltung« unter dem Motto »Reformkurs Hessen« eine Verlagerung von bisher im Rahmen der Landesverwaltung wahrgenommenen Aufgaben in den Bereich der Auftragsangelegenheiten nach § 4 Abs. 2 HessKrO vorgenommen.[170] So werden in Art. 1 § 1 Abs. 2 des Gesetzes die Aufgaben aufgelistet, die ab sofort als Auftragsangelegenheiten wahrzunehmen sind. Dazu gehören neben dem Veterinärwesen u. a. auch die Aufgaben der Lebensmittelüberwachung, der Landschaftspflege, des Katastrophenschutzes und die Wahrnehmung der allgemeinen Ordnungsbehörde.

Jedoch wurde durch das Gesetz nicht ausschließlich eine Kommunalisierung vorgenommen, teilweise wurden gleichzeitig Aufgaben der Landkreise auf die Ebene der Regierungspräsidien verlagert, vgl. Art. 1 § 1 Abs. 3 des Gesetzes. Eine »Entstaatlichung« wurde auch in der Funktion des Oberbürgermeisters vorgenommen, der durch Art. 1 § 2 des Gesetzes als Behörde der Landesverwaltung aufgelöst wurde. Neben der Aufgabenübertragung auf die Landkreise erfolgte auch ein Personalübergang der bisher im Dienst des Landes befindlichen Bediensteten auf die Landkreise, Art. 1 § 3 Abs. 1 des Gesetzes, was nur mit einer finanziellen Zusage des Landes für die Landkreise akzeptabel war[171], vgl. auch Art. 1 § 5 des Gesetzes. Im Gegenzug konnten die Landkreise gem. Art. 1 § 4 Abs. 1 S. 1 des Gesetzes jedoch die

---

168 § 4 Abs. 2 Hess. ForstG., GVBl. Hess. Teil I 2002, S. 582.

169 Gesetz zur Errichtung des Landesbetriebes Hessisches Landgestüt Dillenburg v. 12.12.2002, GVBl. Hess. Teil I 2002, S. 797, 800.

170 Für eine stärkere Kommunalisierung sprachen sich bereits 1997 *Ellwein/Hesse,* Staatsreform – Hessen, S. 159, Punkte 5 und 9 sowie S. 165 aus.

171 *Jakoubek/Ruder,* Der Landkreis 2005, 532 (533).

landeseigenen Liegenschaften und Einrichtungsgegenstände – ohne einen Kaufpreis an das Land zu entrichten (§ 4 Abs. 1 S. 2 des Gesetzes) – vom Land erwerben.

Für diese Maßnahmen hatten sich im Vorfeld drei wesentliche Argumente herauskristallisiert: erstens das Nebeneinander der staatlichen Landratsverwaltung und kommunalen Kreisverwaltung, zweitens die Einschränkung der Organisations- und Personalhoheit der Landräte und Oberbürgermeister und drittens der Streit zwischen Land und Landkreisen über die Heranziehung kommunaler Bediensteter.[172]

3. Eingliederungshilfe

Die Zuständigkeit des örtlichen und überörtlichen Trägers der Sozialhilfe nach dem SGB XII ist im HAG/SGB XII[173] geregelt. Dabei sind die örtlichen Träger der Sozialhilfe (also die kreisfreien Städte und Landkreise, s. § 1 Abs. 1 HAG/SGB XII) abweichend von § 97 Abs. 3 SGB XII ab dem 1.1. 2007 (§ 14 Abs. 1 S. 2 HAG/SGB XII) für Leistungen nach dem sechsten bis achten Kapitel des SGB XII zuständig, sofern sie nicht in (teil-) stationären Einrichtungen gewährt werden, § 2 Abs. 1 Nr. 1 HAG/SGB XII, bzw. für über 65-jährige auch fur Leistungen in (teil-) stationären Einrichtungen, § 2 Abs. 1 Nr. 1 HAG/SGB XII. Wie Baden-Württemberg und Bayern verfügt auch das Land Hessen über einen höheren Kommunalverband, nämlich den Landeswohlfahrtsverband Hessen, der auf die Bezirkskommunalverbände Kassel und Wiesbaden sowie die Fürsorgeeinrichtungen im Regierungsbezirk Darmstadt zurückgeht.[174] Diesem sind Aufgaben im Sozial- und Gesundheitsbereich zugeordnet, so dass man den Landeswohlfahrtsverband Hessen durchaus mit den Bezirken Bayerns und dem Kommunalverband für Jugend und Soziales Baden-Württemberg vergleichen kann.[175] Die Zuständigkeit des Landeswohlfahrtsverbandes als überörtlicher Träger der Sozialhilfe (§ 3 HAG/SGB XII) ergibt sich aus den Bestimmungen des § 2 HAG/SGB XII i. V. m. § 14 Abs. 1 S. 2 HAG/SGB XII. Die bundesgesetzliche Normierung der Aufgabenzuständigkeit des über-

172 *LT-Drucks. Hess.* 16/3341, S. 20.

173 Hessisches Ausführungsgesetz zum Zwölften Buch Sozialgesetzbuch (HAG/SGB XII) v. 20.12.2004, GVBl. Hess. Teil I 2004, S. 488 ff.

174 *Ellwein/Hesse,* Staatsreform – Hessen, S. 108.

175 *Ellwein/Hesse*, Staatsreform – Hessen, S. 108.

örtlichen Trägers der Sozialhilfe nach § 97 Abs. 3 SGB XII tritt in Hessen somit bis zum 31.12.2009 nicht in Kraft, da das HAG/SGB XII bis zu diesem Datum eine anderweitige Regelung trifft, § 14 HAG/SGB XII, und diese Regelung der bundesrechtlichen Normierung vorgeht.

D. Verwaltungsmodernisierung in NRW

Im Folgenden sollen die Bemühungen des Landes NRW dargestellt werden.[176] Anders als im Rahmen der Darstellung der Verwaltungsmodernisierungen der anderen Bundesländer, wird hier auf die Zuständigkeitsverteilung im Bereich der Eingliederungshilfe nicht eingegangen. Eine Darstellung dieses Bereiches ist der genauen Analyse und verfassungsrechtlichen Prüfung der Zulässigkeit der zeitlich befristeten Übertragung der Zuständigkeit auf die beiden Landschaftsverbände vorbehalten.[177]

I. Verwaltungsmodernisierungsmaßnahmen bis 2005

Die Verwaltungsmodernisierungs»welle« erreichte NRW Ende der 90iger Jahre. Dabei fiel dieser Prozess in die Zeitspanne, in der der damalige Ministerpräsident Johannes Rau[178] sein Amt an Wolfgang Clement abgab.[179] In den Jahren 1999 und 2000 wurden zwei Modernisierungsgesetze erlassen, die zu umfangreichen Änderungen in der Verwaltungsstruktur führten.

Im ersten Modernisierungsgesetz[180] wurden u. a. das kommunale Wirtschaftsrecht der §§ 107 ff. GO NRW neu geregelt[181] und Regelungen über die kommunale Zusammenarbeit und die abgabenrechtlichen Vorschriften umgestaltet[182]. Durch Art. 10, 1. ModernG wurden zudem zahlreiche

176 Vgl. auch *Pickenäcker,* Bezirksregierungen, S. 25 ff., speziell zu den auch hier dargestellten Zeiträumen S. 54 ff.

177 S. u. S. 149 ff.

178 In seiner Amtszeit wurde das Erste Gesetz zur Verwaltungsstrukturreform – 1. Verwaltungsstrukturreformgesetz v. 15.12.1993, GVBl. NRW 1993, S. 987 ff. verabschiedet.

179 Zu den verschiedenen Schwerpunktsetzungen zwischen Rau einerseits, Clement andererseits: *Mariß,* in: Bogumil u. a., Modernisierung der Landesverwaltungen, S. 61 (65 und 75).

180 Erstes Gesetz zur Modernisierung von Regierung und Verwaltung in Nordrhein-Westfalen (Erstes Modernisierungsgesetz – 1. ModernG NRW) v. 15.6.1999, GVBl. NRW 1999, S. 385 ff.

181 Art. 1, 1. ModernG.

182 Art. 2-7, 1. ModernG.

Regelungen des Verwaltungsverfahrensgesetzes geändert, unter anderem bezüglich der Beratung und Auskunft[183] und der Einführung des so genannten Sternverfahrens[184]. Hierdurch sollte ein schnelleres Genehmigungsverfahren ermöglicht, die Verwaltung bürgerfreundlicher und eine effektivere Beteiligung anderer Behörden an Entscheidungen geschaffen werden.[185] Ziel dieses 1. Modernisierungsgesetzes war es, zum einen mit dem Bündel von Regelungen für den kommunalen Bereich die kommunale Selbstverwaltung zu stärken, die Handlungsspielräume der Kommunen zu vergrößern und den Wettbewerb zwischen und in den Kommunen zu fördern, zum anderen eine weitere Vereinfachung und Beschleunigung von behördlichen Genehmigungsverfahren zu erreichen.[186] Gleichzeitig sollte staatliches Handeln reduziert werden.[187] Der Staat wollte sich aus dem Handeln außerhalb des Kernbereichs staatlicher Aufgaben zurückziehen.

Weniger als ein Jahr später folgte das 2. Modernisierungsgesetz[188], welches noch einmal diverse Änderungen mit sich brachte. Neben der Eingliederung einzelner Landesoberbehörden und unteren Landesbehörden in die Bezirksregierungen[189] war die politisch wie auch juristisch bedeutendste Änderung die »Überleitung der bisher von den Landschaftsverbänden wahrgenommenen Aufgaben im Bereich der Straßenbauverwaltung«, Art. 3, 2. ModernG, und die dadurch notwendigen Änderungen einzelner Gesetze (StrWG NRW, LStrBauG,...).[190] Durch die Vernetzung von Aufgaben in den Bezirksregierungen sollte die mittlere Verwaltungsebene an Übersichtlichkeit gewinnen, Überschneidungsbereiche sollten minimiert werden.[191]

In der Folgezeit ließ das Tempo zur Verwaltungsmodernisierung nach, auch das von Hesse verfasste Gutachten zur Verwaltungsmodernisierung[192]

183 Art. 10 Nr. 9 § 71c, 1. ModernG.

184 Art. 10 Nr. 9 § 71d, 1. ModernG.

185 *LT-Drucks. NRW* 12/3730, S. 4, 119 ff.

186 *LT-Drucks. NRW* 12/3730, S. 1 f.; *Staatskanzlei NRW,* Verwaltungsmodernisierung in NRW – Konzepte, S. 10.

187 *LT-Drucks. NRW* 12/3730, S. 2.

188 Zweites Gesetz zur Modernisierung von Regierung und Verwaltung in Nordrhein-Westfalen (Zweites Modernisierungsgesetz – 2. ModernG NRW) v. 9.5.2000, GVBl. NRW 2000, S. 461 ff.

189 Art. 1, 2. ModernG.

190 Dazu noch genauer unten S. 58 ff., 68 ff., 85 ff.

191 *Staatskanzlei NRW,* Verwaltungsmodernisierung in NRW – Konzepte, S. 11.

192 *Hesse,* RVR-NRW.

konnte die Landesregierung und die sie tragende Mehrheit im Düsseldorfer Landtag nicht zu weiteren Anstrengungen auf diesem Gebiet ermuntern.

Unter dem zwischenzeitlich auf Clement gefolgten Ministerpräsidenten Peer Steinbrück wurde noch ein Großprojekt der Verwaltungsvereinfachung durchgesetzt. Mit dem sog. Bürokratieabbaugesetz OWL[193] wurden in der Region – zunächst auf drei Jahre befristet[194] – etliche gesetzliche Regelungen außer Kraft gesetzt, um die Notwendigkeit und Wirtschaftlichkeit landesrechtlicher Normen zu überprüfen[195] und – sollten sie sich als überflüssig und wirtschaftsfeindlich erweisen – landesweit abzuschaffen. Zahlreiche Rechtsbereiche waren betroffen.[196] Einer der Hauptpunkte stellte in diesem Vorhaben die Entbehrlichkeit der Durchführung eines Widerspruchsverfahrens vor Erhebung einer verwaltungsgerichtlichen Klage dar.[197] Die Testphase erwies sich nach Ansicht der Betroffenen schon in den ersten Monaten als überaus positiv, was durch den selbst gewählten Titel »Wiege des Bürokratieabbaus«[198] unterstrichen werden sollte, und in dem Privileg, eine der drei Testregionen im Projekt »Innovationsregionen« zu sein[199], verdeutlicht werde. Das OWL-Gesetz wurde mit Wirkung vom 15.4.2007 außer Kraft gesetzt.[200]

II. Verwaltungsmodernisierung seit 2005

Einen neuen Schritt zu einer Verwaltungsreform, in der sowohl funktionalreformerische als auch verwaltungsstrukturrelevante Maßnahmen auf der Tagesordnung standen, machte die seit Mai 2005 regierende Koalition aus CDU und FDP. Schon in der Koalitionsvereinbarung[201] und der ersten

193 Gesetz zum Bürokratieabbau in der Modellregion Ostwestfalen-Lippe (Bürokratieabbaugesetz OWL) v. 16.3.2004, GVBl. NRW 2004, S. 134 ff.

194 § 1, S. 1 OWL-G.

195 § 1, S. 1 OWL-G.

196 Eine Auflistung der Außer-Kraft-Setzung enthält § 3 OWL-G.

197 § 3 Nr. 6 OWL-G, unter besonderer Schwerpunktsetzung auf die Bereiche Gewerbe- und Arbeitsschutz.

198 http://www.ostwestfalen-lippe.de/_owl/presse/presse_111.shtml [Letzter Abruf: 8.1.2008].

199 *Krömer,* in: Oebbecke u. a., Zwischen kommunaler Kooperation und Verwaltungsreform, S. 25 (29).

200 § 4 des Ersten Gesetzes zum Bürokratieabbau v. 13.3.2007, GVBl. NRW 2007, S. 133 (134).

201 Koalitionsvereinbarung zwischen CDU und FDP v. 20.6.2005, S. 9 f. Abrufbar unter http://www.cdu-nrw.de/media/Koalitionsvereinbarung.pdf [Letzter Abruf: 8.1.2008].

Regierungserklärung des neuen Ministerpräsidenten Rüttgers[202] wurde ausgeführt, dass die neue Landesregierung umfassende und weit reichende Schritte bei dem Projekt »Verwaltungsmodernisierung« einleiten wollte.

»Deshalb stellen wir die öffentliche Verwaltung neu auf. Kann eine staatliche Aufgabe entfallen, entfällt sie. Kann sie privatisiert werden, wird sie privatisiert. Kann sie kommunalisiert werden, geht sie in die kommunale Selbstverwaltung über. Wir beseitigen Doppel- und Mehrfachzuständigkeiten. Sonderbehörden werden soweit als möglich aufgelöst, kommunalisiert bzw. in die allgemeine Verwaltung integriert. Wir werden Standards abbauen und den Kommunen mit einem Gesetz zur Standardflexibilisierung den Entscheidungsspielraum zur Abweichung von kostspieligen Standards geben. Wir beginnen mit der Neuaufstellung der Verwaltung sofort. Bis zur Mitte der nächsten Legislaturperiode wird sie abgeschlossen sein. Dann gibt es einen auf seine Kernaufgaben konzentrierten Staat, eine starke kommunale Selbstverwaltung und drei Regionalpräsidien für das Rheinland, das Ruhrgebiet und Westfalen.«[203]

Die neue Landesregierung setzte diese Leitlinien nach und nach um. So wurden 46 Sonderbehörden in den allgemeinen Behördenaufbau (namentlich in die Bezirksregierungen) eingegliedert. Betroffen waren hiervon das Landesamt für Ernährungswirtschaft und Jagd, das Landesumweltamt, die Ämter für Agrarordnung, die Staatlichen Ämter für Arbeitsschutz, die Bergämter, die Staatlichen Umweltämter, das Staatliche Amt für Umwelt und Arbeitsschutz Ostwestfalen-Lippe, die Landesanstalt für Ökologie, Bodenordnung und Forsten, die Abteilung 9 – obere Flurbereinigungsbehörde – der Bezirksregierung Münster und die Dezernate 50 der Bezirksregierungen.[204] Die bis zum In-Kraft-Treten des Gesetzes Beschäftigten wurden auf die dann zuständigen Behörden und Einrichtungen übergeleitet.[205] Auch das Landesinstitut für Schule / Qualitätsagentur in Soest fiel der Organisationsstraffung zum Opfer. Die Aufgaben wurden teilweise auf die Bezirksregierung Arnsberg, teilweise auf die Bezirksregierung Düsseldorf

202 Regierungserklärung des Ministerpräsidenten v. 13.7.2005. Abrufbar unter http://www.mediendatenbank.nrw.de/mediadatabase/regierungserklaerung.pdf [Letzter Abruf: 8.1.2008].

203 Regierungserklärung des Ministerpräsidenten v. 13.7.2005 (Nachweis Fn. zuvor), S. 16.

204 Gesetz zur Straffung der Behördenstruktur in Nordrhein-Westfalen v. 12.12.2006, GVBl. NRW 2006, S. 622 ff.

205 Art. 1, § 11 des Behördenstraffungsgesetzes.

und teilweise auf das Ministerium für Schule und Weiterbildung übertragen.[206] Gleichzeitig wurde eine Landesanstalt für Natur, Umwelt und Verbraucherschutz – LANUV – errichtet.[207] Außerdem wurde die Versorgungsverwaltung, die sich aus elf staatlichen Versorgungsämtern zusammensetzte, in die allgemeine Verwaltung, überwiegend in die Kreise, kreisfreien Städte und Landschaftsverbände eingegliedert.[208] Weitere Kommunalisierungen wurden im Umweltbereich durchgeführt.[209]

Änderungen betrafen auch die Polizeiorganisation. So wurden mit dem »Landesamt für Zentrale Polizeiliche Dienste« sowie dem »Landesamt für Ausbildung, Fortbildung und Personalangelegenheiten der Polizei« zwei neue Landesoberbehörden eingerichtet, einhergehend mit einer Straffung des Ausbaus der Personalvertretung.[210] Außerdem trat eine Änderung der Zuständigkeit für die Autobahnpolizei ein. Sie wurde von den Bezirksregierungen auf die fünf Polizeipräsidien Köln, Düsseldorf, Münster, Dortmund und Bielefeld übertragen, die Zuständigkeit der Wasserschutzpolizei wurde bei der Polizei Duisburg gebündelt[211].

Neben diesen strukturellen Veränderungen wurde das Land auch im Bereich des Bürokratieabbaus tätig. Erste Änderungen erfolgten durch das Erste Gesetz zum Bürokratieabbau[212], beispielsweise im Straßen- und Wegerecht, § 2 Nr. 1 des Gesetzes). Diesem folgte wenig später das Zweite Gesetz zum Bürokratieabbau[213], durch das die Notwendigkeit der Durchführung eines Widerspruchsverfahrens vor Erhebung einer verwaltungsgerichtlichen Klage eingeschränkt wurde.[214]

---

206 Art. 17 des Behördenstraffungsgesetzes.

207 Art. 5 des Behördenstraffungsgesetzes.

208 Zweites Gesetz zur Straffung der Behördenstruktur in Nordrhein-Westfalen v. 30.10.2007, GVBl. NRW 2007, S. 482 ff.

209 Gesetz zur Kommunalisierung von Aufgaben des Umweltrechts, GVBl. NRW 2007, S. 662 ff.

210 Gesetz zur Änderung des Polizeiorganisationsgesetzes und zur Änderung weiterer Vorschriften über die Organisation der Polizei v. 29.3.2007, GVBl. NRW 2007, S. 140 ff. und Verordnungen zur Umsetzung des Polizeiorganisationsgesetzes sowie zur Änderung von Rechtsverordnungen v. 2.7.2007, GVBl. NRW 2007, S. 214 ff.

211 Gesetz zur Änderung des Polizeiorganisationsgesetzes und zur Änderung weiterer Vorschriften über die Organisation der Polizei v. 23.5.2006, GVBl. NRW 2006, S. 266 f.

212 Erstes Gesetz zum Bürokratieabbau (Bürokratieabbaugesetz I) v. 13.3.2007, GVBl. NRW 2007, 133 ff.

213 Zweites Gesetz zum Bürokratieabbau (Bürokratieabbaugesetz II) v. 9.10.2007, GVBl. NRW 2007, S. 393 f.

214 Dazu *Theisen,* DVP 2008, S. 63 ff.

Wie in anderen Ländern wollte der Gesetzgeber auch in NRW gerade die Regelungen mit Bezug auf die Wirtschaft zu deren Gunsten lockern. So erkannte man auch in NRW, dass der Abbau von Vorschriften und Gesetzen auch als Instrument der Wirtschaftsförderung betrachtet werden kann. Zur Förderung dieses Ansinnens wurde u. a. das Tariftreuegesetz abgeschafft.[215] Zudem gründete das Land in verschiedenen Städten, darunter Essen, Oberhausen, Mülheim, Recklinghausen, Münster und Detmold, mit sog. Starter-Centern eine zentrale Anlaufstelle für Existenzgründer. Um den »Formularkrieg« für Neugründungen flächendeckend in ganz NRW aus der Welt zu schaffen, wurde ein Formularserver errichtet, durch den »alle Antrags- und Meldepflichten eines Gründungsvorhabens in einem Rutsch abgearbeitet werden«[216] können. Außerdem wurde beschlossen, dass neue Normen bereits im Entwurfsstadium auf Notwendigkeit, Wirksamkeit etc. überprüft werden sollten.[217]

Auch die Gemeinden und Gemeindeverbände wurden durch die Verwaltungsmodernisierungsmaßnahmen entlastet. Beispielsweise wurden in verschiedenen Bereichen Abweichungen von Standards zugelassen, die dann jeweils für fünf Jahre ihre Geltung entfalten.[218]

III. Mögliche Entwicklungen der nahen und mittleren Zukunft

Die momentan geführte Diskussion ist nicht auf einen kurzen Zeitraum angelegt. Bereits jetzt werden Überlegungen getätigt, die auf die mittelfristige Aufstellung der Verwaltung in diesem Land gerichtet sind. Diese sind mit den derzeitigen Änderungen eng verwoben.

Bis Mitte des Jahres 2007 waren die Koalitionäre fest entschlossen, bis 2012 die zwei Landschaftsverbände, den Regionalverband Ruhr und die fünf Bezirksregierungen zu insgesamt drei Regionalverwaltungen umzuwandeln.[219] Von einer Zusammenlegung verspricht sich die Landesregierung,

---

215 Gesetz zur Aufhebung des Tariftreuegesetzes v. 31.10.2006, GVBl. NRW 2006, S. 515 f.

216 PM des Ministeriums für Wirtschaft, Mittelstand und Energie v. 24.11.2007.

217 PM des IM NRW v. 2.11.2006, S. 2, www.im.nrw.de/vm/115.htm# [letzter Abruf: 18.2.2008].

218 Gesetz zur Befreiung von kommunalbelastenden landesrechtlichen Standards für das Land Nordrhein-Westfalen (Standardbefreiungsgesetz NRW – StaBefrG NRW) v. 17.10.2006, GVBl. NRW 2006, S. 458.

219 Als Standorte waren Münster, Köln und Essen angedacht, s. *VMimpulse* 1/2006, S. 2.

die Mittelinstanzen staatlicher und kommunaler Art weiter zu straffen und dadurch Kosten zu sparen. Ob letzteres gelingen wird, ist aber fraglich. So sind bei den Bezirksregierungen nur ca. 2 % aller Landesbediensteten beschäftigt. Selbst wenn man ein Einsparpotential an Bediensteten bei den Bezirksregierungen durch eine Zusammenlegung zu nur noch drei Bezirksregierungen mit 15 % ansetzen würde, wäre das eine Einsparung der Personalkosten auf Landesebene von gerade einmal 0,25 %.[220] Generell sehen die Einsparmöglichkeiten durch die intendierten Regionalbehörden – schenkt man den Zahlen Vertrauen – mit 4 Millionen Euro Einsparungen in fünf Jahren[221] eher bescheiden aus, so dass eine wirtschaftlichere Struktur in der Mittelinstanz als bisher kaum realistisch erscheint.[222]

Diese bis dahin immer wieder artikulierten Pläne wurden seit Ende 2007 mit deutlich weniger Energie verteidigt.[223] Es wird inzwischen bezweifelt, ob eine Zusammenlegung tatsächlich erfolgen sollte. Hinzu treten rechtliche Bedenken gegen die Zulässigkeit eines Zusammenschlusses. Als Stichpunkte sind hier Mischverwaltung, demokratische Legitimation und Finanzierung der neuen Verbände zu nennen.

---

220 *Bogumil/Reichard/Siebart,* Gutachten, S. 97.

221 *Bogumil/Reichard/Siebart,* Gutachten, S. 98.

222 *Reichard/Siebart,* Wirtschaftlichkeitsanalyse, S. 210.

223 S. z. B. Äußerungen des Vorsitzenden der FDP-Landtagsfraktion im Düsseldorfer Landtag Papke, http://www.fdp-fraktion-nrw.de/webcom/show_article.php/_c-706/_nr-96/i.html [letzter Abruf: 30.4.2008].

Dritter Teil: Die Gewährleistung der kommunalen Selbstverwaltung

Im nun folgenden Teil soll die Schutzrichtung der Garantie der kommunalen Selbstverwaltung für die Mitglieder der kommunalen Familie dargestellt werden, wobei zwischen der Gewährleistung nach dem Grundgesetz und der nordrhein-westfälischen Landesverfassung differenziert wird. Die noch näher darzustellenden Schutzrichtungen der Selbstverwaltungsgarantie können nur dann bei der Überprüfung einer Kompetenzverlagerung Bedeutung erlangen, wenn die vom Entzug betroffene Ebene sich auf die Garantie der kommunalen Selbstverwaltung berufen kann.

§ 3 Gemeindeverbände i. S. d. Art. 28 Abs. 2 S. 2 GG

Der Schutz der Gemeindeverbände beurteilt sich nach Art. 28 Abs. 2 S. 2 GG. Was das Grundgesetz unter dem Begriff des Gemeindeverbandes versteht, ist nicht ohne weiteres zu erschließen. Es existieren unterschiedliche Begriffsbestimmungen, die auf eine Vielzahl teilweise sehr unterschiedlicher Kriterien zurückgreifen.[224] Es handelt sich bei dem Begriff des Gemeindeverbands um einen typischen Sammelbegriff ohne feste Konturen.[225] Eine exakte Definition findet sich weder im Grundgesetz noch in einfachgesetzlichen Regelungen, vielmehr verwendet auch der Gesetzgeber den Begriff unterschiedlich.[226] Es verwundert daher nicht, dass in Rechtsliteratur und Rechtsprechung unterschiedliche Auffassungen darüber herrschen, welche Voraussetzungen für die Annahme eines Gemeindeverbands notwendigerweise vorliegen müssen.

A. Der Begriff des Gemeindeverbands nach Art. 28 Abs. 2 S. 2 GG

I. Übergemeindliche Zusammengesetztheit

Zunächst wird allgemein zu Recht gefordert, dass ein Gemeindeverband ein übergemeindlich, aus mehreren Gemeinden zusammengesetzter Verband

224 *Oebbecke,* Gemeindeverbandsrecht, Rn. 1 ff. m. w. N.

225 *BVerfG,* Urt. v. 24.7.1979 – 2 BvK 1/78 (»schleswig-holsteinische Ämter«) –, in: BVerfGE 52, 95 (110 f.).

226 Statt aller: *Burgi/Ruhland,* Regionale Selbstverwaltung, S. 22; *Oebbecke,* Gemeindeverbandsrecht, Rn. 1 mit Beispielen.

sein muss und durch die Mitglieder vollständig ausgefüllt wird.[227] Durch die damalige, ungefähr bis zum Ersten Weltkrieg übliche[228] Bezeichnung als »Kommunalverband«[229] wird verdeutlicht, dass der Verband sich nicht nur aus Gemeinden, sondern auch aus anderen Gemeindeverbänden zusammensetzen kann.[230]

Für einige Autoren[231] reichen diese beiden Aspekte (Zusammengesetztheit und Übergemeindlichkeit) bereits aus, um von einem Gemeindeverband sprechen zu können.

II. Gebietskörperschaft

Unter den Vertretern, denen die soeben genannten Kriterien für die Bestimmung des Begriffs Gemeindeverband nicht ausreichen, wird teilweise zusätzlich gefordert, dass es sich bei dem in Frage stehenden Kommunalkörper um eine Gebietskörperschaft handeln müsse.[232] Es gehöre zum Wesen eines Gemeindeverbands, dass er den Charakter einer Gebietskörperschaft besitze.[233] Gemeindeverbände seien nur solche kommunalen Zusammenschlüsse, die entweder zur Wahrnehmung von Selbstverwaltungsaufgaben gebildete Gebietskörperschaften seien oder die diesen Körperschaften jedenfalls nach dem Gewicht ihrer Selbstverwaltungsaufgaben sehr nahe

227 Statt aller: *Gönnenwein,* Gemeinderecht, S. 5 und S. 377 f.; *Stern,* in: Püttner, HdbKWP, Bd. 1, S. 204 (215); *Oebbecke,* Gemeindeverbandsrecht, Rn. 3; a. A.: *Cantner,* in: Peters, HdbKWP, Bd. 1, S. 409 (413 f.).

228 *Hoppe,* Gebietskörperschaft und Gemeindeverband, S. 34.

229 *Elleringmann,* Grundlagen, S. 24; *Laux,* in: DLT, Der Kreis, Bd. 1, S. 93 (99).

230 *Pagenkopf,* KommR I, S. 9; *Hoppe,* Gebietskörperschaft und Gemeindeverband, S. 37 mit Hinweis auf den Entwurf zum preußischen Selbstverwaltungsgesetz von 1930, und S. 42; *Leiers,* Verfassungs- und Aufgabenstruktur, S. 87.

231 *Gönnenwein,* Gemeinderecht, S. 377 f.; *Hacker,* DÖV 1955, 236 (238); *Pagenkopf,* KommR I, S. 27.

232 *OVG Koblenz,* Urt. v. 28.7.1987 – 6 A 1/86 –, in: NVwZ 1988, 1145 (1145); *Pieroth,* in: Jarass/Pieroth, GG, Art. 28, Rn. 27; *Stern,* in: BK, Art. 28, Rn. 80; *Elleringmann,* Grundlagen, S. 24 und S. 26; so auch ohne weitere Begründung: *Becker,* in: Peters, HbdKWP Bd. 1, 113 (122); *ders.,* in: Bettermann/Nipperdey, Grundrechte IV/2, 673 (708); *Waechter,* KommR, Rn. 171. Zu Art. 137 Hess. LV s. *HessStGH,* Urt. v. 20.10.1999 – P.St. 1294 –, in: DVBl. 1999, 1725 (1726).

233 *VerfGH Rh.-Pf.,* Urt. v. 29.4.1961 – VGH 1/61 –, in: AS 8, 230 (LS 1 und 232); die simple Feststellung, »Der Gemeindeverband ist Gebietskörperschaft« trifft *Köttgen,* in: Peters, HdbKWP, Bd. 1, S. 185 (193).

kämen.[234] Sie seien keine Sonderform interkommunaler Dachorganisation, sondern der Gemeinde strukturverwandt.[235] Außerdem führen die Vertreter an, dass es sich bei dem Kreis als Prototyp der Gemeindeverbände um eine Gebietskörperschaft handele und demnach auch alle anderen möglichen Gemeindeverbände Gebietskörperschaftlichkeit aufweisen müssten. Schließlich wird auf Art. 109 Abs. 4 S. 1 Nr. 2 GG verwiesen, der zwischen Gebietskörperschaften auf der einen, Zweckverbänden auf der anderen Seite unterscheide.[236]

Nach gegenteiliger Ansicht ist das Kriterium der Gebietskörperschaftlichkeit bei der Beurteilung, ob ein Gemeindeverband vorliegt oder nicht, nicht relevant.[237] Zwar habe der Staatsgerichtshof für das Deutsche Reich in seinem Grundsatzurteil zu Art. 127 WRV festgestellt, dass Art. 127 WRV nur für Gebietskörperschaften, nicht aber für gebietslose Körperschaften gelte.[238] Doch sei zu berücksichtigen, dass zu jener Zeit auch Zweckverbände vielfach noch als Gebietskörperschaften angesehen worden seien, dieses aber nach heute ganz herrschender Meinung nicht mehr der Fall sei.[239] Auch systematische Erwägungen werden gegen die Notwendigkeit der gebietskörperschaftlichen Ausgestaltung angeführt. Sei die Gebietskörperschaftlichkeit notwendiges Kriterium des Begriffs des Gemeindeverbandes, sei die differenzierte Ausgestaltung des Art. 28 Abs. 1 S. 2 GG einerseits, die des Art. 28 Abs. 2 GG andererseits nicht nachvollziehbar. Nur, wenn man die Gemeindeverbände mit den Gemeinden gleichsetze, sei das Erfordernis der Gebietskörperschaftlichkeit zu rechtfertigen. Art. 28 Abs. 2 GG unterscheide jedoch eindeutig zwischen Gemeinden und

234 *BVerfG,* Urt. v. 24.7.1979 – 2 BvK 1/78 (»schleswig-holsteinische Ämter«) –, in: BVerfGE 52, 95 (109) (wohl nur für den Begriff des Gemeindeverbandes nach der LV SH), aktueller, aber für alle Gemeindeverbände: *BVerfG,* Urt. v. 31.10.1990 – 2 BvF 2, 6/98 –, in: BVerfGE 83, 37 (54 f.) = DVBl. 1990, 1397 (1399 f.); *Tettinger,* in: v. Mangoldt/Klein/Starck, GG, Bd. 2, Art. 28, Rn. 241; *Hörster,* in: Mann/Püttner, HdbKWP, Bd. 1, S. 901 (905).

235 *Köttgen,* in: Peters, HdbKWP, Bd. 1, S. 185 (190).

236 *Litzenburger,* kommunale Verfassungsbeschwerde, S. 38; *Pappermann,* DÖV 1975, 181 (185).

237 *OVG Lüneburg,* Urt. v. 19.8.1970 – V OVG A 74 – 77/69 –, in: OVGE 26, 487 (494); *NdsStGH,* Urt. v. 3.6.1980 – 2/79 –, in: OVGE 34, 500 (505) = DVBl. 1981, 214 (LS 4); *Stüer,* Funktionalreform, S. 94 (Fn. 142); *R. Kirchhof,* KrONRW, § 1, Anm. 23; *Pagenkopf,* KommR I, S. 270; *Gönnenwein,* Gemeinderecht, S. 383 f. mit Anm. 2.

238 *StGHDR,* Urt. v. 10./11.12.1929 – StGH 9, 11, 14, 15, 16 und 18/29 –, in: RGHZ 126, Anhang, S. 14 (23).

239 *Bovenschulte,* Gemeindeverbände, S. 456.

Gemeindeverbänden, weshalb nicht nachvollziehbar sei, warum in Art. 28 Abs. 1 S. 2 GG unmittelbare Wahlen nur für die Kreise als eine Form der Gemeindeverbände angeordnet seien.[240] Schließlich sei auch das allgemeine Sprachempfinden nicht darauf ausgelegt, die Gebietskörperschaftlichkeit als notwendiges Kriterium eines Gemeindeverbandes anzusehen. Vielmehr suggeriere der Begriff des Gemeindeverbandes lediglich, dass es sich um einen Verband aus Gemeinden handeln müsse.[241] Gegen das Erfordernis der Gebietskörperschaftlichkeit spreche, so die Vertreter dieser Ansicht, der Wortlaut einiger Landesverfassungen: Während einige Landesverfassungen, wie das Grundgesetz, das Merkmal »Gebietskörperschaft« in ihren Bestimmungen zur Selbstverwaltungsgarantie nicht erwähnten[242], verlangten andere, dass es sich bei den Kommunen um Gebietskörperschaften handeln müsse[243]. Die Landesverfassungen gingen deshalb davon aus, dass es Gemeindeverbände gebe, die gleichzeitig auch die Eigenschaft einer Gebietskörperschaft aufwiesen, andere, die diese Doppeleigenschaft von Gemeindeverband und Gebietskörperschaft nicht aufwiesen und schließlich solche, die nicht Gebietskörperschaft seien.[244]

Der Wortlaut des Art. 28 Abs. 1 und 2 GG hilft über die Frage, ob ein Gemeindeverband notwendigerweise Gebietskörperschaft sein muss oder nicht, nicht hinweg, da der Begriff »Gebietskörperschaft« in dieser Vorschrift nicht – wie in einigen Landesverfassungen – auftaucht. Zieht man die Systematik der Norm heran, so sprechen die besseren Argumente dafür, auf das Kriterium der Gebietskörperschaftlichkeit zu verzichten. Die Kreise sind Gebietskörperschaften, da sie sich unmittelbar aus den Bürgerinnen und Bürgern zusammensetzen. Auch deshalb werden sie als atypische Gemeindeverbände bezeichnet. Unterscheidet das Grundgesetz aber zwischen Kreisen in Abs. 1 S. 2 und Gemeindeverbänden in Abs. 2 S. 2, so muss aus systematischen Gründen die Notwendigkeit, Gebietskörperschaft zu sein, richtigerweise verneint werden, was nicht heißt, dass die Gemeindeverbände nicht Gebietskörperschaft sein *können*.[245]

---

240 *Bovenschulte,* Gemeindeverbände, S. 458.

241 *Bovenschulte,* Gemeindeverbände, S. 452.

242 Art. 71 LV BW; Art. 10 Bay. LV.; Art. 97 LV Bbg.; Art. 137 Hess. LV; Art. 57 Nds. LV; Art. 72 LV MV.; Art. 49 LV Rh.-Pf.; Art. 118 Saar. LV; Art. 84 Sächs. LV; Art. 87 LV Sachs.-Anh.; Art. 46 SH LV.

243 Art. 78 Abs. 1 nrwLV; Art. 92 Abs. 2 Thür. LV; zur nrwLV genauer noch unten S. 60 f.

244 *Pagenkopf,* KommR I, S. 270.

245 *Bovenschulte,* Gemeindeverbände, S. 458.

In der bereits erwähnten Entscheidung zu den schleswig-holsteinischen Ämtern hat das Bundesverfassungsgericht festgestellt, dass, hätte der Verfassungsgeber es gewollt, nur Gebietskörperschaften Gemeindeverbände sein können, er dieses in die Landesverfassung hätte aufnehmen können.[246] Gleiches muss auch für Art. 28 Abs. 2 S. 2 GG gelten. Hätte der Grundgesetzgeber also nur Gebietskörperschaften als Gemeindeverbände i. S. d. Art. 28 Abs. 2 GG akzeptieren wollen, hätte auch er es in die Verfassung aufnehmen können. Das Grundgesetz legt einen Mindeststandard fest, nach dem sich die Gemeindeverbandsqualität zu bemessen hat. Dieser Mindeststandard besteht nach dem Grundgesetz aber nicht in der Gebietskörperschaftlichkeit, sondern in der Eigenschaft als Gemeindeverband. Dass einige Länder darüber hinaus in den Landesverfassungen verlangen, dass es sich bei den Gemeindeverbänden notwendigerweise um Gebietskörperschaften handeln muss, ändert an den Anforderungen, die das Grundgesetz an die Gemeindeverbandsqualität stellt, nichts. Denn die Länder dürfen an die Qualität des Gemeindeverbands zwar höhere Anforderungen stellen, nicht aber niedrigere.[247] Fällt indes ein Gemeindeverband aufgrund der strengeren Anforderungen, die die Landesverfassung an die Gemeindeverbandsqualität stellt, aus dem Gewährleistungsbereich nach der Landesverfassung heraus, so wird dieser mindere Schutz aufgefüllt durch den Schutz des Art. 28 Abs. 2 GG.[248]

Somit kann festgehalten werden, dass es im Rahmen des Art. 28 Abs. 2 S. 2 GG bei der Bestimmung der Stellung als Gemeindeverband nicht darauf ankommt, ob die Einrichtung gleichzeitig Gebietskörperschaft ist oder nicht.

III. Notwendigkeit eines bestimmten Aufgabenbestands

Als weiteres notwendiges Merkmal eines Gemeindeverbands wird das Bestehen eines bestimmten Aufgabenbestands gefordert. Dabei herrscht innerhalb dieser Auffassung allerdings Uneinigkeit, welchen Umfangs und welcher Qualität diese Zuweisung bedarf.

---

246 *BVerfG*, Urt. v. 24.7.1979 – 2 BvK 1/78 (»schleswig-holsteinische Ämter«) –, in: BVerfGE 52, 95 (109).

247 *VerfGHSachs*, Urt. v. 3.12.1998 – Vf. 36-VIII-98 –, in: DÖV 1999, 338 (339).

248 Zum Verhältnis des Art. 28 GG zu Art. 78 LV NRW s. u. S. 58.

Bovenschulte erachtet es als ausreichend, wenn den Gemeindeverbänden eine einzige weisungsfreie Zweckaufgabe übertragen werde.[249] Es stehe, fordere man eine gewisse Mindestzahl an Aufgaben, im Belieben des Gesetzgebers, Gemeindeverbände statuslos zu stellen oder in den »Genuss« des Art. 28 Abs. 2 S. 2 GG kommen zu lassen.[250]

Dem diametral entgegen verlangt eine andere Auffassung, den Gemeindeverbänden müsse ein umfängliches Spektrum an Aufgaben zugewiesen werden, um der Ebene des Kreises zumindest ungefähr zu entsprechen.[251] Nach anderer (vermittelnder) Ansicht soll es demgegenüber ausreichen, wenn enumerativ gewisse Aufgabenzuständigkeiten zugewiesen werden. Qualität und Quantität der Aufgaben dürften nicht »durch Zwecksetzung ad hoc begrenzt sein«[252]. Die Aufgaben des Gemeindeverbands müssten nach ihrem Gesamtumfang und der Art ihrer Zuweisung die verfassungsrechtliche Gewährleistung von Eigenverantwortlichkeit und Bürgerschaftlichkeit rechtfertigen[253]; einer Allzuständigkeit bedürfe es hingegen nicht. Eine ausreichende Aufgabenzuweisung liege deshalb sowohl bei Zuweisung einzelner, singulärer Kompetenzen als auch eines Kompetenzbündels (Mehrheit einzelner Kompetenzen, sog. additiver Aufgabenbereich) vor.[254] Daher versteht diese Ansicht unter Gemeindeverbänden »zusammengesetzte, unmittelbare oder mittelbare Gebietskörperschaften zur Erfüllung global überlassener übergemeindlicher und (oder) ergänzender Aufgaben sowie global oder enumerativ zugewiesener Ausgleichsaufgaben, damit die Erledigung integraler und summativer Aufgaben durch leistungsschwache Selbstverwaltungskörperschaften nicht unterbleibt«[255]. Begründet wird diese Ansicht damit, dass ein Gemeindeverband nur dann den Schutz des Grundgesetzes verdiene, wenn seine Aufgaben nach ihrem Gesamtumfang und der Art ihrer Zuweisung die verfassungsrechtliche Gewährleistung von

249 *Bovenschulte,* Gemeindeverbände, S. 459 ff.

250 Einschränkend insoweit für die Kreise, *Bovenschulte,* Gemeindeverbände, S. 224 (»garantiert es den Kreisen [...] in quantitativer Hinsicht einen bestimmten Mindestbestand an Aufgaben«).

251 *Tettinger,* in: v. Mangoldt/Klein/Starck, GG, Bd. 2, Art. 28, Rn. 241.

252 *Stern,* in: Püttner, HdbKWP, Bd. 1, S. 205 (215); *ders.*, in: BK, Art. 28, Rn. 80; *Pieroth,* in: Jarass/Pieroth, GG, Art. 28, Rn. 27; *Löwer,* in: v. Münch/Kunig, GG, Bd. 2, Art. 28, Rn. 83; *Knemeyer,* in: FG von Unruh, S. 209 (219).

253 *Oebbecke,* Gemeindeverbandsrecht, Rn. 34; *Burgi/Ruhland,* Regionale Selbstverwaltung, S. 30; ähnlich: *Meyer,* in: Mann/Püttner, HdbKWP, Bd. 1, S. 661 (669).

254 *Hoppe,* Gebietskörperschaft und Gemeindeverband, S. 47.

255 *Wolff/Bachof/Stober,* VerwR II, 5. Aufl., § 85 III 2. b).

Eigenverantwortlichkeit und Bürgerschaftlichkeit rechtfertigten.[256] Dieses unterstreiche auch der Wortlaut des Art. 28 Abs. 2 S. 2 GG, der von einem gesetzlich zugewiesenen Aufgaben*bereich* spreche.[257] Verlangt wird, dass der Gemeindeverband globale überörtlich-primäre Aufgaben übertragen bekommt.[258] Dieses seien zum einen solche Aufgaben, die »auf den (zusammengesetzten) Raum der (Verbands-) Körperschaft und die gemeinsamen Bedürfnisse der in diesem Raum als einheitliche soziale Gruppe lebenden Menschen bezogen sind«, zum anderen solche, »die summativ sind und die mindestens die durchschnittliche Verwaltungskraft und Verwaltungsfrequenz der zusammengesetzten Körperschaft (Verband) erfordern und für die eine Körperschaft niederer Stufe *generell* ungeeignet ist«[259], also überörtlich-integrale und überörtlich-summative Aufgaben.

Bei dem Kriterium des Aufgabenbestands ist es nach hier vertretener Auffassung ausreichend, wenn der Kommunalkörperschaft ein umfassender, aber nicht notwendigerweise allumfassender Aufgabenbereich zugewiesen wird; ob die Zuweisung enumerativ oder generalklauselartig erfolgt, ist unerheblich. Der Ansicht *Bovenschultes,* wonach es für die Qualität als Gemeindeverband ausreicht, diesem nur eine einzige Zweckaufgabe zuzuweisen, ist entgegenzuhalten, dass dann auch Zweckverbände unter den Schutz der kommunalen Selbstverwaltung fielen. Dieses ist systematisch nicht mit Art. 28 Abs. 2 GG in Einklang zu bringen. Das den Gemeinden und Gemeindeverbänden eingeräumte Recht auf Selbstverwaltung wird grundgesetzlich nur solchen Körperschaften zuerkannt, die sachlich mit den Gemeinden vergleichbar sind.[260] Dieses ist bei Zweckverbänden aber nicht der Fall, da sie, anders als beispielsweise die Gemeindeverbandsebene der Kreise nicht das ganze Gebiet eines Landes ausfüllen und nur bei Bedarf gebildet werden, nicht aber notwendig eingerichtet sein müssen. Auch spricht gegen einen Einbezug, dass Art. 28 Abs. 2 S. 2 GG das Selbstverwaltungsrecht nur im Rahmen des gesetzlichen Aufgabenbestands einräumt, Zweckverbände erhalten die Aufgabe aber nicht im Wege einer gesetzlichen Zuweisung, sondern aufgrund Delegation der Mitglieder des Zweckver-

256 *Oebbecke,* Gemeindeverbandsrecht, Rn. 34.

257 *Hoppe,* Gebietskörperschaft und Gemeindeverband, S. 50 f.

258 *Hoppe,* Gebietskörperschaft und Gemeindeverband, S. 50 f.; *Leiers,* Verfassungs- und Aufgabenstruktur, S. 92.

259 *Hoppe,* Gebietskörperschaft und Gemeindeverband, S. 59.

260 *Rengeling,* in: Püttner, HdbKWP, Bd. 2, S. 385 (393).

bandes.[261] Zu Recht wird daher die Gemeindeverbandsqualität der Zweckverbände abgelehnt.[262] Der Forderung nach einem universalen Wirkungskreis der Gemeindeverbände ist ebenfalls entgegenzutreten. Während Art. 28 Abs. 2 S. 1 GG den Gemeinden die Wahrnehmung aller Angelegenheiten der örtlichen Gemeinschaft verfassungsrechtlich verbürgt, besteht eine solche Verbürgung zugunsten der Gemeindeverbände nicht. Es bedarf nach dem Wortlaut des Art. 28 Abs. 2 S. 2 GG einer gesetzlichen Aufgabenzuweisung. Daraus, dass die Landesverfassungen und (Land-)Kreisordnungen den Kreisen Allzuständigkeit gewähren, kann nicht geschlussfolgert werden, dass die grundgesetzliche Garantie der kommunalen Selbstverwaltung Allzuständigkeit verlangt. Schließlich sprechen auch historische Argumente gegen eine Universalität des Wirkungskreises der Gemeindeverbände: In der 20. Sitzung des Grundsatzausschusses am 10.11.1948 machte der Abgeordnete Dr. *v. Mangoldt* deutlich, dass es nicht für richtig gehalten werden könne, wenn Gemeindeverbänden Allzuständigkeit zukomme, weil dieses ausschließlich den Gemeinden zustünde. Zur Zuständigkeit von Gemeindeverbänden könne nur das gehören, was ausdrücklich ihrer Zuständigkeit zugewiesen werde.[263] Mit der Unterteilung der Schutzgehalte für die Gemeinden in Satz 1 und den Gemeindeverbänden in Satz 2 des Art. 28 Abs. 2 wollte der Grundgesetzgeber die unterschiedlichen, von Verfassung wegen gesicherten Aufgabenbestände zum Ausdruck bringen. Die Qualifikation als Gemeindeverband setzt daher voraus, dass diesem zumindest eine Mehrzahl an Aufgaben zugewiesen wird, die er eigenverantwortlich wahrnehmen kann.

---

261 *Rengeling,* in: Püttner, HdbKWP, Bd. 2, S. 385 (393 f.).

262 *Rengeling,* in: Püttner, HdbKWP, Bd. 2, S. 385 (393); *Falk,* Kommunale Aufgaben, S. 88; *Tettinger,* in: v. Mangoldt/Klein/Starck, GG, Bd. 2, Art. 28, Rn. 241, der sie kommunalrechtlich zu den Gemeindeverbänden im weiteren Sinne zählt. Nach *Oebbecke,* Zweckverbandsbildung, S. 6, *dems.,* Gemeindeverbandsrecht, Rn. 35 und *dems.,* in: Mann/Püttner, HdbKWP, Bd. 1, S. 843 (856), muss die Gemeindeverbandsqualität im Einzelfall entschieden werden. Den Schutz des Art. 28 Abs. 2 S. 2 GG genießen die Zweckverbände jedoch nicht. Für die Gemeindeverbandsqualität: *Gönnenwein,* Gemeinderecht, S. 433; *Maunz,* in: Maunz/Dürig, GG, Bd. IV, Art. 28, Rn. 55.

263 *Doemming/Füsslein/Matz,* JöR 1 (n. F.), S. 255.

IV. Unmittelbare demokratische Legitimation

Weiterhin wird teilweise gefordert, ein Gemeindeverband müsse unmittelbar demokratisch legitimiert sein.[264] Als Argument wird vorgetragen, dass der Verfassungsgeber die Wahl der Kreise in Art. 28 Abs. 1 S. 2 GG unzweideutig normiert habe. Sehe man aber – wie das Bundesverfassungsgericht – die Kreise als den »Prototypus« der Gemeindeverbände an, sei auch für die anderen Gemeindeverbände eine unmittelbare demokratische Legitimation zu fordern. Dieses habe auch das Bundesverfassungsgericht in seinem Urteil zum schleswig-holsteinischen Kommunalwahlrecht[265] unterstrichen.[266] In diesem Urteil führt das Gericht aus: »Die Norm [sc. Art. 28 Abs. 1 S. 2 GG] bestimmt, daß die Grundentscheidungen der Verfassung für die Prinzipien der Volkssouveränität und der Demokratie sowie für ein demokratisches Wahlverfahren nicht nur auf Bundes- und Landesebene gelten sollen, sondern auch in den Untergliederungen der Länder, den Gemeinden und Gemeindeverbänden. Die Vorschrift gewährleistet damit für alle Gebietskörperschaften auf dem Territorium der Bundesrepublik Deutschland die Einheitlichkeit der demokratischen Legitimationsgrundlage.«[267]

Zu Recht reicht nach gegenteiliger Auffassung für alle Gemeindeverbände, mit Ausnahme der Kreise, eine mittelbare demokratische Legitimation.[268] Wenn das Grundgesetz so eindeutig zwischen den Kreisen in Abs. 1 S. 2 und den übrigen Gemeindeverbänden in Abs. 2 S. 2 differenziert, kann die Vorschrift über die Wahlen nicht für alle Gemeindeverbände herangezogen werden.[269] Auch historisch ist dieser Befund zu untermauern: der Grundgesetzgeber wollte die ohnehin auch nach dem Zweiten Weltkrieg in fast allen Ländern vorhandene und funktionierende Ebene der Kreise stärken und die Bürger in den Wiederaufbau der Bundesrepublik durch das

264 *HessStGH,* Urt. v. 20.10.1999 – P.St. 1294 –, in: DVBl. 1999, 1725 (1726); *Waechter,* KommR, Rn. 82.

265 *BVerfG,* Urt. v. 31.10.1990 – 2 BvF 2, 6/89 –, in: BVerfGE 83, 37 ff.

266 *Ehlers,* DVBl. 2001, 1601 (1602).

267 *BVerfG,* Urt. v. 31.10.1990 – 2 BvF 2, 6/89 –, in: BVerfGE 83, 37 (53) unter Verweis auf: *BVerfG,* Urt. v. 22.5.1979 – 2 BvK 1/78 (»schleswig-holsteinische Ämter«) –, in: BVerfGE 52, 95 (111).

268 *Bovenschulte,* Gemeindeverbände, S. 470 f.; *Becker,* in: Bettermann/Nipperdey, Die Grundrechte IV/2, 673 (707); *Tettinger,* in: v. Mangoldt/Klein/Starck, GG, Bd. 2, Art. 28, Rn. 97; *Paziorek,* Mittelbare und unmittelbare Wahl, S. 47.

269 *Paziorek,* Mittelbare und unmittelbare Wahl, S. 86; *Martin,* Formen und Funktionen, S. 123 ff.

Erfordernis einer unmittelbaren Wahl der Kreistage integrieren. Ein Vergleich zur Verfassungslage der Weimarer Republik stützt diese Interpretation ebenfalls. Art. 17 Abs. 2 S. 1 WRV[270] verlangte ausschließlich für Gemeinden eine nach den Wahlgrundsätzen unmittelbar vom Volk gewählte Vertretung, Gemeindeverbände wurden hier gänzlich ausgenommen. Durch die Ausweitung des Erfordernisses der unmittelbar demokratischen Legitimation auch auf die Kreise, sind diese nunmehr legitimatorisch den Gemeinden gleichgestellt. Ausdrücklich wurde im Rahmen der Verfassungsgebung darüber nachgedacht, weder für Gemeinden noch für Gemeindeverbände eine Regelung über die Vertretungen der Körperschaften in das Grundgesetz aufzunehmen. Endlich setzte sich die heute gültige Fassung der Bestimmung durch.[271] Dass sich der Verfassungsgeber einerseits dazu entschloss, in Art. 28 Abs. 2 S. 2 GG Gemeindeverbände zu erwähnen, in Art. 28 Abs. 1 S. 2 GG hingegen die Kreise zum Anknüpfungspunkt für unmittelbare Wahlen zu machen, zeigt, dass er eine solche Differenzierung bewusst vornahm.

Alle Gemeindeverbände, die Gebietskörperschaften sind, bedürfen einer unmittelbaren Legitimation. Gemeindeverbände, die keine Gebietskörperschaften sind, bedürfen hingegen keiner unmittelbaren Legitimation. Bei diesen reicht ein mittelbarer Legitimationszusammenhang, der durch eine ununterbrochene Legitimationskette vom Volk über die von diesem gewählte Vertretung zu den mit staatlichen Aufgaben betrauten Organe und Amtswaltern hergestellt wird, aus.[272]

V. Ergebnis

Somit ergibt sich nach hier vertretener Auffassung folgende Definition des Begriffs Gemeindeverband i. S. d. Art. 28 Abs. 2 S. 2 GG:

---

270 Artikel 17 lautete:
Jedes Land muß eine freistaatliche Verfassung haben. Die Volksvertretung muß in allgemeiner, gleicher, unmittelbarer und geheimer Wahl von allen reichsdeutschen Männern und Frauen nach den Grundsätzen der Verhältniswahl gewählt werden. Die Landesregierung bedarf des Vertrauens der Volksvertretung.
Die Grundsätze für die Wahlen zur Volksvertretung gelten auch für die Gemeindewahlen. Jedoch kann durch Landesgesetz die Wahlberechtigung von der Dauer des Aufenthalts in der Gemeinde bis zu einem Jahr abhängig gemacht werden.

271 Zum Verlauf der Diskussion s. *Wiese,* Gemeindeverbandsebene, S. 33 f.

272 *BVerfG,* Beschl. v. 5.12.2002 – 2 BvL 5, 6/98 –, in: BVerfGE 107, 59 (87); Urt. v. 31.10.1990 – 2 BvF 3/98 –, in: BVerfGE 83, 60 (72 f.) = DVBl. 1990, 1401 (1401 f.).

Ein Gemeindeverband ist ein aus Kommunalkörpern übergemeindlich zusammengesetzter Verband, dem ein umfassender Aufgabenbereich zukommt und der demokratisch legitimiert ist. Auf eine unmittelbare demokratische Legitimation kommt es nicht an.[273]

B. Kreise als Gemeindeverbände i. S. d. Art. 28 Abs. 2 S. 2 GG

Obwohl die Kreise von den Bürgerinnen und Bürgern, nicht aber von den Gemeinden getragen werden[274], wird die Klassifizierung des Kreises als Gemeindeverband und die damit verbundene Inanspruchnahmemöglichkeit des Gewährleistungsbereichs des Art. 28 Abs. 2 S. 2 GG zu Recht nicht bestritten.[275] Der Kreis ist »Gemeindeverband ..., weil er übergemeindlich und gebietlich zusammengesetzt ist.«[276] Als Argument dafür, dass »unter den Begriff der Gemeindeverbände jedenfalls die Kreise fallen«[277], ist anzuführen, dass Art. 28 Abs. 1 S. 2 GG die Kreise explizit nennt und sich Art. 28 Abs. 2 S. 2 GG auf diese Norm bezieht.[278] Der Grundgesetzgeber wollte die Kreise als Gemeindeverbände ausgestalten und hat dieses durch die Normgebung erreicht.[279]

---

273 Einen neuerlichen Definitionsversuch hat *Falk,* Kommunale Aufgaben, S. 73 unternommen. Er definiert Gemeindeverbände als »(Einwohner-)Gebietskörperschaft mit potenziell universellem oder allseitigem Wirkungskreis, die sich aus mehreren kommunalen Körperschaften, in der Regel Gemeinden, zusammensetzen, wobei diese Körperschaften mitgliedschaftliche Rechte und Pflichten innehaben, allerdings ohne Berechtigung zur Berufung der Verbandsorgane sind«

274 Statt aller: *Schmidt-Aßmann,* DVBl. 1995, 533 (535); *Leibholz,* DVBl. 1973, 715 (717); *Hacker,* DÖV 1955, 236 (238 f.).

275 Statt aller: *Oebbecke,* Gemeindeverbandsrecht, Rn. 32; *Kluth,* in: Wolff/Bachof/Stober, VerwR, Bd. 3, § 94 II 1. d).

276 *Oebbecke,* Gemeindeverbandsrecht, Rn. 61.

277 *BVerfG,* Beschl. v. 7.2.1991 – 2 BvL 24/84 (»Krankenhausumlage«) –, in: BVerfGE 83, 363 (383) = NVwZ 1992, 365 (367).

278 Statt vieler: *Dreier,* in: Dreier (Hrsg.), GG, Art. 28, Rn. 167; *Hoppe,* Gebietskörperschaft und Gemeindeverband, S. 45; *Maurer,* in: Schoch, Selbstverwaltung der Kreise, S. 1 (21); *v. Mutius,* in: FG von Unruh, S. 227 (245).

279 *Lerche,* DÖV 1969, 46 (50); ausführlich zu der Richtigkeit dieser Annahme: *Schnur,* DÖV 1965, 114 (115); nach *Dreier,* in: Dreier (Hrsg.), GG, Art. 28, Rn. 167, ist sogar zwingend davon auszugehen. Hiergegen wird verschiedentlich (*Schmidt-Jortzig,* KommR, Rn. 26 sowie Fn. 10; *Leibholz,* DVBl. 1973, 715 (718); *Lusche,* Selbstverwaltungsaufgaben, S. 78) angebracht, dass man so einfach einen Rückschluss von Art. 28 Abs. 1 S. 2 GG auf Abs. 2 S. 2 nicht ziehen dürfe, es sogar leichtfertig sei (*Tettinger,* in: v. Mangoldt/Klein/Starck, GG, Bd. 2, Art. 28, Rn. 240), da der Wortlaut der Normen unterschiedlich sei. Dieses könnte gegen die herausragende Stellung der Kreise sprechen. Jedoch gehen die Skeptiker mit der ganz h. M. konform, dass es sich endlich um Gemeindeverbände handelt, da sich

C. Landschaftsverbände als Gemeindeverbände i. S. d. Art. 28 Abs. 2 S. 2 GG

Fraglich ist, ob auch die Landschaftsverbände die herausgearbeiteten Anforderungen an den Gemeindeverbandsbegriff erfüllen.

Die Landschaftsverbände setzen sich aus Gemeinden und Gemeindeverbänden zusammen: der Landschaftsverband Rheinland aus den zum Lande Nordrhein-Westfalen gehörenden Kreisen und kreisfreien Städten der früheren Rheinprovinz, § 1, Hs. 1 LVerbO, der Landschaftsverband Westfalen aus den Kreisen und kreisfreien Städten der früheren Provinz Westfalen und des früheren Landes Lippe, § 1, Hs. 2 LVerbO. Ihnen ist durch § 5 LVerbO ein für die Anforderungen an die Aufgabenausstattung eines Gemeindeverbands ausreichend umfassender Aufgabenbestand zugewiesen worden. Außerdem sind sie mittelbar demokratisch legitimiert, § 7b LVerbO.

Somit sind auch die Landschaftsverbände Gemeindeverbände i. S. d. Art. 28 Abs. 2 S. 2 GG.

§ 4 Gewährleistungsbereich des Art. 28 Abs. 2 GG

Erfüllen die Kreise und Landschaftsverbände die definitorischen Voraussetzungen des Begriffes »Gemeindeverband« und fallen sie somit in den Gewährleistungsbereich des Art. 28 Abs. 2 S. 2 GG, kommen ihnen dem Grunde nach die gleichen Garantien zugute, die den Gemeinden nach Art. 28 Abs. 2 S. 1 GG zustehen.[280] Hierunter fallen **(A)** die institutionelle Rechtssubjektsgarantie, **(B)** die objektive Rechtinstitutionsgarantie und **(C)** die subjektive Rechtsstellungsgarantie.[281]

---

die bürgernahe, integrative und Mitarbeit aktivierende Arbeit unweigerlich auf die Kreise konkretisiere, *Schmidt-Jortzig,* KommR, Rn. 26.

280 *BVerfG,* Beschl. v. 7.2.1991 – 2 BvL 24/84 (»Krankenhausumlage«) –, in: BVerfGE 83, 363 (383) = NVwZ 1992, 365 (367) (»das gleiche Recht der Selbstverwaltung«); *Tettinger,* in: v. Mangoldt/Klein/Starck, GG, Bd. 2, Art. 28, Rn. 236.

281 *Tettinger,* in: v. Mangoldt/Klein/Starck, GG, Bd. 2, Art. 28, Rn. 236.

A. Institutionelle Rechtssubjektsgarantie

Nach ganz überwiegender Auffassung gewährt Art. 28 Abs. 2 S. 2 GG eine institutionelle Rechtssubjektsgarantie zugunsten der Gemeindeverbände.[282] Diese Garantie hat zum Inhalt, dass es Gemeindeverbände als Elemente des Verwaltungsaufbaus überhaupt geben muss.[283]

Uneinigkeit besteht darüber, ob vom Grundgesetz alle Arten von Gemeindeverbänden in ihrem Bestand geschützt sind. Während einige vertreten, dass nur solchen Gemeindeverbandsarten eine institutionelle Rechtssubjektsgarantie zukomme, die beim Erlass des Grundgesetztes existierten[284], vertreten andere, dass zwar einer Art Gemeindeverband die Garantie zukomme, das Grundgesetz aber nicht einen bestimmten Typus festlege. Es bedürfe nur eines, vom Gesetzgeber zu bestimmenden Gemeindeverbands oberhalb der gemeindlichen Ebene, der die Aufgaben wahrnehmen müsse, die die Gemeinden für sich alleine nicht zu bewältigen vermögen.[285] An dieser Unbestimmtheit des Gemeindeverbandstyps ändere auch Art. 28 Abs. 1 S. 2 GG nichts.[286] Beide Auffassungen überzeugen nicht. Gegen die Ansicht, die einen Bestandsschutz aller bei Erlass des Grundgesetzes vorgefundenen Gemeindeverbände annimmt, ist einzuwenden, dass diese Auffassung zu

---

282 Vgl. die Nachweise in den folgenden Fußnoten. Nach anderer Auffassung gewährt das Grundgesetz Gemeindeverbände nur »nach Maßgabe der Gesetz«, *Köttgen,* in: Peters, HdbKWP, Bd. 1, S. 185 (191); *Isensee,* Subsidiaritätsprinzip, S. 247. Ein Mindestgehalt werde, so der *VerfGH Rh.-Pf.,* Urt. v. 29.4.1961 – VGH 1/61 –, in: AS 8, 231 (240 f.); Urt. v. 5.5.1969 – VGH 29/69 –, in: DÖV 1970, 198 (199), erst gewährt, wenn ein Gemeindeverband erst einmal errichtet sei. Nicht nur das »Wie«, sondern auch das »Ob« sei dem Gesetzgeber durch Art. 28 Abs. 2 S. 2 GG freigestcllt.

283 Vgl. *Gern,* Dt. KommR, Rn. 50.

284 *Schnur,* DÖV 1965, 114 (116), wobei seiner Ansicht nach nur die Kreise geschützt sind; einschränkend *Mattenklodt,* KommPolBl. 1969, 10 (11); *ders.,* Gebiets- und Verwaltungsreform, S. 66; *Hambusch,* DVBl. 1968, 836; *Roters/Ballke,* Funktionalreform, S. 153.

285 *Stern,* in: BK, Art. 28, Rn. 78; *ders.*, in: DLT, Der Kreis, Bd. 1, S. 156 (162); *Waechter,* KommR, Rn. 171; in diese Richtung auch *Leibholz,* DVBl. 1973, 715 (718); ähnlich: *Gönnenwein,* Gemeinderecht, S. 384; so wohl auch *Sachverständigenkommission,* Gutachten C, S. 78 f.

286 *Stern,* in: BK, Art. 28, Rn. 166; *Gönnenwein,* Gemeinderecht, S. 384. Einschränkend wird aber verlangt, dass nur solche Zusammenschlüsse dem Schutz des Art. 28 Abs. 2 S. 2 GG unterlägen, die den Gebietskörperschaften nach Umfang und Gewicht der Aufgaben mit den Kreisen vergleichbar seien, s. *NdsStGH,* Urt. v. 3.6.1980 – StGH 2/79 –, in: OVGE 34, 500 (505) = DVBl. 1981, 214 (LS 4); *Tettinger,* in: Mann/Püttner, HdbKWP, Bd. 1, S. 187 (203); *Schmidt-Aßmann/Röhl,* in: Schmidt-Aßmann, Bes. VerwR, S. 110.

einer nicht zu rechtfertigenden Versteinerung bestehender Verwaltungsstrukturen (konstitutionelle Petrifizierung) führt.[287] Der Gesetzgeber wäre gehindert, Strukturen zu ändern, selbst wenn die bis dato vorhandenen Strukturen nicht nur nicht mehr zeitgemäß wären, sondern den Staat auch in seiner Handlungsfähigkeit stark einschränken oder ihn vollends handlungsunfähig machen würden. Eine solche Einzementierung von Strukturen war nicht im Sinne der Verfassungsgeber.[288] Der zweiten Ansicht ist entgegenzuhalten, dass sie nicht zu erklären vermag, warum der Verfassungsgeber in Abs. 1 die Kreise ausdrücklich nennt und sogar eine wahlrechtliche Homogenitätsklausel niederschreibt, andererseits aber den Kreisen keinen Schutz gewähren möchte, sondern es in das Belieben des einfachen Gesetzgebers stellt, welche Art von Gemeindeverbänden er errichten möchte. Systematisch und auch unter dem Blickwinkel der Historie des Art. 28 GG ist diese Auffassung nicht durchschlagend. Vielmehr schützt Art. 28 Abs. 2 S. 2 GG institutionell (nicht individuell) nur die Kreise.[289] Zwar legt der unterschiedliche Wortlaut des Art. 28 Abs. 2 S. 2 GG im Vergleich zu Abs. 1 nahe, dass neben den Kreisen auch andere Gemeindeverbände geschützt werden[290], das Grundgesetz fordert aber nur, dass überhaupt eine Gemeindeverbandsebene vorhanden sei. Dieses ist aber wegen Art. 28 Abs. 1 S. 2 GG die Kreisebene.[291] Es ist nämlich zu berücksichtigen, dass es nicht Sinn des Grundgesetzes sein kann, »*sämtliche* genannten »Institutionen« durch eine ins Uferlose führende Gewährleistung existentiell abzusichern – zumal die meisten dieser Gemeindeverbände gar nicht im gesamten Bundesgebiet existieren, als partikulare Organisationen aber nicht der Gegenstand einer bundesverfassungsgesetzlichen Garantie sein

---

287 *Leibholz,* DVBl. 1973, 715 (717); ähnlich: *Hendler,* Selbstverwaltung als Ordnungsprinzip, S. 206.

288 *VerfGH Rh.-Pf.,* Urt. v. 17.4.1969 – VGH 2/69 –, in: DVBl. 1969, 799 (800); *Bovenschulte,* Gemeindeverbände, S. 125. In diese Richtung auch: *Zellerhoff,* Rechtsgrundlagen regionaler Selbstverwaltung, S. 10; *Martin,* Formen und Funktionen, S. 118 f.; so schon zu Art. 127 WRV: *StGHDR,* Urt. v. 10./11.12.1929 – StGH 9, 11, 14, 15, 16 und 18/29 – RGZ 126, Anhang, S. 14 (22).

289 Statt aller: *Oebbecke,* Gemeindeverbandsrecht, Rn. 21; *Dreier,* in Dreier (Hrsg.), GG, Art. 28, Rn. 174; *Stern,* in: DLT, Der Kreis, Bd. 1, S. 156 (162); *Maunz,* in: Maunz/Dürig, GG, Bd. IV, Art. 28, Rn. 45. Einschränkend *Andriske,* Aufgabenneuverteilung, S. 57, wonach eine institutionelle Garantie nur für die Flächenländer gilt; so auch *Falk,* kommunale Aufgaben, S. 75.

290 In diese Richtung auch *Oebbecke,* Gemeindeverbandsrecht, Rn. 33.

291 Statt aller: *Pagenkopf,* KommR I, S. 62 f.; *Hendler,* Selbstverwaltung als Ordnungsprinzip, S. 206; *Kluth,* in: Wolff/Bachof/Stober, VerwR, Bd. 3, § 94 II 1. d).

können«[292]. Alle weiteren Gemeindeverbände sind institutionell nicht geschützt.[293]

B. Objektive Rechtsinstitutionsgarantie

Als zweites gewährt das kommunale Selbstverwaltungsrecht die objektive Rechtsinstitutionsgarantie. Diese Garantie umfasst die Gewährleistung eines bestimmten Aufgabenbereichs und die eigenverantwortliche Aufgabenerfüllung.[294]

I. Aufgabenbestand der Gemeinden

Der geschützte Aufgabenbestand der Gemeinden wird in Art. 28 Abs. 2 S. 1 GG mit »alle Angelegenheiten der örtlichen Gemeinschaft« charakterisiert. Unter Gemeinden werden nach gängiger Definition – die Verfassungen setzen den Begriff voraus und definieren ihn nicht selbst – »einfache, ummittelbare kommunale Gebietskörperschaften mit Gebietshoheit zur Selbstverwaltung universal überlassener örtlicher Aufgaben und zur Fremdverwaltung zugewiesener Kompetenzen«[295] verstanden, wobei es weder auf die Größe, noch die Verwaltungskraft, die Namensgebung oder sonstiges ankommt.[296] Durch die verfassungsunmittelbare Verbürgung der »Angelegenheiten der örtlichen Gemeinschaft« wird den Gemeinden Universalität (Allzuständigkeit) und Spontaneität (Wahrnehmung bislang unbesetzter Aufgaben[297]) in diesen Bereichen verliehen.[298] Angelegenheiten der örtlichen Gemeinschaft im Sinne von Art. 28 Abs. 2 Satz 1 GG sind diejenigen Bedürfnisse und Interessen, die in der örtlichen Gemeinschaft wurzeln oder auf sie einen spezifischen Bezug haben, die also den Gemeindeeinwohnern gerade als solchen gemeinsam sind, indem sie das Zusammenleben

292 *Leibholz,* DVBl. 1973, 715 (717).

293 *Ipsen,* in: Meyer/Wallerath, Gemeinden und Kreise, S. 17 (19).

294 *Schoch,* in: Henneke/Meyer, Kommunale Selbstverwaltung, S. 11 (19).

295 *Wolff/Bachof/Stober,* VerwR II, 5. Aufl., § 85 III 2. a); *Gern,* Dt. KommR, Rn. 124.

296 *Tettinger,* in: v. Mangoldt/Klein/Starck, GG, Bd. 2, Art. 28, Rn. 167; *Tettinger,* in: Löwer/Tettinger, LV, Art. 78, Rn. 6; *v. Mutius,* KommR, Rn. 143. Daher fallen unter den Begriff der Gemeinde sowohl Kleinstgemeinden, aber auch Millionenstädte, die den Status der kreisfreien Stadt verliehen bekommen haben, *Dreier,* in: Dreier (Hrsg.), GG, Art. 28, Rn. 89; *Burgi,* in: Dietlein/Burgi/Hellermann, Öffentliches Recht in NRW, § 2, Rn. 78.

297 *Püttner,* in: ders., HdbKWP, Bd. 3, S. 3 (6); *Tettinger,* in: v. Mangoldt/Klein/Starck, GG, Bd. 2, Art. 28, Rn. 178.

298 *Dreier,* in: Dreier (Hrsg.), GG, Art. 28, Rn. 110.

und -wohnen der Menschen in der Gemeinde betreffen; auf die Verwaltungskraft der Gemeinde kommt es hierfür nicht an.[299] Nicht erfasst vom Schutze des Art. 28 Abs. 2 S. 1 GG sind genuin staatliche Aufgaben.[300] Die kreisfreien Städte nehmen alle Aufgaben wahr, die im kreisangehörigen Raum nur von den Kreisen erfüllt werden können.[301]

II. Aufgabenbestand der Kreise

Art. 28 Abs. 2 S. 2 GG gewährleistet den Gemeindeverbänden und damit auch den Kreisen einen Aufgabenbestand, der »im Rahmen ihres gesetzlichen Aufgabenbereichs« liegt. Hiermit macht das Grundgesetz deutlich, dass die Gemeindeverbände »unüberhörbar verschiedenartig«[302] zu den Gemeinden keine verfassungsunmittelbar universale Aufgabenzuständigkeit für die »Angelegenheiten der örtlichen Gemeinschaft« innehaben.[303] Vielmehr sind die Kreise als Gemeindeverbände von der Zuweisung von Aufgaben durch den Gesetzgeber abhängig[304], so dass sie nur über eine derivative und gesetzesakzessorische Aufgabenzuständigkeit verfügen[305]. Eine gemeinsame Zuordnung der Aufgaben der örtlichen Gemeinschaft auf Gemeindeverbände und Gemeinden scheidet schon dem Wortlaut nach

299 *BVerfG,* Beschl. v. 23.11.1988 – 2 BvR 1619, 1628/83 (»Rastede«) –, in: BVerfGE 79, 127 (151 f.) = DVBl. 1989, 300 (303) = NVwZ 1989, 347 (350).

300 Statt aller: *Tettinger,* in: v. Mangoldt/Klein/Starck, GG, Bd. 2, Art. 28, Rn. 168.

301 *Oebbecke,* Gemeindeverbandsrecht, Rn. 64.

302 *Lerche,* DÖV 1969, 46 (46).

303 Statt aller: *Lusche,* Selbstverwaltungsaufgaben, S. 80 f.; *Löwer,* in: v. Münch/Kunig, GG, Bd. 2, Art. 28, Rn. 85; *Andriske,* Aufgabenneuverteilung, S. 75 f.; anders: *Schmidt-Jortzig,* DÖV 1993, 973 (979 f.): »einheitlichen Substanzsockel«. Für eine Allzuständigkeit der Kreise auch *Seele,* in: DLT, Der Kreis, Bd. 3, S. 345 (360); *Schmidt-Aßmann,* AöR 116 (1991), S. 329 (380); *Hlépas,* Unterschiedliche rechtliche Behandlung, S. 145 (»subsidiäre Allzuständigkeit«); *Ernst,* Kreisentwicklungsplan, S. 202, der den Kreisen »alle örtlichen, übergemeindlichen Angelegenheiten der Kreisgemeinschaft« zuordnet; differenzierend: *Ipsen,* ZG 1994, 194 (203 f.), der eine stärkere Bindung des einfachen Gesetzgebers annimmt, und *Henneke,* DÖV 2002, 463 (467), der befürchtet, dass ein völliges Überlassen der Aufgaben zugunsten des einfachen Gesetzgebers, ohne ihm weitere Bindungen auszusetzen, zur Achillesferse der kommunalen Selbstverwaltung der Kreise werden könnte.

304 Statt vieler: *BVerfG,* Urt. v. 20.12.2007 – 2 BvR 2433, 2434/04 (»ArGen«) –, in: DVBl. 2008, 173 (173); Beschl. v. 7.2.1991 – 2 BvL 24/84 (»Krankenhausumlage«) –, in: BVerfGE 83, 363 (383) = NVwZ 1992, 365 (367); *Löwer,* in: v. Münch/Kunig, GG, Bd. 2, Art. 28, Rn. 85; *Knemeyer,* in: FG von Unruh, S. 209 (220).

305 *Papier,* DVBl. 1984, 453 (453).

aus.[306] Auch wenn die meisten Länder den Kreisen durch die Landkreisordnungen Allzuständigkeit verleihen oder einen der Allzuständigkeit sehr nahen Zuständigkeitsblock übertragen, ist eine solche Zuweisung nach dem Grundgesetz weder geboten noch Rechtslage.[307] Außerdem ergibt sich aus dem Wesen der kommunalen Selbstverwaltung, dass es sich bei der – wie auch immer gearteten – Mehrzahl an Aufgaben der Kreise um solche kommunaler Herkunft handeln muss, nicht aber um Aufgaben staatlicher Provenienz.[308]

Fraglich ist, ob den Gemeindeverbänden grundgesetzlich ein Mindestbestand an Aufgaben garantiert ist. Art. 28 Abs. 2 S. 2 GG kann in Zusammenschau mit Art. 28 Abs. 1 S. 2 GG entnommen werden, dass den Kreisen – bei aller Notwendigkeit gesetzlicher Aufgabenzuweisung – ein gewisses quantitatives und qualitatives Maß an Aufgaben vom Gesetzgeber zugewiesen werden muss. Ein solches Erfordernis rührt daher, dass das Volk im Kreis gem. Art. 28 Abs. 1 S. 2 GG eine Vertretung haben muss, die aus allgemeinen, unmittelbaren, freien, gleichen und geheimen Wahlen hervorgegangen ist, und die Ausstattung des Kreises mit einer solchen Volksvertretung als demokratische Legitimation nur Sinn ergeben kann, wenn den Kreisen eine nicht unerhebliche Anzahl an Aufgaben zusteht, die eine unmittelbar demokratisch legitimierte Kreisvertretung rechtfertigt.[309] Der Gesetzgeber muss den Kreisen einen hinreichenden Bestand von ebenenspezifischen Selbstverwaltungsangelegenheiten zuweisen und ihnen belassen.[310] Der Gesetzgeber darf die Gewährleistung nicht unterlaufen, indem er keine Aufgaben zuweist, die in der von der Verfassung selbst gewährten Eigenverantwortlichkeit wahrgenommen werden könnten. Ein Mindestmaß an Aufgaben müssen

306 So aber *BVerwG,* Urt. v. 4.8.1983 – 7 C 2.81 –, in: BVerwGE 67, 321 (323 f.) = DVBl. 1983, 1152 (1153) = NVwZ 1984, 176 (176).

307 *BVerfG,* Beschl. v. 23.11.1988 – 2 BvR 1619, 1628/83 (»Rastede«) –, in: BVerfGE 79, 127 (150 f.) = DVBl. 1989, 300 (303) = NVwZ 1989, 347 (350); *Schink,* VerwArch 81 (1990), 385 (409).

308 *BVerfG,* Urt. v. 20.12.2007 – 2 BvR 2433, 2434/04 (»ArGen«) –, in: DVBl. 2008, 173 (174); Beschl. v. 21.6.1988 – 2 BvR 602/83, 974/83 –, in: NVwZ 1989, 45 (45); Beschl. v. 7.2.1991 – 2 BvL 24/84 (»Krankenhausumlage«) –, in: BVerfGE 83, 363 (383) = NVwZ 1992, 365 (367); *Lusche,* Selbstverwaltungsaufgaben, S. 50 f.; *Hennecke,* SächsVBl. 1995, 25 (30) *Stern,* in: Püttner, HdbKWP, Bd. 1, S. 204 (212); *Burgi/Ruhland,* Regionale Selbstverwaltung, S. 112.

309 Statt vieler: *Löwer,* in: v. Münch/Kunig, GG, Bd. 2, Art. 28, Rn. 85; *Henneke,* SächsVBl. 1995, 25 (30); *Gern,* Dt. KommR, Rn. 866.

310 *Schink,* VerwArch 89 (1990), 385 (409 f.); *Tettinger,* in: v. Mangoldt/Klein/Starck, GG, Bd. 2, Art. 28, Rn. 237; *Beutling,* Ergänzungsaufgaben, S. 11; *Hendler,* Selbstverwaltung als Ordnungsprinzip, S. 206 f.

die Kreise unter vollständiger Ausschöpfung der Eigenverantwortlichkeit erledigen können.[311] Darüber hinaus ergeben sich aus dem Wortlaut des Grundgesetzes auch Anforderungen an die Qualität der den Kreisen übertragenen Aufgabenbereiche: Neben der Quantität muss auch die Qualität der freiwilligen Selbstverwaltungsaufgaben so hoch sein, dass sich die Kreisvertretung »lohnt«.[312] Umfang und Gewicht dieser Aufgaben müssen die Kreise als Zentren politischer Willensbildung, kommunaler Aktivität und bürgerschaftlicher Integration ausweisen.[313]

III. Aufgabenbestand der Landschaftsverbände

Fraglich ist, ob Art. 28 Abs. 2 S. 2 GG auch den Landschaftsverbänden einen bestimmten Aufgabenbestand gewährt. Da die Aussagen zum Aufgabenbestand der Kreise an deren Nennung in Art. 28 Abs. 1 S. 2 GG und damit deren demokratischer Legitimation anknüpfen und eine vergleichbare Bestimmung für die Landschaftsverbände grundgesetzlich fehlt, kann ein vergleichbarer Schutz der Landschaftsverbände nicht bejaht werden. Eine grundgesetzliche Verpflichtung, den Landschaftsverbänden (höheren Gemeindeverbänden) Aufgaben zuzuweisen, besteht nicht.[314] Davon zu unterscheiden ist die Fragestellung, ob und unter welchen Voraussetzungen einmal zugewiesene Aufgaben entzogen werden können.[315]

IV. Eigenverantwortlichkeit

Neben dem notwendig zuzuweisenden Aufgabenbereich schützen Art. 28 Abs. 2 S. 1, 2 GG gleichermaßen zugunsten der Gemeinden und Gemeindeverbände die eigenverantwortliche Aufgabenwahrnehmung. Die Eigenverantwortlichkeit bedeutet die Freiheit von staatlichen Einflussnahmen in Bezug auf die Art und Weise der Aufgabenerledigung und die Organisation

---

311 *BVerfG,* Urt. v. 20.12.2007 – 2 BvR 2433, 2434/04 (»ArGen«) –, in: DVBl. 2008, 173 (173).

312 *BVerfG,* Urt. v. 20.12.2007 – 2 BvR 2433, 2434/04 (»ArGen«) –, in: DVBl. 2008, 173 (174); *Lusche,* Selbstverwaltungsaufgaben, S. 79.

313 *Seele,* in: DLT, Der Kreis, Bd. 3, S. 345 (356 f.).

314 *Schnur,* DÖV 1965, 114 (117).

315 Dazu unten S. 103 ff.

der Gemeindeverwaltung[316], also »die Fähigkeit, die zugewiesenen Aufgaben im Rahmen der Rechtsordnung frei von Zweckmäßigkeitserwägungen anderer Verwaltungsträger wahrzunehmen«[317]. Die Kommunen können für die Aufgabenbewältigung nach ihrem eigenen Ermessen sachliche und zeitliche Prioritäten festlegen.[318] Soweit es sich um Selbstverwaltungsangelegenheiten (Aufgaben im eigenen Wirkungskreis) handelt, kann der Gemeindeverband demnach das »Ob« als auch das »Wann« und das »Wie« selbst bestimmen. Bei Auftragsangelegenheiten (= Aufgaben im übertragenen Wirkungskreis) bestehen demgegenüber teilweise eingeschränkte Entfaltungsmöglichkeiten, da der Bundesgesetzgeber sich hier umfassende Weisungsbefugnisse vorbehalten kann.[319]

C. Subjektive Rechtsstellungsgarantie

Als dritten Gewährleistungsaspekt umfasst der Schutz des Art. 28 Abs. 2 S. 2 GG schließlich eine subjektive Rechtsstellungsgarantie, die besagt, dass sich die Gemeindeverbände gerichtlich (sowohl verwaltungs- als auch verfassungsgerichtlich[320]) gegen ihre Selbstverwaltung beschränkende Maßnahmen wehren können.[321] Die Gemeindeverbände können vom Verpflichtungsadressaten die Einhaltung sämtlicher Gewährleistungen des kommunalen Selbstverwaltungsrechts verlangen.[322] Normtechnisch kommt die subjektive Rechtsstellungsgarantie in Art. 93 Abs. 1 Nr. 4b GG i. V. m. § 91 BVerfGG zum Ausdruck.

---

316 *BVerfG,* Urt. v. 20.12.2007 – 2 BvR 2433, 2434/04 (»ArGen«) –, in: DVBl. 2008, 173 (176); *v. Mutius,* in: FG von Unruh, S. 227 (248); *Kluth,* in: Wolff/Bachof/Stober, VerwR, Bd. 3, § 94 II 1. d).

317 *Schmidt-Aßmann,* in: FS Sendler, S. 121 (132); *Schoch,* Jura 2001, 121 (131); ähnlich auch *Oebbecke,* Gemeindeverbandsrecht, Rn. 44.

318 *Tettinger,* in: v. Mangoldt/Klein/Starck, GG, Bd. 2, Art. 28, Rn. 178.

319 *Gern,* Dt. KommR, Rn. 75 und Rn. 227 ff.; *Tettinger,* in: v. Mangoldt/Klein/Starck, GG, Bd. 2, Art. 28, Rn. 178; *Löwer,* in: v. Münch/Kunig, GG, Bd. 2, Art. 28, Rn. 61.

320 *Schoch,* Jura 2001, 121 (125).

321 *Dreier,* in: Dreier (Hrsg.), GG, Art. 28, Rn. 179.

322 *Schoch,* Jura 2001, 121 (125); *Stern,* in: DLT, Der Kreis, Bd. 1, S. 156 (179 ff.).

§ 5 Verfassungsrechtlicher Schutz der Gemeindeverbände nach Art. 78 LV

Auch die Länder müssen die kommunale Selbstverwaltung garantieren. In NRW ist die Garantie der kommunalen Selbstverwaltung in Art. 78 LV normiert.

A. Verhältnis von Art. 28 Abs. 2 GG zu Art. 78 LV

Art. 28 Abs. 2 GG ist als Mindeststandard der Garantie der kommunalen Selbstverwaltung zu verstehen.[323] Die in den Ländern gewährte kommunale Selbstverwaltungsgarantie darf hinter diesem Mindeststandard nicht zurückbleiben.[324] Alle Länder haben in ihren Landesverfassungen diese Mindestgewähr verankert[325], teilweise sind sie über die grundgesetzlichen Gewährleistungen hinausgegangen. Dennoch ist Art. 28 Abs. 2 GG nicht überflüssig geworden. Art. 28 Abs. 2 GG und die entsprechenden Landesregelungen stehen selbstständig nebeneinander.[326] Art. 28 Abs. 2 GG ist als »Auffüllungsnorm« zu betrachten, sollte ein Land es unternehmen, die kommunale Selbstverwaltung unter den Mindeststandard des Grundgesetzes zu reduzieren.

Art. 31 GG und Art. 142 GG sind bei möglichen widersprüchlichen Aussagen der einzelnen Ausgestaltung der kommunalen Selbstverwaltungsgarantie durch die Landesverfassungen nicht anwendbar.[327]

B. Begriff des Gemeindeverbands i. S. d. Art. 78 LV

Die Auslegung des Begriffs des Gemeindeverbands i. S. d. Art. 78 LV ist – ebenso wie die des entsprechenden Begriffs in Art. 28 GG – nicht einheitlich. Diese Uneinheitlichkeit bestand schon zu Zeiten der Diskussion um »ein Grundgesetz für das Land Nordrhein-Westfalen«[328]. In den Beratungen über die Landesverfassung wurde zwar der Begriff des Gemeindeverbands mit dem Begriff des Kreises sehr eng in Verbindung gebracht, jedoch

---

323 Statt aller: *Tettinger,* in: Löwer/Tettinger, LV, Art. 78, Rn. 12.

324 *Tettinger,* in: Löwer/Tettinger, LV, Art. 78, Rn. 12.

325 *Löwer,* in: v. Münch/Kunig, GG, Bd. 2, Art. 28, Rn. 34.

326 *Tettinger,* in: Löwer/Tettinger, LV, Art. 78, Rn. 12.

327 *Burgi,* KommR, § 7, Rn. 7; *Stern,* in: BK, Art. 28, Rn.178.

328 So noch die ursprüngliche Überschrift der Regierungsvorlage zur heutigen Landesverfassung.

wurde es vermieden, den Begriff der Kreise durch den Begriff Gemeindeverband zu ersetzen, da man ansonsten einerseits eine Ausweitung der Bestimmung erreicht hätte[329], andererseits aber »sich die Kreis-, Landschafts- und Amtsverbände zurückgesetzt fühlen könnten«[330], wenn man das Wort »Kreis« in der Verfassungsbestimmung belasse und nicht auf den Begriff des »Gemeindeverbandes« ausweiche.

Daher fragt sich, was die Landesverfassung unter dem Begriff des Gemeindeverbands i. S. d. Art. 78 LV versteht.

I. Übergemeindliche Zusammensetzung und demokratische Legitimation

Wie schon für den grundgesetzlichen Begriff des Gemeindeverbands ist es auch im Rahmen der landesverfassungsrechtlichen Garantie der Selbstverwaltung erforderlich, dass sich die Gemeindeverbände i. S. d. Art. 78 LV aus anderen Kommunalkörpern zusammensetzen und übergemeindlich agieren. Außerdem müssen die Gemeindeverbände sich ebenfalls auf eine demokratische Legitimation berufen können, wobei – wie auch unter der Geltung des Grundgesetzes – nur für die Kreise die Wahlgrundsätze des Art. 28 Abs. 1 S. 2 GG gelten, mithin eine unmittelbare demokratische Legitimation erforderlich ist, während für andere Gemeindeverbände eine mittelbare Legitimation genügt.[331] Etwas anderes ergibt sich auch nicht aus dem Wortlaut des Art. 78 Abs. 1 LV, der eine Selbstverwaltung »durch ihre gewählten Organe« vorsieht. Hierdurch wird lediglich zum Ausdruck gebracht, dass die jeweilige Kommunalkörperschaft ihre Organe selbst wählen darf, was eine mögliche Organbestellung von anderer Seite ausschließt.[332] Die Aussagen zur demokratischen Legitimation der Gemeinden und Kreise, wie sie in Art. 28 Abs. 1 S. 2 GG getroffen sind, sind insoweit in Art. 78 LV hineinzulesen.

329 So die Bedenken des Abg. *Scholtissek,* in: Verfassungsausschuss LT NRW, Stenogr. Bericht, 1. WP, 35. Sitzung vom 27.1.1950, zu Art. 78, S. 154.

330 Ministerialdirigent *Dr. Vogels,* in: Verfassungsausschuss LT NRW, Stenogr. Bericht, 1. WP, 35. Sitzung vom 27.1.1950, zu Art. 78, S. 154.

331 *VerfGHNRW,* Urt. v. 26.6.2001 – VerfGH 28/00 und 30/00 (»Straßenbau«) –, in: NWVBl. 2001, 340 (344); *Fleck,* in: Geller/Kleinrahm/Fleck, LV, Art. 78, 1. b) (S. 523).

332 *Tettinger,* in: Löwer/Tettinger, LV, Art. 78, Rn. 62.

II. Eigenschaft als Gebietskörperschaft

Nach Art. 78 Abs. 1 LV sind die Gemeinden und Gemeindeverbände Gebietskörperschaften. Hier ergeben sich zwei Probleme: Erstens ist fraglich, ob die Eigenschaft als Gebietskörperschaft notwendiges Merkmal, also Tatbestandsmerkmal eines Gemeindeverbands ist oder nicht, und zweitens, was die Landesverfassung unter dem Begriff der Gebietskörperschaft versteht bzw. welches Verständnis sie zugrunde legt.

1. Gebietskörperschaft als notwendiges Merkmal

Fraglich ist, ob die Erwähnung als »Gebietskörperschaft« als Rechtsfolge (wenn es sich um Gemeinden und Gemeindeverbände handelt, sind es automatisch Gebietskörperschaften; Gemeindeverbände wären hiernach Regelungsobjekt, die Gebietskörperschaftlichkeit Rechtsfolge[333]) oder als Tatbestandsmerkmal (die Körperschaft muss Gemeindeverband *und* Gebietskörperschaft sein, um unter Art. 78 LV zu fallen[334]) zu verstehen ist. So wird einerseits vertreten, Verbände von Kreisen und Gemeinden, aber keine Gebietskörperschaften und *damit* auch keine Gemeindeverbände im Sinne des Art. 78 LV, seien die beiden Landschaftsverbände Rheinland und Westfalen-Lippe[335], andererseits wird gesagt, da festgestellt sei, dass die Landschaftsverbände Gemeindeverbände seien, seien sie nach Landesverfassungsrecht auch Gebietskörperschaften[336].

Betrachtet man den Wortlaut der Norm, so lässt sich hieraus nur eingeschränkt ein Argument für die eine oder andere Lösungsmöglichkeit finden. Zwar könnte man vertreten, dass, wenn man ersterer Auffassung folgen wollte, es »Die Gemeinden und Gemeindeverbände *als* Gebietskörperschaft«[337] heißen müsste, doch lässt sich sprachlich und grammatikalisch auch vertreten, dass Gemeindeverbände automatisch Gebietskörperschaften sind, sobald sie die Eigenschaft eines Gemeindeverbands besitzen.

---

333 *Vietmeier,* Staatliche Aufgaben, S. 108; *R. Kirchhof,* KrONRW, § 1, Anm. 23.

334 *Tettinger,* in: Löwer/Tettinger, LV, Art. 78, Rn. 69; *Stanke,* SV 1956, 145 (146); *Bischoff,* kommunale Neugliederung, S. 12; so wohl auch *Schöne,* AöR 69 (1939), 1 (26) für die damalige Bestimmung der kommunalen Selbstverwaltung.

335 *Fleck,* in: Geller/Kleinrahm/Fleck, LV, Art. 78, Anm. 4 (S. 528); *Meyer-Schwickerath,* in: Püttner, HdbKWP, Bd. 2, S. 452 (456); *Dietlein,* in: Dietlein/Burgi/Hellermann, Öffentliches Recht in NRW, § 1, Rn. 177.

336 *Wagener,* Gemeindeverbandsrecht, § 3 LVerbO, Rn. 3.

337 So *Bischoff,* kommunale Neugliederung, S. 12.

Auch aus der Systematik lassen sich für die Beantwortung nur schwache Argumente ziehen. Einerseits mutet es seltsam an, dass (sofern es sich beim Merkmal der Gebietskörperschaft um ein Tatbestandsmerkmal handelt) bei gleichem Satzbeginn in Abs. 2 diese Eigenschaft als Gebietskörperschaft nicht mehr aufgeführt ist. Andererseits könnte aus dieser Formulierung geschlossen werden, dass Abs. 1 den Begriff einmal und für alle folgenden Normen abschließend definiert hat und insoweit kein Bezug mehr auf den Begriff der Gebietskörperschaft zu nehmen ist. Die Entstehungsgeschichte spricht dafür, dass es sich bei dem Wort Gebietskörperschaft um ein Tatbestandsmerkmal handelt. Der Berichterstatter des Verfassungsausschusses für den Landtag, der Abgeordnete Scholtissek, führte vor dem Landtag zu Art. 77 der Beratungen (heute Art. 78 LV) aus: »Der Grundsatz, daß jede Verwaltung grundsätzlich Selbstverwaltung ist, und der Grundsatz, daß die alleinigen Träger der Verwaltung innerhalb ihres Gebietes die Gebietskörperschaften sind, soweit nicht die Gesetze anderes bestimmen, gelten also.«[338] Durch diese Formulierungen wird deutlich, dass der Berichterstatter synonym zu den Begriffen Gemeinden und Gemeindeverbände den Begriff Gebietskörperschaften wählt. Um Gemeinde oder Gemeindeverband zu sein, muss es sich demnach zwingend um Gebietskörperschaften handeln, anders organisierte Körperschaften unterfallen den Begriffen Gemeinden und Gemeindeverbänden und damit dem Art. 78 LV gerade nicht.

Somit ergibt sich nach hier vertretener Ansicht, dass die fraglichen Kommunalkörper nur in den Schutz der Selbstverwaltungsgarantie des Art. 78 LV kommen, wenn sie gleichzeitig auch Gebietskörperschaft sind.

2. Der Begriff der Gebietskörperschaft

Ist somit geklärt, dass das Wort Gebietskörperschaft in Art. 78 Abs. 1 LV notwendiges Tatbestandsmerkmal ist, ist es fraglich, was unter dem Begriff der Gebietskörperschaft zu verstehen ist und welchem Begriff die Landesverfassung folgt.

a. Anforderungen an den Begriff der Gebietskörperschaft

Nach den Vertretern eines »engen« Gebietskörperschaftsbegriffs bedarf es, um Gebietskörperschaft zu sein, zweierlei: Zunächst müsse der Kommunalkörper über *Gebietshoheit* verfügen, mithin gegenüber allen Personen und

338 Stenografischer Bericht, I. Wahlperiode, S. 4544.

Sachen innerhalb des Gebiets rechtserhebliche Handlungen vornehmen dürfen.[339] Zum zweiten müsse sich die *Mitgliedschaft aus dem Wohnsitz im Gebiet der Körperschaft* ergeben.[340] Es sei geradezu wesentlich, dass das, was ihrem Raum angehöre, nur um dieser Raumzugehörigkeit willen auch ihnen angehöre[341] und für alle Personen und Sachgüter, die sich in dem Raum befinden, der Satz »quidquid est in territorio, etiam est de territorio«, gelte.[342] Gebietshoheit (Totalität) und gebietskörperschaftliche Mitgliedschaft kennzeichneten den Begriff.[343]

Bereits Otto Gierke führte aus: Die »Verbandsmitgliedschaft folgte entweder unmittelbar aus der Gebietsangehörigkeit oder stand doch mit ihr in einem festen rechtlichen Zusammenhange«[344], wobei »unerlässliches Substrat ... stets ein P e r s o n e n v e r e i n [sei]«[345] und »die Gesammtpersönlichkeit eine Reihe von Gewaltbefugnissen [habe], welche es ihr ermöglichen, das einheitliche Körperschaftsinteresse in den verfassungsmäßigen Grenzen durchzuführen. Sie hat das Recht, in allen gemeinheitlichen Angelegenheiten einen Beschluß zu fassen und zu vollziehen, so daß der individuelle Wille der Glieder sich vor ihrem Willen beugen muß. Sie hat daher den Anspruch auf Gehorsam, Treue und Dienst ihrer Genoßen«[346].

Die gegenteilige Auffassung verlangt für ihre Definition des Begriffes »Gebietskörperschaft« nicht, dass sich die Mitgliedschaft nach dem (Wohn-) Sitz im Gebiet der Körperschaft richte. Vielmehr sei die Bestimmung der Mitgliedschaft auch anhand anderer Voraussetzungen zu überprüfen. Auch Bundkörperschaften, also solche Körperschaften, die nicht von den einzelnen Bewohnern, sondern von juristischen Personen in dem Gebiet getragen würden[347], fielen hierunter. Nach dieser Auffassung wird unter dem

---

339 *Rosin,* öffentliche Genossenschaften, S. 44; *Salzwedel,* in: Loschelder/Salzwedel, Verfassungs- und Verwaltungsrecht NRW, S. 217 (219 f.); *Fleck,* in: Geller/Kleinrahm/Fleck, LV, Art. 78, Anm. 4 (S. 526).

340 *Hoppe,* Gebietskörperschaft und Gemeindeverband, S. 23; *Gönnenwein,* Gemeinderecht, S. 46; *Pagenkopf,* KommR I, S. 25 f.; *Schmidt-Jortzig,* KommR, S. 37; *Meyer,* in: Mann/Püttner, HdbKWP, Bd. 1, S. 661 (669); *Kluth,* in: Wolff/Bachof/Stober, VerwR, Bd. 3, § 94 II 1. b).

341 *Elleringmann,* Begriff und Wesen, S. 56.

342 *Elleringmann,* Begriff und Wesen, S. 57; *Pagenkopf,* KommR I, S. 26; so bereits *Rosin,* Öffentliche Genossenschaft, S. 47.

343 *Hoppe,* Gebietskörperschaft und Gemeindeverband, S. 23.

344 *Gierke,* Genossenschaftsrecht, S. 871.

345 *Gierke,* Genossenschaftsrecht, S. 874.

346 *Gierke,* Genossenschaftsrecht, S. 889 f.

347 *Bovenschulte,* Gemeindeverbände, S. 135 m. w. N.

Begriff der Gebietskörperschaft eine mit all*er*fassender örtlicher Zuständigkeit (Gebietshoheit) ausgestattete Körperschaft des öffentlichen Rechts bezeichnet, die über die Fähigkeit zu unmittelbar gebietsbezogener Herrschaftsausübung verfüge, mithin werde durch den Begriff der Gebietskörperschaft nur zum Ausdruck gebracht, dass eine *öffentlich-rechtliche Körperschaft in ihrem Zuständigkeitsbereich Gebietshoheit* ausübe.[348] Teilweise werden an den Begriff der Gebietskörperschaft darüber hinaus weitere Anforderungen gestellt. Manche vertreten, notwendiges Element der Gebietskörperschaftlichkeit sei eine zumindest subsidiäre Allzuständigkeit.[349] Es sei Charakteristikum der Gebietskörperschaft, dass diese Universalität (all*um*fassende Kompetenz) besäße, genauso, wie es für die öffentlichen Körperschaften charakteristisch sei, dass ihnen Spezialität im Sinne einer Einzelaufzählung durch Gesetz zukomme.[350] Die Allzuständigkeit der Gebietskörperschaften habe sich in Notzeiten bewährt, z. B. »als die öffentliche Verwaltung von ihnen (gemeint sind Gemeinden und z. T. Gemeindeverbände; Anm. d. Verf.) allein aufrechterhalten worden sei, während die Staatsverwaltung in Auflösung geraten war«[351]. Dieser Ansicht sind *Elleringmann*[352] und *Hoppe*[353] mit Recht entgegengetreten. Es sind »Körperschaften der speziellen Selbstverwaltung denkbar und vorhanden, deren Einzelfunktion ihrer Artung nach nur gebietshoheitlich ausgeübt werden können, sodaß ihre Träger trotz der Spezialität ihres Wirkungskreises mit unentziehbarem begrifflichem Zwange als G e b i e t s körperschaften anzuerkennen sind«[354]. Als ein solches Beispiel lassen sich der Zweckverband, der für die Aufstellung der Fluchtlinien nach § 4 ZwVG zuständig war, sowie die Errichtung eines besonderen Jugendamtes nach § 2 Abs. 4 PrAG zum RJWG anführen.[355] Trotz der singulären Zweckaufgabe

---

348 *Bovenschulte,* Gemeindeverbände, S. 143; *Maunz,* in: Maunz/Dürig, GG, Bd. IV, Art. 28, Rn. 55; *Paziorek,* Mittelbare und unmittelbare Wahl, S. 48 f.

349 *Becker,* in: Peters, HdbKWP, Bd. 1, S. 113 (124); *Tettinger,* in: v. Mangoldt/Klein/Starck, GG, Bd. 2, Art. 28, Rn. 166.

350 *Becker,* in: Peters, HdbKWP, Bd. 1, S. 113 (125).

351 *Becker,* in: Peters, HdbKWP, Bd. 1, S. 113 (125).

352 *Elleringmann,* Begriff und Wesen, S. 66 f.

353 *Hoppe,* Gebietskörperschaft und Gemeindeverband, S. 22 ff.

354 *Elleringmann,* Begriff und Wesen, S. 68; so auch *Falk,* kommunale Aufgaben, S. 58, dem aber hierfür kein aktuell bestehendes Beispiel einfällt.

355 Weitere Beispiele bei: *Elleringmann,* Grundlagen, S. 29.

muss es sich notwendigerweise um Gebietskörperschaften handeln. Richtig wird gesagt, dass die Gegenansicht hier die rechtliche Bewertung mit dem Vorzufindenden vermische. Bei dem von der Gegenansicht vorgebrachten Kriterium handelt es sich um ein aus der Erfahrung gewonnenes Kennzeichen vieler Gebietskörperschaften.[356] Ausreichend ist, wenn den Gebietskörperschaften ein all*er*fassender Aufgabenbereich zusteht; ein all*um*fassender ist nicht notwendig.[357] Maßgeblich bleibt, dass der Kommunalkörper eine Gebietshoheit für sich in Anspruch nehmen kann. Darüber hinaus wird teilweise eine unmittelbare demokratische Legitimation gefordert.[358] Doch auch eine solche ist nicht zwingend vorauszusetzen.[359] Die Legitimation möglicher kommunaler Körperschaften ergibt sich aus Art. 28 Abs. 1 S. 2 GG und teilweise aus den Landesverfassungen. Auch die bereits erwähnten Gebietskörperschaften waren nicht unmittelbar demokratisch legitimiert, aber dennoch Gebietskörperschaften. Es kommt für die Begriffsbestimmung auf das Verhältnis zwischen Bürgerinnern, Bürgern und Verband an, nicht aber auf die Legitimation. Das gebietshoheitliche Element ist das entscheidende.

Daher ist auch diese teilweise geäußerte Forderung nicht überzeugend.

b. Der Begriff »Gebietskörperschaft« in Art. 78 LV

Fraglich ist nun, welchem Gebietskörperschaftsbegriff (»eng« oder »weit«) die nordrhein-westfälische Landesverfassung folgt.

Der VerfGH verwendet den Begriff der Gebietskörperschaft i. S. d. Art. 78 LV weniger systematisch. Nach Auffassung des Gerichts ist es ausreichend, dass es sich um »eine mit allerfassender örtlicher Zuständigkeit (Gebietshoheit) ausgestattete Körperschaft des öffentlichen Rechts«[360] handelt. Der

---

356 *Hoppe,* Gebietskörperschaft und Gemeindeverband, S. 23; *Falk,* kommunale Aufgaben, S. 58.

357 *Elleringmann,* Begriff und Wesen, S. 66; *ders.*, Grundlagen, S. 30; *Hoppe,* Gebietskörperschaft und Gemeindeverband, S. 23; *Paziorek,* Mittelbare und unmittelbare Wahl, S. 44; *Stanke,* SV 1956, 145 (146); ähnlich: *Conrady,* Preußische Provinzialverbände, S. 123.

358 *v. Unruh,* DVBl. 1975, 1 (3 f.).

359 *Falk,* kommunale Aufgaben, S. 60 f.

360 *VerfGHNRW,* Urt. v. 26.6.2001 – VerfGH 28/00 und 30/00 (»Straßenbau«) –, in: NWVBl. 2001, 340 (344).

Begriff Gebietskörperschaft bringe lediglich zum Ausdruck, dass eine öffentlich-rechtliche Körperschaft in ihrem Zuständigkeitsbereich Gebietshoheit ausübe.[361] Ergänzend wird hierzu von Stimmen der Literatur ausgeführt, dass dem Begriff nicht – wie teilweise behauptet wird[362] – immanent sei, dass nur solche Körperschaften Gebietskörperschaften sein könnten, die über eine zumindest subsidiäre Allzuständigkeit verfügten.[363]

Nach vorzugswürdiger Auffassung geht die Landesverfassung von einem engen Begriffsverständnis für das Merkmal der Gebietskörperschaft aus.[364] Dieses kommt, wie richtig gesagt wird[365], in anderen Normen der Verfassung, die ebenfalls den Begriff des Gemeindeverbands verwenden, zum Ausdruck. So verlangt beispielsweise Art. 1 Abs. 1 S. 2 LV, dass sich das Land in Gemeinden und Gemeindeverbände gliedere. Dieses erhebt nur solche Gemeindeverbände zu Gemeindeverbänden im Sinne der LV, die aus dem Aufbau der Verwaltung nicht hinweggedacht werden können, denen also ein institutioneller Schutz zukommt.[366] Auch der Wortlaut des Art. 78 Abs. 2 LV spricht für diese Ansicht. Die Bezeichnung als »alleinige« Träger der öffentlichen Verwaltung ergibt nur dann Sinn, wenn die Nennung als Hinweis auf die originäre Rechtsträgerschaft der kommunalen Institutionen verstanden wird.[367] Träger originären Rechts i. S. d. Art. 78 LV sind aber nur solche Verbände, die als echte Gebietskörperschaften bestehen oder fortbestehen.[368]

361 *VerfGHNRW,* Urt. v. 26.6.2001 – VerfGH 28/00 und 30/00 (»Straßenbau«) –, in: NWVBl. 2001, 340 (344).

362 *Becker,* in: Peters, HdbKWP, Bd. 1, S. 113 (124 f.); *Tettinger,* in: v. Mangoldt/Klein/Starck, GG, Bd. 2, Art. 28, Rn. 166.

363 *Elleringmann,* Begriff und Wesen, S. 66 f.; *ders.*, Grundlagen, S. 30; *Hoppe,* Gebietskörperschaft und Gemeindeverband, S. 22 ff.; *Paziorek,* Mittelbare und unmittelbare Wahl, S. 44; *Conrady,* Preußische Provinzialverbände, S. 123.

364 *Fleck,* in: Geller/Kleinrahm/Fleck, LV, Art. 78, Anm. 4 (S. 526); *Görisch,* NWVBl. 2002, 418 (419); *Ehlers,* DVBl. 2001, 1601 (1602); *Meyer-Schwickerath,* in: Püttner, HdbKWP, Bd. 2, S. 452 (455 f.).

365 *Görisch,* NWVBl. 2002, 418 (419); *Ehlers,* DVBl. 2001, 1601 (1602).

366 Abg. *Brockmann,* in: Verfassungsausschuss LT NRW, Stenogr. Bericht, 1. WP, 42. Sitzung vom 3.3.1950, zu Art. 1, S. 310 (C) und Abg. *Scholtissek,* a. a. O., S. 314 (A) meinen dieses, wenn sie sagen, Gemeindeverbände im Sinne der LV seien nur Träger eines originären Rechts.

367 *Görisch,* NWVBl. 2002, 418 (419).

368 *Fleck,* in: Geller/Kleinrahm/Fleck, LV, Art. 78, Anm. 4 (S. 527).

III. Erfordernis der Inanspruchnahme aller Gewährleistungsaspekte

Unterschiedlich wird schließlich die Frage danach beantwortet, ob nur solche Körperschaften als Gemeindeverbände anzusehen sind, die sich auf alle drei Gewährleistungsaspekte des Art. 78 LV berufen können. Hier wird von den Vertretern, die dieser Ansicht folgen, insbesondere die institutionelle Rechtssubjektsgarantie als Anknüpfungspunkt genommen.

Aus Art. 1 Abs. 1 S. 2 LV, wonach sich das Land in Gemeinden und Gemeindeverbände gliedert, und Art. 3 Abs. 2 LV, wonach die Verwaltung in den Händen der Landesregierung, der Gemeinden und Gemeindeverbände liegt, wird geschlossen, dass diese beiden Bestimmungen die Gemeindeverbände zu notwendigen Einrichtungen erheben, Kommunalkörper also nur dann Gemeindeverbände sein könnten, wenn sie auch dauerhaft gegen die Abschaffung geschützt seien.[369] Sei dieses nicht der Fall, könne den Einrichtungen auch im Übrigen kein Schutz gewährt werden.[370] Dieser Ansicht liegt der »a maiore ad minus«-Gedanke zugrunde: wenn schon keine Bestandsgarantie, dann auch kein übriger Schutz. Die Gegenansicht, wonach der »a maiore«-Gedanke nicht zur Anwendung gelange, könne nicht erklären, warum eine Einschränkung der eigenverantwortlichen Aufgabenwahrnehmung an der Verfassung gemessen werden müsse, die vollständige Auslösung einer Ebene inklusive dem totalen Aufgabenentzug jedoch nicht.

Zu Recht lehnen andere Vertreter die Anwendbarkeit des »a maiore«-Gedankens ab.[371] Gegen eine Anwendung ist anzuführen, dass es zu einer Unterscheidung zwischen generellem Schutz und Art und Weise der Aufgabenwahrnehmung kommen muss. Ist ein Gemeindeverband eingerichtet, kommt ihm auch der Schutz der Aufgabenwahrnehmung in Form der eigenverantwortlichen Wahrnehmung zu.[372] Die Bestimmungen über die kommunale Selbstverwaltung »sagen nicht, dass Gemeindeverbände einzurichten sind, sondern garantieren nur einen Mindestinhalt ihrer Selbstverwaltungsrechte, sobald die Gemeindeverbände – wenn auch von der Verfassung ungerufen – ins Leben getreten sind.«[373]

369 *Ehlers,* DVBl. 2001, 1601 (1601 f.); *Fleck,* in: Geller/Kleinrahm/Fleck, LV, Art. 78, Anm. 2 (S. 524).

370 *Ehlers,* DVBl. 2001, 1601 (1602).

371 *VerfGH Rh.-Pf.,* Urt. v. 29.4.1961 – VGH 1/61 –, in: AS 8, 231 (240); *Görisch,* NWVBl. 2002, 418 (420).

372 *Görisch,* NWVBl. 2002, 418 (420).

373 *VerfGH Rh.-Pf.,* Urt. v. 29.4.1961 – VGH 1/61 –, in: AS 8, 231 (240).

Somit können sich auch solche Gemeindeverbände auf Art. 78 LV berufen, die unter Umständen nicht alle drei Gewährleistungsaspekte der kommunalen Selbstverwaltungsgarantie für sich in Anspruch nehmen können.

IV. Zwischenergebnis zum Begriff des Gemeindeverbands nach Art. 78 LV

Nach hier vertretener Auffassung ist der Begriff des Gemeindeverbands i. S. d. Art. 78 LV demnach wie folgt zu definieren: Ein Gemeindeverband ist jede mindestens mittelbar demokratisch legitimierte, aus Gemeinden oder Gemeindeverbänden übergemeindlich zusammengesetzte Gebietskörperschaft, wobei einem engen Gebietskörperschaftsbegriff zu folgen ist.[374]

Auch Art. 78 LV gewährt eine institutionelle Rechtssubjektsgarantie, eine objektive Rechtsinstitutionsgarantie und eine subjektive Rechtsstellungsgarantie.[375]

C. Kreise als Gemeindeverbände i. S. d. Art. 78 LV

Nachdem festgestellt wurde, dass die Kreise Gemeindeverbände i. S. d. Art. 28 Abs. 2 S. 2 GG sind, gilt gleiches auch für den landesverfassungsrechtlichen Schutz nach Art. 78 LV NRW[376]; »der Kreis ist mithin *der* klassische Gemeindeverband«[377]. Die Kreise erfüllen die zuvor aufgestellten Merkmale des Gemeindeverbandsbegriffs, auch wenn sie von den Bürgerinnen und Bürgern des Kreises getragen werden und sich nicht aus Gemeinden und/oder Gemeindeverbänden zusammensetzen.

374 Zur Definition des Gemeindeverbands nach Auffassung des VerfGHNRW, s. *VerfGHNRW,* Urt. v. 26.6.2001 – VerfGH 28/00 und 30/00 (»Straßenbau«) –, in: NWVBl. 2001, 340 (343); *Tettinger,* in: Löwer/Tettinger, LV, Art. 78, Rn. 71.

375 *Fleck,* in: Geller/Kleinrahm/Fleck, LV, Art. 78, Anm. 2 (S. 524); *Oebbecke,* Gemeindeverbandsrecht, Rn. 20; *Tettinger,* in: Löwer/Tettinger, LV, Art. 78, Rn. 14 f.

376 Statt vieler: *VerfGHNRW,* Urt. v. 13.8.1996 – VerfGH 24/94 –, in: NWVBl. 1996, 426 (427); Urt. v. 9.6.1995 – VerfGH 20/95 u. a. –, in: NWVBl. 1997, 333 (336); Urt. v. 6.7.1993 – VerfGH 9/92, 22/92 –, in: OVGE 43, 252 (257) = NWVBl. 1993, 381 (383); *Wiese,* Gemeindeverbandsebene, S. 73; *Salzwedel,* in: Loschelder/Salzwedel, Verfassungs- und Verwaltungsrecht NRW, S. 217 (295).

377 *Tettinger,* in: Löwer/Tettinger, LV, Art. 78, Rn. 73.

D. Landschaftsverbände als Gemeindeverbände i. S. d. Art. 78 LV

Als mögliche weitere Gemeindeverbände kommen die beiden nordrhein-westfälischen Landschaftsverbände in Betracht. Ob es sich bei den Landschaftsverbänden um Gemeindeverbände i. S. d. Art. 78 LV handelt, ist umstritten.

I. Bejahende Auffassung

Nach der vom VerfGHNRW[378] und Teilen der Literatur[379] vertretenen Auffassung handelt es sich bei den Landschaftsverbänden um Gemeindeverbände i. S. d. Art. 78 LV.

Zunächst ergebe sich aus § 1 LVerbO, dass sich die Landschaftsverbände aus Gemeinden und Gemeindeverbänden zusammensetzten und daher eine Verbindung aus den kommunalen Körperschaften, mithin Gemeindeverbände seien. Zudem unterscheide sich der Aufgabenbestand des § 5 LVerbO so sehr von dem engen Zuständigkeitsbereich kommunaler Zweckverbände, dass es angemessen sei, die Landschaftsverbände unter den Begriff des Gemeindeverbandes zu fassen. Die von den Landschaftsverbänden wahrgenommenen Aufgaben sind nach dieser Auffassung all diejenigen, die schon die Provinzialverbände ausgeführt haben. Den Landschaftsverbänden sei ein einheitlicher regionalgemeindeverbandlicher Aufgabenkomplex zugewiesen worden.[380] Die fehlende Allzuständigkeit ändere hieran nichts.[381] Die durch § 5 LVerbO zugewiesenen Aufgaben erfüllten das Erfordernis eines zumindest umfassenden Aufgabenbestandes.

378 *VerfGHNRW,* Urt. v. 26.6.2001 – VerfGH 28/00 und 30/00 (»Straßenbau«) –, in: NWVBl. 2001, 340 ff.

379 *Erichsen,* KommR NRW, S. 301 f.; *ders.,* NWVBl. 1995, 1 (3); *Hoppe,* Gebietskörperschaft und Gemeindeverband, S. 113; *Stern,* in: BK, Art. 28, Rn. 80; *Burgi,* NWVBl. 2001, 1 (7); *Tettinger,* in: Löwer/Tettinger, LV, Art. 78, Rn. 75 ff.; *Dästner,* LV, Art. 78, Rn. 2; *Salzwedel,* in: Loschelder/Salzwedel, Verfassungs- und Verwaltungsrecht NRW, S. 217 (299); *Lübke,* Regionale Selbstverwaltung, S. 71; *Roters/Ballke,* Funktionalreform, S. 152 ff. *Meyer-Schwickerath,* in: Püttner, HdbKWP, Bd. 2, S. 452 (456), bezeichnet sie als Gemeindeverbände im weiteren Sinne.

380 *Hoppe,* Gebietskörperschaft und Gemeindeverband, S. 109.

381 *VerfGHNRW,* Urt. v. 26.6.2001 – VerfGH 28/00 und 30/00 (»Straßenbau«) –, in: NWVBl. 2001, 340 ff.; *Erichsen,* KommR NRW, S. 302; *ders.,* NWVBl. 1995, 1 (3); *v. Bahlen,* in: Held u. a., Kommunalverfassungsrecht, LVerbO, § 2 Anm. 4.

Auch die nur mittelbare Wahl der Landschaftsversammlung schade der Qualifizierung der Landschaftsverbände als Gemeindeverbände nicht.[382] Die Landesverfassung stelle keine anderen, strengeren Anforderungen an die Legitimation der Vertretungskörperschaften als das Grundgesetz. Hier gelte aber, dass nur für die Kreise eine unmittelbare Legitimation vorgeschrieben sei, für andere Gemeindeverbände reiche eine auch mittelbare aus.[383] Auch bejahen die Vertreter dieser Ansicht die Eigenschaft der Landschaftsverbände als Gebietskörperschaft.[384] Art. 78 LV verwende den Begriff der Gebietskörperschaft in einem weniger systematischen Sinne.[385] Die Eigenschaft als Gebietskörperschaft komme in § 4 LVerbO zum Ausdruck, der ein unmittelbares Verhältnis der Landschaftsverbände zu den Bürgerinnen und Bürgern herstelle, indem er ihnen zum einen die Teilnahme an der Vertretung und Verwaltung des Verbandes gestatte, zum anderen auch ein Benutzungsrecht für die öffentlichen Einrichtungen des Verbandes gewähre.[386] Auch das in § 6 LVerbO eingeräumte Satzungsrecht spreche für die notwendige Gebietshoheit.[387] Außerdem stehe die Entstehungsgeschichte der Qualifizierung als Gemeindeverbände nicht im Wege. Auch wenn man im Laufe der Beratungen über die Landesverfassung auf einen Satz 2 in Art. 78 Abs. 1 LV verzichtet habe, wonach Gemeindeverbände auch die Landschaftsverbände für Nordrhein-Westfalen seien, deren Rechtsverhältnisse durch besonderes Gesetz geregelt würden, sei dieses doch nur dadurch bedingt, dass man keine vorzeitige Festlegung der Anzahl der Landschaftsverbände wolle, sondern es dem Gesetzgeber anheim stellen wolle, ob und wenn ja wie viele Landschaftsverbände er errichte.[388] Und schließlich seien die Landschaftsverbände auch Träger eines originären Rechts, da sie unmittelbare Rechtsnachfolger der Provinzialverbände seien, die ihrerseits beim Erlass der Landesverfassung bestanden und somit einen institutionellen

---

382 *Paziorek,* Mittelbare und unmittelbare Wahl, S. 47.

383 Nachweise s. o., S. 47 f.

384 Ohne weitere Begründung *Burgi,* NWVBl. 2001, 1 (6); *Stanke,* SV 1956, 145 (146).

385 *VerfGHNRW,* Urt. v. 26.6.2001 – VerfGH 28/00 und 30/00 (»Straßenbau«) –, in: NWVBl. 2001, 340 (344).

386 *Meyer-Schwickerath,* in: Püttner, HdbKWP, Bd. 2, S. 452 (456).

387 *Litzenburger,* Kommunale Verfassungsbeschwerde, S. 98 nennt dieses Argument, lehnt aber die Gebietskörperschaftlichkeit der Landschaftsverbände im Ergebnis ab, S. 100.

388 *VerfGHNRW,* Urt. v. 26.6.2001 – VerfGH 28/00 und 30/00 (»Straßenbau«) –, in: NWVBl. 2001, 340 (344); *Paziorek,* Mittelbare und unmittelbare Wahl, S. 41.

Schutz genössen.[389] Der Fortbestand der Provinzialverbände in Gestalt der Landschaftsverbände zeige sich unter anderem in den §§ 32 f. LVerbO i. d. F. vom 19.5.1953[390]. Diese Vorschriften normieren eine direkte Überleitung von Rechten und Pflichten der Provinzialverbände auf die Landschaftsverbände. Die Landschaftsverbandsordnung aus dem Jahre 1953 habe keine Neugründung der Landschaftsverbände, sondern nur eine Umbenennung der Provinzialverbände in Landschaftsverbände bewirkt.[391]

Nach alle dem handele es sich bei den Landschaftsverbänden um Gemeindeverbände i. S. d. Art. 78 LV.

II. Verneinende Auffassung

Nach gegenteiliger Auffassung handelt es sich bei den beiden Landschaftsverbänden nicht um Gemeindeverbände i. S. d. Art. 78 LV.[392]

Zwar handele es sich bei den Landschaftsverbänden um Zusammenschlüsse von Gemeinden und Gemeindeverbänden, doch erfüllten sie nicht das Merkmal der Gebietskörperschaftlichkeit, da ihre Träger nicht die auf dem erfassten Gebiet wohnenden Bürger, sondern Gemeinden bzw. (andere) Gemeindeverbände seien.[393] Dieses komme in der einfachgesetzlichen Normierung in der LVerbO zum Ausdruck. Die LVerbO bezeichne die Landschaftsverbände – anders als die GO die Gemeinden (§ 1 Abs. 2) und

389 *Gönnenwein,* Gemeinderecht, S. 421; *Leiers,* Verfassungs- und Aufgabenstruktur, S. 94 ff.; *Naunin,* Entstehung und Sinn, S. 11 sowie S. 17 ff.; *ders.*, Landschaftliche Selbstverwaltung, S. 23; *Vorstand des Provinzialverbandes Westfalen,* Materialien, S. 6; für einen relativen Bestandsschutz auch *Burgi,* NWVBl. 2004, 131 (136), und *Erichsen,* NWVBl. 1995, 1 (3).

390 Landschaftsverbandsordnung für das Land Nordrhein-Westfalen vom 12.5.1953, GVBl. NRW 1953, S. 271 ff.

391 *Leiers,* Verfassungs- und Aufgabenstruktur, S. 110; ihm folgend: *Conrady,* Preußische Provinzialverbände, S. 95; *Mattenklodt,* KommPolBl. 1969, 10 (11) beruft sich nur auf die Rechtsgutachten, die die Rechtsnachfolgerschaft belegt hätten.

392 *Ehlers,* DVBl. 2001, 1601 (1601); *Fleck,* in: Geller/Kleinrahm/Fleck, LV, Art. 78, Anm. 4 (S. 528 f.); *Görisch,* NWVBl. 2002, 418 (420); *Litzenburger,* Kommunale Verfassungsbeschwerde, S. 100; *Oebbecke,* Gemeindeverbandsrecht, Rn. 32 ff., und auf ihn Bezug nehmend *Erichsen,* KommR NRW, S. 361, die aber gleichzeitig davon ausgehen, dass die Landschaftsverbände Gemeindeverbände i. S. d. Art. 28 Abs. 2 S. 2 GG sind und daher der Gehalt des Art. 78 LV um den des Art. 28 Abs. 2 S. 2 GG aufgefüllt werden müsse.

393 *Schmidt-Jortzig,* KommR, S. 37 mit Fn. 29; dass diese Zusammensetzung allgemein nicht ausreicht, um Gebietskörperschaft zu sein, vertritt auch *v. Unruh,* DVBl. 1975, 1 (3).

die KrO die Kreise (§ 1 Abs. 2) – gerade nicht als Gebietskörperschaften, sondern »nur« als öffentlich-rechtliche Körperschaften mit dem Recht der Selbstverwaltung, § 2 LVerbO. Hier komme der tatsächliche, objektive Wille des Verfassungsgebers, die Landschaftsverbände nicht als Gemeindeverbände zu qualifizieren, zum Ausdruck.[394] Anerkenne man nun aber die Gebietskörperschaftsqualität, so führe dies »zu der merkwürdigen Konsequenz, dass der Gesetzgeber Gebietskörperschaften in Gestalt der LVbe geschaffen habe, obwohl er solche Körperschaften nicht schaffen musste und nicht schaffen wollte«[395]. Die Benutzungs- und Teilhaberechte des § 4 LVerbO änderten nichts an der fehlenden Gemeindeverbandsqualität.[396] Zwar könnten die Bürgerinnen und Bürger Rechte aus der Bestimmung ableiten, Pflichten hingegen oblägen ihnen nicht, sondern allein den Mitgliedskörperschaften. Vor allem sei das passive Wahlrecht zu den Vertretungen der Vertretungskörperschaft im Vergleich zu den Gemeinderäten und Kreistagen stark eingeschränkt, so dass man nicht von einer unmittelbaren Beziehung zwischen Verband und Personen sprechen könne.[397] Es fehle daher an einer grundsätzlichen Unterworfenheit aller im Gebiet befindlichen Personen und Sachen.[398] Gegen einen Schutz durch Art. 78 LV spreche außerdem das Verhältnis zu anderen Normen der Verfassung, namentlich zu Art. 1 Abs. 1 S. 2 und Art. 3 Abs. 2 LV. Diese setzten nach der Entstehungsgeschichte nämlich voraus, dass die genannten Untergliederungen Träger originären Rechts seien. Dieses bedeute, »dass der Anwendungsbereich der betreffenden Bestimmung nur die im Sinne einer institutionellen Rechtssubjektsgarantie gewährten Rechtseinrichtungen umfasst«[399]. Art. 1 Abs. 1 S. 2 LV verlange, dass sich das Land in Gemeinden und Gemeindeverbände gliedern *müsse,* die Ebenen demnach nicht beseitigt werden dürften. Eine institutionelle Rechtssubjektsgarantie könnten

394 *Fleck,* in: Geller/Kleinrahm/Fleck, LV, Art. 78, Anm. 4 (S. 529); *Köttgen,* in: Peters, HdbKWP, Bd. 1, S. 360 (364); *Ehlers,* DVBl. 2001, 1601 (1602); dieses Argument lässt *Hacker,* DÖV 1955, 236 (238), nicht gelten, sieht die Landschaftsverbände dennoch nicht als Gebietskörperschaften an, a. a. O. S. 240 mit Fn. 34.

395 *Ehlers,* DVBl. 2001, 1601 (1602).

396 *Fleck,* in: Geller/Kleinrahm/Fleck, LV, Art. 78, Anm. 4 (S. 529).

397 *Litzenburger,* Kommunale Verfassungsbeschwerde, S. 99 f.

398 *Fleck,* in: Geller/Kleinrahm/Fleck, LV, Art. 78, 4. (S. 528 f.).

399 *Görisch,* NWVBl. 2002, 418 (420).

die Landschaftsverbände nicht in Anspruch nehmen.[400] Weder garantiert Art. 78 LV eine Stufenbestandsgarantie verschiedener Gemeindeverbandsebenen[401], noch seien die Landschaftsverbände unmittelbare Rechtsnachfolger der Provinzialverbände. Durch die Verordnung Nr. 46 der britischen Militärregierung seien die Landschaftsverbände aufgelöst worden.[402] Selbst wenn man dies anders sehe, habe die provinzielle Selbstverwaltung auch faktisch nach Ende des Zweiten Weltkriegs nicht weiter bestanden.[403] Während in Westfalen ein Provinzialverband fortbestand (wobei zweifelhaft ist, ob es sich bei der Provinzialverwaltung wirklich um Selbstverwaltung gehandelt habe[404]), habe im Gebiet Nordrhein provinzielle Selbstverwaltung nicht stattgefunden.[405] Auch das nordrhein-westfälische Innenministerium sei davon ausgegangen, dass mit der Auflösung der Provinzen durch die VO Nr. 46 auch die provinzielle Selbstverwaltung ad acta gelegt sei.[406]

Hiernach fallen die Landschaftsverbände nicht unter den Begriff der Gemeindeverbände i. S. d. Art. 78 LV.

III. Stellungnahme

Beide Ansichten formulieren zunächst zu Recht, dass die Landschaftsverbände sich aus Gemeinden und Gemeindeverbänden übergemeindlich zusammensetzen. Auch in der Forderung, dass es sich bei den Gemeindeverbänden i. S. d. Art. 78 LV notwendig um Gebietskörperschaften handeln müsse, ist beiden Auffassungen zu folgen. Art. 78 Abs. 1 LV sieht ein solches nach hier vertretener Auffassung vor. Außerdem ist der ersten Auffassung zuzustimmen, dass der in § 5 LVerbO normierte Aufgabenbestand hinreichend umfangreich ist. Es spricht nach hier vertretener

---

400 *Ehlers,* DVBl. 2001, 1601 (1602); *Wiese,* Gemeindeverbandsebene, S. 63; *Martin,* Formen und Funktionen, S. 119; so für die anderen Gemeindeverbände in Baden-Württemberg auch *Spreng/Birn/Feuchte,* LVBW, Art. 71, Anm. 2 (S. 246). A. A.: *Mattenklodt,* Gebiets- und Verwaltungsreform, S. 65 m. w. N., und *Lübke,* Regionale Selbstverwaltung, S. 83 f., die einen Bestandsschutz der Landschaftsverbände annehmen.

401 *Wiese,* Gemeindeverbandsebene, S. 56 ff., insbes. S. 62 f.

402 *Giese,* Fortbestand, S. 12.

403 Dass die Abschaffung der Provinzialverbände zumindest im Rheinland unstreitig ist, anerkennt auch *Giese,* Fortbestand, S. 4 u. S. 7 f.

404 *Wiese,* Gemeindeverbandsebene, S. 81 f.

405 *Wiese,* Gemeindeverbandsebene, S. 82.

406 *Lademacher,* Provinzialstände, S. 124.

Auffassung[407] ebenfalls nicht gegen die Einordnung der Landschaftsverbände als Gemeindeverbände, dass die Vertretungskörperschaft nur mittelbar demokratisch legitimiert ist. Endlich ist es für die Einstufung als Gemeindeverband irrelevant, ob der einfache Gesetzgeber einen Verband als Gebietskörperschaft bezeichnet oder nicht.[408]

Gleichwohl können die Landschaftsverbände nicht als Gebietskörperschaften angesehen werden. Zwar haben die Bürgerinnen und Bürger gemäß § 4 LVerbO das Recht, an der Vertretung und Verwaltung der Landschaftsverbände teilzunehmen und die Einrichtungen der Landschaftsverbände zu nutzen. Diese beiden Möglichkeiten reichen indes nicht aus, um von einer ausreichenden Gebietshoheit gegenüber den Personen und Sachen im Gebiet der Landschaftsverbände auszugehen. Direkte Beziehungen, und damit die Möglichkeit, hoheitlich gegenüber Dritten in Erscheinung zu treten, bestehen nur zwischen den Landschaftsverbänden und den Mitgliedskörperschaften, nicht aber gegenüber den Bürgerinnen und Bürgern. Die Landesverfassung geht ausweislich der Art. 1 Abs. 1 S. 2 und Art. 3 Abs. 2 LV von einem engen Begriffsverständnis aus.[409] Es fehlt demnach an der notwendigen Gebietskörperschaftlichkeit. Darüber hinaus spricht die Systematik der Landesverfassung gegen eine Qualifikation der Landschaftsverbände als Gemeindeverbände. Wie der VerfGH in der Straßenbau-Entscheidung richtig darstellt[410], erhebt Art. 3 Abs. 2 LV die Gemeindeverbände zu notwendigen Einrichtungen der Verfassung. Notwendig können die Landschaftsverbände aber nur sein, wenn sie nicht ohne weiteres abgeschafft werden können, ihnen mithin eine institutionelle Rechtssubjektsgarantie zukommt. Diese kommt entsprechend zur Diskussion im Rahmen des Art. 28 Abs. 2 S. 2 GG[411] nur den Kreisen[412], nicht aber anderen Gemeindeverbänden,

---

407 S. o. S. 48; a. A.: *Ehlers,* DVBl. 2001, 1601 (1602); *v. Unruh,* DVBl. 1975, S. 1 (3 f.), der für das Element der Gebietskörperschaftlichkeit eine unmittelbare Wahl fordert.

408 So auch *Oebbecke,* Gemeindeverbandsrecht, Rn. 4; *Wiese,* Gemeindeverbandsebene, S. 76; *Roters/Ballke,* Funktionalreform, S. 153; *Hacker,* DÖV 1955, 236 (238).

409 S. o. S. 64 f.

410 *VerfGHNRW,* Urt. v. 26.6.2001 – VerfGH 28/00 und 30/00 (»Straßenbau«) –, in: NWVBl. 2001, 340 (343); so bereits *VerfGHNRW* Urt. v. 24.4.1970 – VGH 14/69 –, in: OVGE 26, 286 (287).

411 Vgl. etwa nur: *Erichsen,* KommR NRW, S. 301; *Ehlers,* DVBl. 2001, 1601 (1601); *Henneke,* DÖV 2002, 463 (463).

412 Hierzu speziell Abg. *Jacobi,* in: Verfassungsausschuss LT NRW, Stenogr. Bericht, 1. WP, 35. Sitzung vom 27.1.1950, zu Art. 78, S. 154 (D): »Mir scheint es auszureichen, wenn wir im Protokoll vermerken, daß unter Gemeindeverbänden lediglich die Kreise zu verstehen sind.«

und somit auch nicht den Landschaftsverbänden[413] zu. Die Landesverfassung gewährt keine Stufenbestandsgarantie und keinen institutionellen Schutz für alle Gemeindeverbandsarten.[414] Die fehlende Schutzwirkung für die Landschaftsverbände durch die Landesverfassung ergibt sich zudem aus der Historie. Es war sichtlich nicht im Interesse des Verfassungsgebers, die Landschaftsverbände unter die fragliche Verfassungsnorm zu fassen, was sich anhand der damaligen Diskussion belegen lässt: Im Rahmen der Verfassungsberatungen wollte man auf den schon erwähnten Art. 78 Abs. 1 S. 2 LV[415] verzichten, da man sich nicht festlegen wollte, immer mindestens zwei Landschaftsverbände als Einrichtung bestehen zu lassen. Dieses zunächst »numerische« Argument wurde aber im Verlauf der Diskussion zu einem grundsätzlichen: So äußerte der Vorsitzende des Verfassungsausschusses, Abgeordneter Jacobi, dass das »Problem« Landschaftsverbände sonst auch im Rahmen der Erörterungen zur Verwaltungsreform bevorstünde. Deshalb solle auf eine Aufnahme der Landschaftsverbände in die Landesverfassung, die mögliche Diskussionen in die eine oder andere Richtung präjudizieren könne, verzichtet werden und die Ergebnisse der Diskussion, in der auch völlig neue Formen beraten würden, abgewartet werden.[416] Dem Umstand, dass der noch im Entwurf auftauchende Art. 78

413 Abg. *Brockmann,* in: Verfassungsausschuss LT NRW, Stenogr. Bericht, 1. WP, 42. Sitzung vom 3.3.1950, zu Art. 1, S. 310 (C) und Abg. *Scholtissek,* a. a. O., S. 314 (A).

414 Selbst wenn man einen Schutz aller bei Erlass der Landesverfassung bestehenden Gemeindeverbände annähme, spricht dieser Umstand nicht für die Landschaftsverbände. Nicht nur, dass der Landesgesetzgeber hinter dem Gehalt des Rechts der Provinzialverbände bzgl. der Aufgabenausstattung zurückblieb, nein, auch die Landesregierung ging bei ihrem Entwurf für die Landschaftsverbandsordnung 1953 davon aus, dass die Landschaftsverbände allein aufgrund der neuen Struktur neue Gebilde seien. S. hierzu: *Leiers,* Verfassungs- und Aufgabenstruktur, S. 72 ff.; *Conrady,* Preußische Provinzialverbände, S. 101. Auch die VO Nr. 46 spricht gegen einen »Fortbestand unter anderem Namen«. Unter dem Begriff der »Provinz« wurde nach historischem Bild stets der Begriff des Provinzialverbands, nicht der des Provinzbezirks gefasst, wie sich aus den Art. 32 und 72 der Preußischen Verfassung ergibt. *Giese,* Fortbestand, S. 5 nennt die letztere Feststellung sogar »über jeden Zweifel erhaben«.

415 Art. 71 Abs. 1 S. 2 der Beratungen der Landtagsbeschlüsse in II. Lesung, LD II – 1672.

416 Abg. *Jacobi,* in: Verfassungsausschuss LT NRW, Stenogr. Bericht, 1. WP, 62. Sitzung vom 27.5.1950, zu Art. 71, S. 771 (A) und (B).

Abs. 1 S. 2 LV[417] nicht in die endgültige Fassung der Landesverfassung aufgenommen wurde, wird zwar teilweise kein großer Stellenwert beigemessen, gleichwohl kann nicht angenommen werden, dass der Verfassungsgeber eine nur durch qualifizierte Mehrheit wieder rückgängig zu machende Entscheidung zulasten des einfachen Gesetzgebers erlassen wollte[418], die für längere Zeit bindend wäre[419].[420]

Beachtlich ist, dass der VerfGH in seinen Ausführungen über die Entstehungsgeschichte der Landesverfassung[421] richtigerweise diese Argumente ebenfalls anführt, im gleichen Atemzug aber betont, dass die Verfassung den einfachen Gesetzgeber nicht binden wollte, Landschaftsverbände zu errichten. Dieses liefe darauf hinaus, dass nunmehr doch der einfache Gesetzgeber Gemeindeverbände i. S. d. Landesverfassung schaffen könnte.

Mithin kann festgehalten werden, dass die Landschaftsverbände keine Gemeindeverbände i. S. d. Art. 78 LV sind, sie sich also nicht auf die Garantie der kommunalen Selbstverwaltung berufen können.

§ 6 Gewährleistungsbereich des Art. 78 LV für Kreise und Landschaftsverbände

Handelt es sich bei den Kreisen also um Gemeindeverbände auch i. S. d. Art. 78 LV[422], so können sie sich auf die institutionelle Rechtssubjektsgarantie, die subjektive Rechtsinstitutionsgarantie und die objektive Rechtsinstitutionsgarantie berufen.[423]

417 Art. 71 Abs. 1 S. 2 der Beratungen der Landtagsbeschlüsse in II. Lesung, LD II – 1672.

418 Abg. *Jacobi,* in: Verfassungsausschuss LT NRW, Stenogr. Bericht, 1. WP, 62. Sitzung vom 27.5.1950, zu Art. 71, S. 771 (D).

419 Abg. *Altenhain,* in: Verfassungsausschuss LT NRW, Stenogr. Bericht, 1. WP, 62. Sitzung vom 27.5.1950, zu Art. 71, S. 771 (B).

420 *Ehlers,* DVBl. 2001, 1601 (1602), spricht plakativ davon, dass der Verfassungsgeber keiner Institution Schutz »auf Vorrat« gewähren wollte.

421 *VerfGHNRW,* Urt. v. 26.6.2001 – VerfGH 28/00 und 30/00 (»Straßenbau«) –, in: NWVBl. 2001, 340 (344).

422 Bezüglich des Gewährleistungsbereichs der Gemeinden (und damit der kreisfreien Städte) aus Art. 78 LV kann auf das auf S. 53 f. Gesagte verwiesen werden.

423 *Tettinger,* in: Löwer/Tettinger, LV, Art. 78, Rn. 85.

A. Aufgabenbestand der Kreise

Fraglich ist, welcher Aufgabenbereich durch die Landesverfassung geschützt ist. Wie gezeigt, schreibt das Grundgesetz den Kreisen keinen eigenständigen Bereich an Aufgaben zu, wie es für die Gemeinden durch Art. 28 Abs. 2 S. 1 GG »alle Angelegenheiten der örtlichen Gemeinschaft« geschieht. Vielmehr überlässt das Grundgesetz dem (Landes-)Gesetzgeber die Ausformung der Selbstverwaltungsgarantie der Gemeindeverbände.

Hiervon abweichend bestimmt Art. 78 Abs. 2 LV: »Die ... Gemeindeverbände sind in ihrem Gebiet die alleinigen Träger der öffentlichen Verwaltung, soweit die Gesetze nichts anderes vorschreiben«.

Fraglich ist, ob hierdurch eine Kompetenzerweiterung der Gemeindeverbände erreicht wird.

I. Allzuständigkeit der Kreise

Ob es durch Art. 78 Abs. 2 LV zu einer Allzuständigkeit auch der Kreisebene kommt, ist umstritten.

Nach Ansicht der Rechtsprechung und Teilen der Literatur kommt es durch Art. 78 Abs. 2 LV nicht zu einer Erweiterung der Kompetenz der Gemeindeverbände. Vielmehr sei betreffend den Aufgabenbestand vom gleichen Gehalt auszugehen, wie ihn die Bestimmung des Art. 28 Abs. 2 S. 2 GG statuiere; der Wortlaut der Norm sei insoweit irreführend.[424] Zu Spannungen mit dem Vorrang der gemeindlichen Wahrnehmung komme es nicht. Eine Erweiterung erfahre die kreiskommunale Garantie der Selbstverwaltung insoweit nur im Bereich der Eigenverantwortlichkeit.[425] Erkennbar bereits durch die Darstellung der Urteile des VerfGH, in dessen Ausführungen stets die Wendung »nach Art. 78 Abs. 1 und 2 LV NRW (Art. 28 Abs. 2 GG)«[426] zu finden ist, wird diese Ansicht damit begründet, dass Art. 78 LV nur zum Ausdruck bringe wolle, dass »*alle* Verwaltung grundsätzlich *Selbst*verwaltung sein soll, [...] aber nicht die interkommunale Aufgaben-

424 *Schoch,* in: Henneke/Meyer, Kommunale Selbstverwaltung, S. 11 (20) mit Fn. 40.

425 *Lusche,* Selbstverwaltungsaufgaben, S. 106; so offensichtlich auch *VerfGHNRW,* Urt. v. 13.8.1996 – VerfGH 23/94 –, in: NWVBl. 1996, 426 (427).

426 So z. B. *VerfGHNRW,* Urt. v. 26.6.2001 – VerfGH 28/00 und 30/00 (»Straßenbau«) –, in: NWVBl. 2001, 340 (344); Urt. v. 17.12.1990 – VerfGH 2/90 –, in: NVwZ 1991, 467 (467 f.).

aufteilung zwischen Gemeinden und Gemeindeverbänden verschiedener Stufen im einzelnen regeln will«[427].

Nähme man eine Allzuständigkeit auch für die Gemeindeverbände an, so sei an der Verfassungsmäßigkeit der Errichtung von Sonderbehörden in NRW zu zweifeln. Dieses geschehe nicht einmal durch die Vertreter, die einen universalen Wirkungskreis annähmen.[428] Außerdem spreche gegen eine Kompetenzerweiterung der Gemeindeverbände durch Art. 78 Abs. 2 LV, dass die Norm insbesondere für die Kreise keine näheren Anhaltspunkte für den Aufgabenbereich gebe, weder ergänze sie die Kriterien der Kompetenzabgrenzung zwischen Gemeinden und Landkreisen, noch regele sie das Verhältnis der Landkreise zu anderen Gemeindeverbänden. Dies wäre aber notwendige Voraussetzung für die Deutung als Aufgabenzuweisungsregelung[429].

Zu Recht wird Gegenteiliges vertreten. Art. 78 LV normiert auch zugunsten der Kreisebene die Allzuständigkeit; es kommt zu einer Angleichung von gemeindlichem und kreiskommunalem Aufgabenbestand.[430] Dabei muss das aus Art. 28 Abs. 2 S. 1 GG zugunsten der Gemeinden statuierte Aufgabenlastverteilungsprinzip in Art. 78 LV hineingelesen werden.[431] Zur Begründung dieser Ansicht ist zunächst der Wortlaut des Art. 78 Abs. 2 LV anzuführen. Während die grundgesetzliche Bestimmung der Garantie der kommunalen Selbstverwaltung besagt, dass die Gemeindeverbände »im Rahmen ihres gesetzlichen Aufgabenbestandes« das Recht der Selbstverwaltung innehaben, werden durch Art. 78 LV auch die Gemeindeverbände zu Trägern aller öffentlichen Verwaltung erklärt. Unüberlesbar verschieden ist demnach der Aussagegehalt der beiden Normen. Eine inhaltliche Gleich-

427 *Hoppe,* Gebietskörperschaft und Gemeindeverband, S. 52.

428 *Lusche,* Selbstverwaltungsaufgaben, S. 106.

429 *Lusche,* Selbstverwaltungsaufgaben, S. 106.

430 *Fleck,* in: Geller/Kleinrahm/Fleck, LV, Art. 78, Anm. 6.c) (S. 535); *Oebbecke,* Zweckverbandsbildung, S. 56; *Dietlein,* in: Dietlein/Burgi/Hellermann, Öffentliches Recht in NRW, § 1, Rn. 194; *Schink,* in: Schmidt-Jortzig/Schink, Subsidiaritätsprinzip, S. 25 (69); *ders.*, VerwArch 81 (1990), 385 (394) mit Fn. 54; *Erichsen,* KommR NRW, S. 360 f.; *Pappermann/Roters/Vesper,* Maßstäbe, S. 19 f.; *Andriske,* Aufgabenneuverteilung, S. 84; *Seele,* in: König/Siedentopf, Öffentliche Verwaltung in Deutschland, S. 235 (247); *ders.,* in: DLT, Der Kreis, Bd. 3, S. 345 (360); *Tettinger,* in: v. Mangoldt/Klein/Starck, GG, Bd. 2, Art. 28, Rn. 134; so wohl auch *Gönnenwein,* Gemeinderecht, S. 388 f.

431 *Fleck,* in: Geller/Kleinrahm/Fleck, LV, Art. 78, Anm. 6.c) (S. 535 f.); *Oebbecke,* Gemeindeverbandsrecht, Rn. 39; *ders.,* Zweckverbandsbildung, S. 56; *Andriske,* Aufgabenneuverteilung, S. 84.

setzung verbietet sich. Beschränkt sind die Aufgaben zudem ausweislich des Wortlautes auf die im gesamten Kreis auftretenden Agenden.[432] Dabei bestimmt »Art. 78 der Verfassung des Landes Nordrhein-Westfalen – vor allem Abs. 2 – ..., daß die Gemeinden und Gemeindeverbände in ihrem Gebiet die alleinigen Träger der öffentlichen Verwaltung, also Selbstverwaltungs- und Auftragsangelegenheiten wahrnehmen sollen«[433]. Schafft der Landesgesetzgeber neue Aufgaben, die auf der Kreisebene anfallen, obliegt ihm auch die Zuweisung dieser neuen Aufgaben an die Ebene der Kreise. Will er sie anderen Ebenen oder Behörden zuweisen, muss er dieses begründen.[434]

Somit kann festgehalten werden, dass durch Art. 78 Abs. 2 LV der Aufgabenzuständigkeitsbereich der Kreise im Vergleich zur grundgesetzlichen Bestimmung des Art. 28 Abs. 2 S. 2 GG auf die Universalität im Kreisgebiet erweitert wird.

II. Übergemeindliche Aufgaben

Die Kreise sind nach nordrhein-westfälischem Verfassungsrecht zuständig für übergemeindliche Aufgaben.[435] Dieses ergibt sich bereits aus dem Wortlaut der Verfassungsnorm des Art. 78 Abs. 2 LV, wonach die Gemeindeverbände auf ihrem Gebiet die alleinigen Träger der öffentlichen Verwaltung sind, soweit die Gesetze nichts anderes vorschreiben.[436] Auch einfachgesetzlich sind den Kreisen übergemeindliche Aufgaben zugewiesen, § 2 Abs. 1 S. 1 KrO.

Unter den übergemeindlichen Selbstverwaltungsaufgaben der Kreise versteht man die Aufgaben, die sich notwendigerweise auf den Verwaltungsraum des Landkreises und die gemeinsamen Bedürfnisse der Kreiseinwohner insgesamt beziehen.[437]

---

432 *Dietlein,* in: Dietlein/Burgi/Hellermann, Öffentliches Recht in NRW, § 1, Rn. 195.

433 *Elleringmann,* Grundlagen der Kommunalverfassung, S. 36.

434 *Wansleben,* in: Held u. a., Kommunalverfassungsrecht, KrO, § 1 Anm. 2.3.

435 Statt aller: *Dietlein,* in: Dietlein/Burgi/Hallermann, Öffentliches Recht in NRW, § 1, Rn. 194; *Dietlein/Lotz,* in: Ennuschat/Stern, GS Tettinger, S. 215 (222). A. A. teilweise *VerfGHNRW,* Urt. v. 13.8.1996 – VerfGH 23/94 –, in: NWVBl. 1996, 426 (428).

436 *Schnapp,* Zuständigkeitsverteilung, S. 7; *Henneke,* Aufgabenzuständigkeit, S. 42; *Dietlein,* in: Dietlein/Burgi/Hallermann, Öffentliches Recht in NRW, § 1, Rn. 194.

437 *Schnapp,* Zuständigkeitsverteilung, S. 7; *Henneke,* Aufgabenzuständigkeit, S. 42.

Zum einen fallen hierunter diejenigen Aufgaben, die wegen ihrer flächenhaften Natur eine Erledigung durch den Kreis bedingen oder deren Erfüllung durch die gemeindliche Handlungsebene »technisch sinnlos« und damit absolut unangemessen wäre.[438] Die Aufgaben des Kreises ergeben sich dabei nicht aus den Teilgebieten seiner Gemeinden, sondern aus seinem Gebiet als einheitlichem Ganzen.[439] Daher sind zumindest die sog. übergemeindlichen Flächen- und Linienaufgaben, also solche Aufgaben, die sich zwingend auf den Verwaltungsraum des Kreises beziehen und von den Gemeinden deshalb nur koordiniert wahrgenommen werden können[440], von der Aufgabengarantie geschützt. Eine Aufgabenwahrnehmung durch die Gemeinden scheidet alleine wegen des geografischen Zuschnitts der Aufgabe von vornherein aus. Als Beispiele hierfür lassen sich anführen: der Bau von Kreisstraßen, die Trägerschaft des übergemeindlichen ÖPNV, weitläufige Wanderwege usw.[441] Zum anderen gehören zu diesem Aufgabenkomplex die sog. *Existenzaufgaben,* also solche, die den Bestand und die Funktion des Kreises gewährleisten, z. B. Organisations- und Personalverwaltung, Öffentlichkeitsarbeit, etc.[442] Der Landkreis ist für die Wahrnehmung ausschließlich zuständig[443], eine Konkurrenz mit anderen kommunalen Körperschaften kann bei dieser Aufgabengruppe wegen der notwendigen Koppelung an die Existenz des überörtlichen Aufgabenträgers nicht auftreten[444].

III. Ergänzungs- und Ausgleichsaufgaben

1. Verfassungsunmittelbare Verbürgung

Fraglich ist, ob den Kreisen unmittelbar durch die Landesverfassung Ergänzungs- und Ausgleichsaufgaben zugewiesen sind.

---

438 *Schink,* in: Schmidt-Jortzig/Schink, Subsidiaritätsprinzip, S. 25 (36); *v. Mutius,* in: FG von Unruh, S. 227 (248); *Tiedeken,* in: FG von Unruh, S. 341 (346).

439 *Schink,* in: Schmidt-Jortzig/Schink, Subsidiaritätsprinzip, S. 25 (35).

440 *Beckmann,* DVBl. 1990, 1193 (1195); *Oebbecke,* Gemeindeverbandsrecht, Rn. 148; *Ehlers,* DVBl. 1997, 225 (226); *Beutling,* Ergänzungsaufgaben, S. 12.

441 *Lusche,* Selbstverwaltungsaufgaben, S. 127; weitere Beispiele bei *Henneke,* Aufgabenzuständigkeit, S. 43, *Tiedeken,* in: FG von Unruh, S. 341 (346); *Beckmann,* DVBl. 1990, 1193 (1195); *R. Kirchhof,* KrONRW, § 2, Anm. 11.

442 *Henneke,* Aufgabenzuständigkeit, S. 42; *ders.*, Der Landkreis 2002, 127 (129); *Beckmann,* DVBl. 1990, 1193 (1195); *Schnapp,* Zuständigkeitsverteilung, S. 8.

443 *Schoch,* in: ders., Selbstverwaltung der Kreise, S. 25 (33).

444 *Schink,* in: Schmidt-Jortzig/Schink, Subsidiaritätsprinzip, S. 25 (36); *Henneke,* Der Landkreis 2002, 127 (129).

Unter Ergänzungsaufgaben (teilweise auch Verwaltungslastenausgleichsaufgaben[445] oder komplementäre Aufgaben[446] genannt) werden die Aufgaben verstanden, die traditionell den Gemeinden zustehen, mangels ausreichender Leistungsfähigkeit von den kreisangehörigen Gemeinden oder jedenfalls von manchen unter ihnen überhaupt nicht bzw. nur unrationell wahrgenommen werden können[447], bei denen die Mitglieder des Selbstverwaltungsverbandes bei der Wahrnehmung der ihnen primär zustehenden Kompetenzen in ihrer Verwaltungskraft überfordert sind[448], z. B. Bau, Betrieb und Unterhaltung eines Krankenhauses, von Berufsschulen, Musikschulen etc.[449]

Unter den Begriff der Ausgleichsaufgaben[450] fallen jene zusätzlichen Tätigkeiten und Initiativen des Landkreises, die ihrem Ziel nach ausdrücklich auf die Herbeiführung eines Ausgleichs- und Lastenverteilungseffekts zwischen den Verwaltungskraftunterschieden der kreisangehörigen Gemeinden gerichtet sind und auf die Gewährleistung einer gleichmäßigen Versorgung der Bevölkerung hinwirken[451], das »Leben der Gemeinden« somit erhalten.[452] Diese Hilfe erfolgt zumeist über die Gewährung von finanz- oder verwaltungsmäßigen Hilfen, also Beratung, Planung und technische sowie administrative Unterstützung.[453]

---

445 *Hoppe,* Gebietskörperschaft und Gemeindeverband, S. 57.

446 *Schoch,* in: ders., Selbstverwaltung der Kreise, S. 25 (33); *R. Kirchhof,* KrONRW, § 2, Anm. 12.

447 *Schink,* in: Schmidt-Jortzig/Schink, Subsidiaritätsprinzip, S. 25 (38 f.); *Lusche,* Selbstverwaltungsaufgaben, S. 120.

448 *Hoppe,* Gebietskörperschaft und Gemeindeverband, S. 57.

449 Weitere Beispiele bei *Erichsen,* KommR NRW, S. 56 ff.

450 Zumeist wird zwischen der Ausgleichsfunktion und der Ausgleichsaufgabe der Kreise unterschieden, s. z. B. *Schmidt-Jortzig,* KommR, Rn. 595 f.; *v. Mutius,* KommR, Rn. 477 f.; a. A.: *Erichsen,* KommR NRW, S. 58 ff. und *Oebbecke,* Gemeindeverbandsrecht, Rn. 140 ff.

451 *VG Saarlouis,* Urt. v. 6.10.1995 – Az. 11 K 360/92 –, in: Der Landkreis 1996, 125 ff.; *Gröbner,* BayBgm. 1961, 149 (152); *Berkenhoff,* Gemhlt. 1959, 141 ff.; *Schink,* in: Schmidt-Jortzig/Schink, Subsidiaritätsprinzip, S. 25 (41); *Schoch,* in: ders., Selbstverwaltung der Kreise, S. 25 (34); *Schnapp,* Zuständigkeitsverteilung, S. 10.

452 *v. Unruh,* in: DLT, Der Kreis im Wandel der Zeiten, S. 210 (223 f.).

453 *Beutling,* Ergänzungsaufgaben, S. 126. Hier setzen die Kritiker der weiteren Zulässigkeit der Ausgleichsaufgaben an, da befürchtet werden müsse, dass die Gemeinden durch eine weitere Wahrnehmung in finanzielle Abhängigkeit zum ausgleichenden Kreis komme; es bestehe die Gefahr eines »goldenen Zügels«, s. *Wieland,* JZ 1997, 357 (358).

Zunächst ist festzuhalten, dass – entgegen teilweise vertretener Ansicht[454] – auch nach dem Rastede-Beschluss die Wahrnehmung von Ergänzungs- und Ausgleichsaufgaben durch die Kreise weiter zulässig ist.[455] Der verfassungsrechtliche Zuständigkeitsvorrang der Gemeinden wird durch die Zuweisung von Ergänzungs- und Ausgleichsaufgaben nicht beseitigt oder verdrängt.[456] Bei der Wahrnehmung dieser Aufgaben gehen die Zuständigkeiten nämlich nicht auf die Kreise über, sondern verbleiben grundsätzlich bei den Gemeinden.[457] Es kommt somit nicht zu einem Aufgabenentzug im Sinne der Rastede-Entscheidung.[458]

Entgegen teilweise vertretener Ansicht[459] werden die Ergänzungs- und Ausgleichs*aufgaben* nicht verfassungsunmittelbar verbürgt.[460] Etwas anderes ergibt sich auch nicht aus dem Wortlaut des Art. 78 Abs. 2 LV. Zwar werden die Gemeindeverbände in dieser Vorschrift zu den alleinigen Trägern der öffentlichen Verwaltung in ihrem Gebiet erklärt, eine Zuweisung von Ergänzungs- und Ausgleichsaufgaben wird dadurch aber nicht vorgenommen. Kann bezüglich der übergemeindlichen Aufgaben ein solches

---

454 *Schmidt-Jortzig,* DÖV 1993, 973 (981) mit Hinweis auf: *Oebbecke,* Gemeindeverbandsrecht, Rn. 141; *Wimmer,* NVwZ 1998, 28 (28). Diese Vertreter führen als Argument u. a. an, dass bei einer weiteren Zulässigkeit von Ausgleichs- und Ergänzungsaufgaben der Kreis darüber entscheide, ob die Gemeinde eine Aufgabe wahrnehmen solle und damit Daseinsvorsorge auf dem Territorium der kreisangehörigen Gemeinde betreibe, *Wimmer* a. a. O.

455 *BVerfG,* Beschl. v. 23.11.1988 – 2 BvR 1619, 1628/83 (»Rastede«) –, in: BVerfGE 79, 127 (151 f.) = DVBl. 1989, 300 (303) = NVwZ 1989, 347 (350); *Löwer,* in: v. Münch/Kunig, GG, Bd. 2, Art. 28, Rn. 84 m. w. N.; *Henneke,* DVBl. 1993, 900 (901).

456 *BVerwG,* Beschl. v. 28.2.1997 – 8 N 1/96 –, in: NVwZ 1998, 63 (64).

457 *Dittmann,* in: Achterberg/Püttner/Würtenberger, Bes. VerwR, Bd. 2, § 18, Rn. 27; *Schmidt-Eichstaedt,* in: Püttner, HdbKWP, Bd. 3, S. 9 (50); *Schoch,* in: Henneke/Maurer/Schoch, Die Kreise im Bundesstaat, S. 9 (29); *Gern,* KommR BW, S. 485 f.; *Seele,* in: DLT, Der Kreis, Bd. 3, S. 345 (392): »liegt die Zuständigkeit [...] teils beim Kreis, teils bei bestimmten Gemeinden«.

458 *Beutling,* Ergänzungsaufgaben, S. 100 f.; *Gern,* Dt. KommR, Rn. 868.

459 *VG Aachen,* Urt. v. 18.12.1997 – Az: 4K 1786/96 –, in: EILDIENST LKT NRW 1998, 102 (104); *Erichsen,* KommR NRW, S. 58 ff.; *Cantner,* in: Peters, HdbKWP, Bd. 1, S. 406 (418); *Henneke,* Der Landkreis 1993, 253 (257); *Henneke,* Aufgabenzuständigkeit, S. 35; *Schink,* in: Schmidt-Jortzig/Schink, Subsidiaritätsprinzip, S. 25 (69); so auch zunächst *VG Saarloius,* Urt. v. 6.10.1995 – 11 K 360/92 –, in: Der Landkreis 1996, S. 125 ff.

460 *Dietlein,* in: Dietlein/Burgi/Hellermann, Öffentliches Recht in NRW, § 1, Rn. 195; für Art. 28 Abs. 2 S. 2 GG s. nur *Dietlein/Lotz,* in: Ennuschat/Stern, GS Tettinger, S. 215 (218 ff.).

noch angenommen werden[461], kommt eine verfassungsunmittelbare Verbürgung der genannten Aufgabentypen nicht in Betracht.

Nach der Rechtsprechung des nordrhein-westfälischen Verfassungsgerichtshofs ist der Aufgabenbereich der Gemeindeverbände – wie schon im Rahmen des Art. 28 Abs. 2 S. 2 GG – auch nach der Landesverfassung von einer Gesetzeszuweisung des einfachen Gesetzgebers abhängig.[462]

Dieses gilt auch für die Zuweisung von Ausgleichs- und Ergänzungsaufgaben.[463]

2. Exkurs: Einfachgesetzliche Zuweisung in NRW

Es soll im Folgenden kurz dargestellt werden, ob der nordrhein-westfälische Landesgesetzgeber den Kreisen Ergänzungs- und Ausgleichsaufgaben zugewiesen hat. Dabei ist es ausreichend, wenn die Zuweisung durch eine Generalklausel vorgenommen wird.[464]

Eine Zuweisung der genannten Aufgaben könnte durch die Bestimmung des § 2 Abs. 1 S. 1 KrO erfolgt sein. Eine Zuweisung der in Rede stehenden Aufgaben durch die genannte Vorschrift wird teilweise bestritten. Gegen die Zuweisung von Ausgleichs- und Ergänzungsaufgaben wird zunächst der Wortlaut des § 2 Abs. 1 S. 1 KrO angeführt. Entgegen dem VG Köln[465] impliziere der Begriff »überörtlich«, dass es sich um nicht den örtlichen Bereich betreffende Agenden handeln müsse. Ausgleichs- und Ergänzungs-

461 *Dietlein/Lotz,* in: Ennuschat/Stern, GS Tettinger, S. 215 (222).

462 S. o. S. 76 f.

463 Dieses hat auch das *VG Saarlouis,* Urt. v. 13.2.1998 – 11 K 295/93 – anerkannt, nachdem es zuvor die gegenteilige Auffassung vertreten hatte (s. Fn. 459); so auch *Schoch,* in: Henneke/Maurer/Schoch, Die Kreise im Bundesstaat, S. 9 (22); *Ehlers,* DVBl. 1997, 225 (226); *Löwer,* in: v. Münch/Kunig, GG, Bd. 2, Art. 28, Rn. 87; *Dietlein/Lotz,* in: Ennuschat/Stern, GS Tettinger, S. 215 (218).

464 *BVerwG,* Beschl. v. 28.2.1997 – 8 N 1/96 –, in: NVwZ 1998, 63 (65); *Ehlers,* DVBl. 1997, 225 (227); *Löwer,* in: v. Münch/Kunig, GG, Bd. 2, Art. 28, Rn. 87; *Schneider,* StGR 1999, Heft 3, 6 (12); *Schoch,* DVBl. 1995, 1047 (1051); *Lusche,* Selbstverwaltungsaufgaben, S. 139, jedoch einschränkend, S. 150 f.; a. A. *Beckmann,* DVBl. 1990, 1193 (1196); *Wimmer,* NVwZ 1998, 28 (30); *Schmidt-Jortzig,* DÖV 1993, 973 (981).

465 *VG Köln,* Urt. v. 5.3.1999 – 4 K 4892/95 –, Juris Rn. 91; Urt. v. 5.3.1999 – 4 K 8910/95 –, in: NWVBl. 1999, 351 (354). So auch *Ehlers,* DVBl. 1997, 225 (228).

aufgaben seien aber solche rein örtlichen Ursprungs.[466] Hinzu komme, dass das VG Köln bei der Bestimmung der lokalen Örtlichkeit auf die vom Bundesverwaltungsgericht[467] vorgenommene Definition abstelle; dieser aber habe das Bundes*verfassungs*gericht eine klare Absage erteilt[468]. Auch aus der Systematik ergebe sich nicht, dass der Gesetzgeber die Aufgabentypen übertragen habe. § 1 KrO, der von der Gegenansicht als Argument herangezogen werde, bringe – nicht zuletzt aufgrund der amtlichen Überschrift (»Wesen der Kreise«) – zum Ausdruck, dass in dieser Norm etwas Anderes als einer Kompetenzzuweisung vorgenommen werden sollte.[469] Der Wirkungskreis sei in § 2 KrO geregelt. Unabhängig von der Frage, ob das Handeln der Kreise immer, wie es § 1 I KrO verlangt, zum Besten der kreisangehörigen Gemeinden ist[470], spreche weiterhin gegen die Zuweisung, dass § 2 Abs. 1 S. 2 KrO die Wahrnehmung örtlicher Aufgaben als unberührt bleibend normiert, da Ergänzungs- und Ausgleichsaufgaben ein Unterfall überörtlicher Angelegenheiten seien.[471] Schließlich ergebe sich auch aus teleologischer Interpretation des § 2 Abs. 1 KrO, dass eine Trennung der überörtlichen von den ergänzenden und ausgleichenden Aufgaben überzeugend und folgerichtig sei, da sich letztere, auf den örtlichen Wirkungskreis der kreisangehörigen Gemeinden bezögen und damit für deren Selbstverwaltungsrecht unmittelbar von Belang seien.[472]

Die gegenteilige Ansicht bejaht zu Recht die Zuweisung von Ausgleichs- und Ergänzungsaufgaben durch § 2 Abs. 1 S. 1 KrO. Bereits der Wortlaut macht deutlich, dass eine gleichmäßige Versorgung der Einwohner im Kreisgebiet erreicht werden soll, für die es aber Ergänzungs- und Ausgleichsaufgaben bedarf.[473] § 2 Abs. 1 S. 2 KrO ändert an dieser Aussage

466 In diese Richtung auch *Schoch,* in: Henneke/Meyer, Kommunale Selbstverwaltung, S. 11 (39); deutlich: *Dietlein/Lotz,* in: Ennuschat/Stern, GS Tettinger, S. 215 (223 ff.); *Schneider,* StGR 1999, Heft 3, 6 (13).

467 *BVerwG,* Urt. v. 4.8.1983 – 7 C 2.81 –, in: BVerwGE 67, 321 (324 f.) = DVBl. 1983, 1152 (1153 f.) = NVwZ 1984, 176 (177).

468 *BVerfG,* Beschl. v. 23.11.1988 – 2 BvR 1619, 1628/83 (»Rastede«) –, in: BVerfGE 79, 127 (152) = DVBl. 1989, 300 (303) = NVwZ 1989, 347 (350).

469 *Dietlein/Lotz,* in: Ennuschat/Stern, GS Tettinger, S. 215 (226).

470 Zweifelnd *Beutling,* Ergänzungsaufgaben, S. 80.

471 *Schoch,* DVBl. 1995, 1047 (1051 f.); *ders.* in: Henneke/Maurer/Schoch, Die Kreise im Bundesstaat, S. 9 (32); *Schink,* DVBl. 2003, 417 (423).

472 *Dietlein/Lotz,* in: Ennuschat/Stern, GS Tettinger, S. 215 (229).

473 *VG Köln,* Urt. v. 5.2.1999 – 4 K 4892/95 –, Juris Rn. 91; Urt. v. 5.3.1999 – 4 K 8910/95 –, in: NWVBl. 1999, 351 (354); *Ehlers,* DVBl. 1997, 225 (228); *Ernst,* Kreisentwicklungsplanung, S. 179.

nichts. Diese Bestimmung wiederholt das Aufgabenverteilungsprinzip des Art. 28 Abs. 2 S. 1 GG und bringt zum Ausdruck, dass die kreiskommunale Aufgabenwahrnehmung die gemeindliche nicht beschränken soll.[474] Schließlich spricht auch § 2 Abs. 1 S. 3 KrO für die gesetzliche Zuweisung.[475] Nach dieser Vorschrift können mehrere Gemeinden überörtliche, auf ihre Gebiete begrenzte Aufgaben durch Zweckverbände oder im Wege öffentlich-rechtlicher Vereinbarungen durchführen. Allein aus verfassungsrechtlichen Gründen wird hierdurch der Begriff der Überörtlichkeit auf Aufgaben beschränkt, die zumindest auch in der Gemeinde wurzeln. Gäbe es diese Norm nicht, würde der Gesetzgeber den Gemeinden Aufgaben gewähren, die zuständigkeitsfremd wären.[476] Im Hinblick auf eine Zusammenschau der Sätze 1 und 3 des § 2 KrO ist davon auszugehen, dass der Gesetzgeber – wenn schon in einem Absatz die gleichen Worte gewählt werden – hierunter auch das gleiche zu verstehen geben wollte. Diese Auslegung wird auch durch den Gesamtzusammenhang mit anderen Vorschriften der KrO gestützt. Verlässt man § 2 Abs. 1 KrO und zieht andere Begründungsansätze heran für die Übertragung von Ergänzungsaufgaben, so untermauert § 56 Abs. 4-6 KrO die bisherige Argumentation. Nach § 56 Abs. 4 KrO muss (nach § 56 Abs. 6 KrO kann) der Kreis eine differenzierte Kreisumlage festsetzen, wenn einzelne kreisangehörige Gemeinden Einrichtungen des Kreises in Anspruch nehmen. Dieses setzt aber notwendigerweise voraus, dass der Kreis für solche Einrichtungen überhaupt eine Kompetenz hat.[477] Auch die historische Auslegung des § 2 Abs. 1 S. 1 KrO spricht für die Zuweisung der beiden Aufgabentypen. Diese Norm geht zurück auf die Bestimmung des § 2 Abs. 1 S. 1 LKrONRW[478], die vom Wortlaut – abgesehen von der Bezeichnung Landkreise statt Kreise – identisch mit der jetzt gültigen Bestimmung ist. Nach § 2 Abs. 1 S. 1 LKrONRW sollten überörtliche Angelegenheiten »in der Regel Angelegenheiten sein, deren einheitliche Durchführung in den kreisangehörigen Gemeinden erforderlich ist oder die von den kreisangehörigen Gemeinden

474 *Ehlers,* DVBl. 1997, 225 (228).

475 Dagegen: *Schneider,* StGR 1999, Heft 3, 6 (13).

476 *Ehlers,* DVBl. 1997, 225 (228).

477 *Schoch,* DVBl. 1995, 1047 (1052) (aber nur bzgl. der Ergänzungsaufgaben); ebenso *Ehlers,* DVBl. 1997, 225 (229); *Schink,* DVBl. 2003, 417 (423).

478 Landkreisordnung für das Land Nordrhein-Westfalen v. 21.7.1953, GVBl. NRW 1953, S. 305 ff.

wegen ihrer geringen Leistungsfähigkeit und Größe nicht erfüllt werden können«[479]. Damit aber sind genau die Merkmale umschrieben, die die Ergänzungs- und Ausgleichsaufgaben kennzeichnen.[480]

Daher ist festzuhalten, dass den Kreisen durch § 2 Abs. 1 S. 1 KrO Ausgleichs- und Ergänzungsaufgaben zugewiesen sind.

IV. Eigenverantwortlichkeit

Wie auch Art. 28 Abs. 2 GG gewährt Art. 78 Abs. 1 LV die eigenverantwortliche Aufgabenwahrnehmung. Insoweit kann auf die obigen Ausführungen[481] verwiesen werden.

B. Aufgaben der Landschaftsverbände

Schließlich ist fraglich, ob Art. 78 Abs. 2 LV auch eine Allzuständigkeit für die Landschaftsverbände statuiert. Dieses ist abzulehnen. Historisch betrachtet wollte der Landesverfassungsgeber die Landschaftsverbände nicht in den Gewährleistungsbereich des Art. 78 Abs. 2 LV fassen. Unter Gemeindeverbänden im Sinne der Abs. 2 bis 4 des Art. 78 LV verstand der Verfassungsgeber ausschließlich die Kreise.[482] Anderes ergibt sich auch nicht aus der Entscheidung des Verfassungsgerichtshofs des Landes bezüglich des Entzugs der Straßenbauverwaltung.[483] Das Gericht lässt hier ausdrücklich offen, ob den Landschaftsverbänden als Gemeindeverbänden die Gewährleistung des Abs. 2 zugute kommt. Den Ausführungen des Gerichts ist nur zu entnehmen, dass den Landschaftsverbänden die Aufgabenwahrnehmung in Form der Selbstverwaltung gewährleistet wird. Die Landschaftsverbände sind von einer einfachgesetzlichen Aufgabenzuweisung abhängig. § 5 LVerbO zählt die Aufgaben der Landschaftsverbände abschließend auf. Bei der Klassifikation der Aufgaben der Landschaftsverbände bedarf es nach Ansicht des VerfGH einer Rückbesinnung auf Struktur und Funktion der Landschaftsverbände. Durch die Existenz als höhere Kommunalverbände wird impliziert, dass es sich bei den Aufgaben nur um kommunale

479 *LT-Drucks. NRW* II/1062, Begründung B Zweiter Teil, I. Abschnitt, zu § 2 Nr. 1.

480 *VG Köln,* Urt. v. 5.2.1999 – 4 K 4892/95 –, Juris, Rn. 103; Urt. v. 5.3.1999 – 4 K 8910/95 –, in: NWVBl. 1999, 351 (354).

481 S. o. S. 56 f.

482 *Oebbecke,* Gemeindeverbandsrecht, Rn. 36; *Erichsen,* KommR NRW, S. 361.

483 *VerfGHNRW,* Urt. v. 26.6.2001 – VerfGH 28/00 und 30/00 (»Straßenbau«) –, in: NWVBl. 2001, 340 ff.

Aufgaben, nicht aber um originär staatliche Aufgaben handeln kann.[484] Neben der kommunalen Komponente bedarf es eines zweiten Aspektes. Die von den Landschaftsverbänden wahrzunehmenden Aufgaben müssen einen übergemeindlichen und überkreislichen, also einen regionalen Bezug besitzen, die Aufgaben müssen daher zumindest mehrere Kreise umfassen, wenn nicht sogar alle Kreise und kreisfreien Städte innerhalb des jeweiligen Landschaftsverbandes. Somit ergibt sich als landschaftsverbandlicher Aufgabenbereich nach dem VerfGH folgende Definition: »Kommunale Angelegenheiten der Landschaftsverbände sind Aufgaben, die kommunalen Ursprungs sind, aber weder von Gemeinden noch von Kreisen je für sich, sondern gemeinsam wahrgenommen werden«[485], auf die Art der Wahrnehmung und den Zeitraum, in dem die Aufgabe von den Landschaftsverbänden wahrgenommen wurde (selbst, wenn dieses beanstandungsfrei der Fall war), kommt es nicht an[486].

Dabei kann eine Klassifizierung der landschaftsverbandlichen Aufgaben in zweierlei Richtung erfolgen: Zum einen kann innerhalb dieses Katalogs zwischen freiwilligen Selbstverwaltungsangelegenheiten, Pflichtaufgaben und Pflichtaufgaben zur Erfüllung nach Weisung differenziert werden[487]: Als *freiwillige Selbstverwaltungsangelegenheiten* können dabei nur Teile der Jugendhilfe, die Trägerschaft von Fachkrankenhäusern i. S. d. § 5 Abs. 1 S. 1 Buchst. a) Nr. 4, die Trägerschaft von Heilbädern gem. § 5 Abs. 2 LVerbO und für den Landschaftsverband Westfalen-Lippe die Möglichkeit der zur-Verfügung-Stellung von Personal für die Westfälische landwirtschaftliche Berufsgenossenschaft und der Westfälischen landwirtschaftlichen Alterskasse (§ 5 Abs. 4 LVerbO) klassifiziert werden.[488]

---

484 *Tettinger,* in: Löwer/Tettinger, LV, Art. 78, Rn. 79.

485 *VerfGHNRW,* Urt. v. 26.6.2001 – VerfGH 28/00 und 30/00 (»Straßenbau«) –, in: NWVBl. 2001, 340 (345); *Becker,* DÖV 1986, 779 (781); *Klöck,* NWVBl. 2000, 45 (46); in diese Richtung auch: *Burgi/Ruhland,* Regionale Selbstverwaltung, S. 18; *Wolff/Bachof/Stober,* VerwR, Bd. II, 5. Auflage, § 90 VII. 1. a).

486 *VerfGHNRW,* Urt. v. 26.6.2001 – VerfGH 28/00 und 30/00 (»Straßenbau«) –, in: NWVBl. 2001, 340 (345).

487 Zu den Aufgabentypen nach der LVerbO Mitte der 80iger Jahre: *Becker,* DÖV 1986, 779 (782 f.).

488 Zu ersterem bereits zur »alten« Rechtslage: *Leiers,* Verfassungs- und Aufgabenstruktur, S. 51.

Um *Pflichtaufgaben* handelt es sich bei der Stellung als überörtlicher Träger der Sozialhilfe (§ 5 Abs. 1 S. 1 Buchst. a) Nr. 1 LVerbO), der Kriegsopferfürsorge und nach dem Schwerbehindertengesetz (§ 5 Abs. 1 S. 1 Buchst. a) Nr. 2 LVerbO), als Landesjugendamt (§ 5 Abs. 1 S. 1 Buchst. a) Nr. 3 LVerbO mit Ausnahme der Maßnahmen nach § 85 Abs. 2 Nr. 6 SGB VIII, welche gem. § 15 Abs. 1 S. 1 AG KJHG als Pflichtaufgabe zur Erfüllung nach Weisung ausgeführt werden) und als Träger von Sonderschulen (§ 5 Abs. 1 S. 1 Buchst. a) Nr. 5 LVerbO) sowie bei den Bereichen der Kulturpflege (§ 5 Abs. 1 S. 1 Buchst. b) LVerbO) und Kommunalwirtschaft (§ 5 Abs. 1 S. 1 Buchst. c) LVerbO). *Pflichtaufgaben zur Erfüllung nach Weisung* sind teilweise die überörtliche Trägerschaft der Jugendhilfe, Maßnahmen nach dem Maßregelvollzugsgesetz, die Eigenschaft als Bewilligungsbehörde für Landeszuwendungen an öffentliche und an freie Träger in den Bereichen Jugendhilfe, Alten-, Familien- und Sozialhilfe und die Trägerschaft von psychiatrischen Krankenhäusern. Zum anderen können die Aufgaben der Landschaftsverbände auch nach anderen Gesichtspunkten klassifiziert werden[489]. Sie können unterteilt werden in: Erstens die landschaftsbezogenen Aufgaben. Diese kennzeichnen sich dadurch, dass die Aufgaben in einem bestimmten Gebiet des regionalen Kompetenzträgers entstehen, die Aufgabenerfüllung aber nur für das gesamte Gebiet eines Landschaftsverbandes bzw. einen abgegrenzten Teilbereich einheitlich möglich ist. Hierbei kommt es auf die Leistungskraft der Mitgliedskörperschaften nicht an. Gleichzeitig darf die Aufgabe den Rahmen der Landschaft nicht sprengen. Zweitens die Ergänzungsaufgaben. Diese zeichnen sich dadurch aus, dass ihre Erfüllung den Kreisen und kreisfreien Städten wegen ihrer inhaltlichen Bedeutung, ihres Umfangs oder aus sonstigen Gründen mangels ausreichender Verwaltungskraft oder Verwaltungsfrequenz ohne einen beratenden, betreuenden oder fördernden spezialisierten Verbandsapparat nicht möglich wäre.[490] Und drittens die Ausgleichsaufgaben, deren Ausgleichscharakter sich aus den Bedürfnissen einzelner leistungsschwacher Verwaltungsträger der unteren Ebene, deren Verwaltungskraft zur Erfüllung der ihnen obliegenden Aufgaben nicht ausreicht, ergibt. Erst durch die Ausgleichsaufgaben

489 Zu Folgendem s. *Burgi/Ruhland,* Regionale Selbstverwaltung, S. 52 ff.; so auch schon *Naunin,* Entstehung und Sinn, S. 10 f.

490 *Burgi/Ruhland,* Regionale Selbstverwaltung, S. 53.

wird eine gleichmäßige Versorgung der Bevölkerung in allen Teilen des Verbandsgebiets gewährleistet.[491]

491 *Burgi/Ruhland,* Regionale Selbstverwaltung, S. 54.

Vierter Teil: Voraussetzungen für Aufgabenverlagerungen

§ 7 Schutz vor Kompetenzverlagerungen

A. Gesetzgebungskompetenz für Kompetenzverlagerungen

Bevor untersucht werden kann, welche konkreten Maßstäbe bei Kompetenzverlagerungen Berücksichtigung finden müssen, ist zu untersuchen, wer verfassungsrechtlich überhaupt dazu berufen ist, Zuständigkeiten zu ändern und damit Adressat entsprechender Vorgaben ist.

I. Zuständigkeit des Bundes

Als möglicher Regelungsberechtigter für Kompetenzverlagerungen kommt zunächst der Bund in Betracht.

Bis zum 1.9.2006 konnte der Bund – gestützt auf Art. 84 Abs. 1 GG a. F. – den Kreisen und kreisfreien Städten Aufgaben unmittelbar zuweisen, wenn es sich um eine punktuelle Annexregelung handelte und diese Zuweisung für die ordnungsgemäße Ausführung der Aufgabe notwendig war.[492] Hiervon hat der Bund in unterschiedlicher Häufigkeit Gebrauch gemacht. Zumeist in Leistungsgesetzen des Sozialrechts hat er unmittelbar bestimmt, wer als örtlicher Träger der Leistungen anzusehen ist[493] und diesen Aufgaben unmittelbar zugewiesen. Die Bestimmung der überörtlichen Ebene oblag nach den Bundesgesetzen stets dem Landesgesetzgeber[494], aber auch hier hat der Bund Regelungen über sachliche Zuständigkeiten getroffen. Mangels grundgesetzlicher Konnexitätsregelung zwischen Bund und Kommunen musste der Bund die Kosten, die den Kommunen aus der Aufgabenübertragung erwuchsen, nicht ausgleichen.[495]

---

492 *BVerfG,* Urt. v. 18.7.1967 – 2 BvF 3, 4, 5, 6, 7, 8/62; 2 BvR 139, 140, 334, 335/62 –, in: BVerfGE 22, 180 (210).

493 In fast allen Fällen waren dies die Kreise und kreisfreien Städte, vgl. etwa § 6 Abs. 1 S. 1 Nr. 2 SGB II; § 69 Abs. 1 S. 2 SGB VIII; § 3 Abs. 2 S. 1 HS. 1 SGB XII.

494 Statt aller § 69 Abs. 1 S. 3 SGB VIII; § 3 Abs. 3 SGB XII.

495 *Schoch/Wieland,* Grundsicherungsgesetz, S. 40.

Durch das Gesetz zur Änderung des Grundgesetzes[496] (»Föderalismusreform I«) wurde dem Bund eine unmittelbare Aufgabenzuweisung an Kommunen untersagt. Gemäß Art. 84 Abs. 1 S. 7 GG n. F. können durch Bundesgesetz keine Aufgaben mehr übertragen werden. Eine Kompetenzübertragung obliegt seit In-Kraft-Treten der Föderalismusreform I nur noch den Ländern. Nach Art. 83 ff. GG kommt ihnen die Verwaltungsorganisation zu.[497] Mangels Durchgriffskompetenz wird der Bund die Zuständigkeiten in den »neuen«, nach dem 1.9.2006 erlassenen Gesetzen nicht mehr regeln können. Für einen solchen Sachverhalt kann er damit verfassungsrechtlichen Bindungen nicht unterliegen.[498]

Anders könnte die Rechtslage jedoch in den Fällen sein, in denen der Bund die sachliche Zuständigkeitsbestimmung in vor dem 1.9.2006 erlassenen Gesetzen, die einem Träger einen bestimmten Aufgabenkomplex zuweisen, ändern möchte. So könnte der Bund eine sachliche Zuständigkeit dergestalt ändern, dass von nun an nicht mehr der örtliche Träger für eine bestimmte Aufgabe zuständig ist, sondern der überörtliche.[499] Für einen solchen Fall stellt sich die Frage, ob dem Bund für eine solche Änderung noch die Kompetenz zusteht. Für das Weiterbestehen einer Gesetzgebungskompetenz wird angeführt, dass es dem Bundesgesetzgeber weiterhin möglich sein muss, damals kompetenzwirksam erlassene Regelungen zu ändern und den neuen Gegebenheiten – beispielsweise einer deutlichen Stärkung bzw. Schwächung einer Ebene – anzupassen.[500] Diese Anpassungskompetenz könne, so die Vertreter dieser Ansicht, aber nur so lange gelten, wie der Landesgesetzgeber nicht von seiner neu gewonnenen Regelungskompetenz Gebrauch mache und das Bundesrecht durch Landesrecht ersetze.[501] Untermauert werde diese Ansicht durch die Entstehungsgeschichte. So habe der Entwurf des Bundesrats zur Änderung des Art. 125a GG zunächst vorgesehen, den Absatz 1 Satz 2 des Artikels, der Übergangsregelungen zu Änderungen der Gesetzgebungskompetenz normiert, wie folgt zu

496 BGBl. I 2006, S. 2034.

497 *BT-Drucks.* 16/813, S. 15.

498 Ebenfalls untersagt sein soll dem Bund seit dem 1.9.2006 die Erweiterung einer bereits bestehenden Aufgabe, beispielsweise die Erhöhung von Standards. So: *Schoch,* DVBl. 2007, S. 261 ff.; *Henneke,* DVBl. 2006, 867 ff.; *Burgi,* DVBl. 2007, 70 (77). Differenzierend: *Kesper,* NdsVBl. 2006, 145 ff.

499 Ähnlich gelagert ist der Fall, in dem der Bundesgesetzgeber eine Zweifelsregelung, wie beispielsweise in § 97 Abs. 3 SGB XII, schafft.

500 *Jarass,* in: Jarass/Pieroth, GG, Art. 125a, Rn. 3.

501 *Uhle,* in: Maunz/Dürig, GG, Bd. VI, Art. 125a, Rn. 27 m. w. N.

formulieren: »Es kann durch Landesrecht aufgehoben oder ergänzt werden.«[502] Diese Formulierung sei bewusst nicht in das Grundgesetz aufgenommen worden, woraus zu folgern sei, dass für das fortbestehende Bundesrecht auch weiterhin eine Kompetenz des Bundesgesetzgebers bestehen solle.[503] Auch der »actus contrarius«-Gedanke spreche für diese Ansicht. Dem Bund auf der einen Seite eine »Gebungskompetenz« zuzugestehen, aber eine »Nehmungskompetenz« zu verweigern, würde die Position des Bundes in diesem Bereich schwächen, zumal ein Durchgriff auf die kommunale Ebene nur unter engen Voraussetzungen zulässig gewesen sei und der richterlichen Kontrolle unterlegen habe.

Dieser Auffassung, die dem Bund eine entsprechende Änderungszuständigkeit zuspricht, ist entgegenzutreten. Gegen die weitere Möglichkeit der Kompetenzverlagerung durch den Bund spricht Art. 84 Abs. 1 GG n. F. i. V. m. Art. 125a Abs. 1 GG n. F. Hiernach gilt als Bundesrecht erlassenes Recht fort, auch wenn es durch die Einfügung des Art. 84 Abs. 1 S. 7 GG nicht mehr als Bundesrecht erlassen werden kann (S. 1), wobei es durch Landesrecht ersetzt werden kann (S. 2). Durch diese Normierung ist dem Bund eine Kompetenzverlagerung vollständig untersagt worden. Art. 125a Abs. 1 S. 1 GG betrifft nämlich nur *die* Fälle der Fortgeltung des Rechts, für die der Kompetenztitel des Grundgesetzes durch die Änderung weggefallen ist.[504] Dieses ist aber ausweislich des eindeutigen Wortlautes des Art. 125a Abs. 1 S. 1 GG n. F. genau die Kompetenz, die Gemeinden und Gemeindeverbände durch Bundesgesetz zu sachlich zuständigen Ebenen zu erklären. Wenn dem Bund aber nunmehr eine Kompetenzzuweisung an eine Ebene versagt ist, dann muss dieses auch für die Änderung eines bestehenden Bundesdurchgriffs gelten. Eine reine Aufhebung von Zuständigkeiten kann nur sinnvoll durchgeführt werden, wenn die Aufgabe einer anderen Ebene zugewiesen wird. Dieses gilt auch in den Fällen, in denen zuvor eine kommunale Trägerschaft begründet war, weil auch dieses unter den Begriff des »Übertragens« i. S. d. Art. 84 Abs. 1 S. 7 GG n. F. fällt.[505] Auch Sinn und Zweck des Durchgriffsverbots stützen das Verbot einer fortdauernden Berechtigung, Zuständigkeitsänderungen vorzunehmen. Der Grundgesetz ändernde Gesetzgeber wollte mit der Einfügung des Art. 84 Abs. 1 S. 7 GG

502 Nachweise bei *Uhle,* in: Maunz/Dürig, GG, Bd. VI, Art. 125a, Rn. 2 ff.
503 *Uhle,* in: Maunz/Dürig, GG, Bd. VI, Art. 125a, Rn. 27.
504 *Wolff,* in: v. Mangoldt/Klein/Starck, GG, Bd. 3, Art. 125a, Rn. 5.
505 *SachsAnhVerfGH,* Urt. v. 14.9.2004 – LVG 7/03 –, in: LKV 2005, 218 (219).

verhindern, dass der Bund die Durchführung kostenintensiver Gesetze den Gemeinden und Gemeindeverbänden auferlegt, ohne hierfür – mangels Konnexitätsregelung – die Kosten tragen zu müssen.[506] Hierdurch sollten die finanziellen Nöte der Kommunen zumindest in Zukunft abgemildert und so die kommunale Selbstverwaltung (wieder) gestärkt werden. Nur die Länder sollten die Zuständigkeiten festlegen, mit der Folge, dass die landesverfassungsrechtlichen Normen zum Konnexitätsprinzip Anwendung fänden.[507] Dieses Ziel wird verhindert, wenn der Bund auch weiterhin eine Änderung bestehender Zuständigkeiten für bestehende Leistungsgesetze vornehmen darf. Schließlich kommt hinzu, dass der Bundesgesetzgeber nicht einmal bestimmen könnte, dass höhere Gemeindeverbände eine Aufgabe von nun an wahrnehmen sollen, da ihm für die Entscheidung, ob ein Land einen höheren Gemeindeverband einrichtet oder nicht, zweifelsohne keine Kompetenz zukommt.

Der Bund hat demnach keine Regelungsbefugnis für Zuständigkeitsänderungen.

II. Zuständigkeit des Landes

Die Zuständigkeit für Kompetenzverlagerungen kommt somit allein dem Land zu. Sie ergibt sich nicht aus der Gesetzgebungskompetenz des Landes aus Art. 70 Abs. 1 GG – diese Bestimmung betrifft nur die rein materiellrechtlichen Regelungskompetenzen für gewisse Sachgebiete –, sondern aus Art. 83 f. GG. Hiernach führen die Länder die Gesetze des Bundes als eigene Angelegenheiten aus. Diese Bestimmung enthält einen Organisationsvorbehalt der Länder[508], die neben dem Verfahren auch die zuständigen Stellen für die Ausführung der Gesetze zu benennen haben[509]. Hierdurch ist sichergestellt, dass eine lückenlose Aufgabenwahrnehmung gewährleistet wird. Wegen der Verpflichtung der Länder, »ihre Verwaltung nach Art, Umfang und Leistungsvermögen entsprechend den Anforderungen sachgerechter Erledigung des sich aus der Bundesgesetzgebung ergebenden

506 *Henneke,* DVBl. 2006, 867 (868 f.); *Schoch,* DVBl. 2007, 261 (262 f.).

507 *BT-Drucks.* 16/813, S. 15.

508 *Trute,* in: v. Mangoldt/Klein/Starck, GG, Bd. 3, Art. 83, Rn. 12 und 74.

509 *BVerfG,* Urt. v. 10.12.1980 – 2 BvF 3/77 –, in: BVerfGE 55, 274 (317); Beschl. v. 25.6.1974 – 2 BvF 2, 3/73 –, in: BVerfGE 37, 363 (385); *Trute,* in: v. Mangoldt/Klein/Starck, GG, Bd. 3, Art. 83, Rn. 6; Art. 84, Rn. 8; *Schoch/Wieland,* Grundsicherungsgesetz, S. 32; so indirekt auch *Bovenschulte,* Gemeindeverbände, S. 231.

Aufgabenbestandes einzurichten«[510], ist es den Ländern verwehrt, von einer Bestimmung der zuständigen Stelle abzusehen, um ein Eingreifen der landesverfassungsrechtlichen Konnexitätsregelung zu vermeiden.

B. Rechtfertigungsbedürftigkeit von Zuständigkeitsänderungen

Fraglich ist, ob der Landesgesetz- bzw. -verordnungsgeber[511] bei der Änderung sachlicher Aufgabenzuständigkeiten verfassungsrechtlichen Bindungen unterworfen ist. Solchen unterliegt er unter anderem dann, wenn es durch die Zuständigkeitsänderung zu einem Eingriff in den Gewährleistungsbereich kommunaler Selbstverwaltung kommt. Ein Eingriff ist nur dann gegeben, wenn die Regelung den Adressaten überwiegend belastet.[512]

An einer solchen Belastung könnte es indes fehlen, wenn den Kreisen und kreisfreien Städten als Äquivalent zum Aufgabenentzug in der Landschaftsversammlung Mitwirkungsrechte eingeräumt sind und sie hierüber Einfluss auf die Entscheidungen der Landschaftsverbände ausüben können (Kompensationsmodell). Unabhängig von der Frage, ob Mitwirkungsrechte geeignet sind, Kompetenzverluste auszugleichen[513], besteht schon rein rechtlich keine unmittelbare Einflussmöglichkeit der Mitgliedskörperschaften auf die Entscheidungen der Landschaftsverbände. Zwar wählen die Mitgliedskörperschaften der Landschaftsverbände ihre Vertreter für die Landschaftsverbände. Doch nach dieser Wahl sind die gewählten Mitglieder der Landschaftsversammlung weisungsfrei, § 15 Abs. 1 LVerbO. Der Einfluss der Mitgliedskörperschaften endet also mit der Wahl der Mitglieder der

510 *BVerfG,* Urt. v. 10.12.1980 – 2 BvF 3/77 –, in: BVerfGE 55, 274 (317); Beschl. v. 25.6.1974 – 2 BvF 2, 3/73 –, in: BVerfGE 37, 363 (385).

511 Dass auch der Landesverordnungsgeber an die Maßstäbe aus Art. 78 LV gebunden ist, ist unstreitig, vgl. *VerfGHNRW,* Urt. v. 11.7.1980 – VerfGH 8/79 (»Dürener Sparkasse«) –, in: DÖV 1980, 691 (692).

512 Statt aller: *Jarass,* in: Jarass/Pieroth, GG, Vorb. vor Art. 1, Rn. 25.

513 Zur Geltung s. *Klein,* DVBl. 1981, 661 (663 ff.); *Henrich,* Kommunale Beteiligung, S. 107; *Blümel,* VVDStRL 36 (1977), 171 (248); gegen die Geltung: *Roters,* Kommunale Mitwirkung, S. 63. Für Ausgleich des Aufgabenentzugs durch Mitwirkungsrechte: *Ahlers,* Beteiligungsrechte, S. 166; dagegen: *VerfGHNRW,* Urt. v. 11.7.1980 – VerfGH 8/79 (»Dürener Sparkasse«) –, in: DÖV 1980, 691 (692 f.); *SächsVerfGH,* Urt. v. 23.11.2000 – Vf. 62-II-99 (»Sachsen-Finanzverband«) –, in: DVBl. 2001, 293 (298); *v. Mutius,* Gutachten E, S. 21 f. Einschränkend (nur unter engen Voraussetzungen): *Schmidt-Jortzig,* KommR, Rn. 504; *Erichsen,* KommR NRW, S. 373 f.; *Schink,* in: Schmidt-Jortzig/Schink, Subsidiaritätsprinzip, S. 25 (55); *Henrich,* Kommunale Beteiligung, S. 110.

Landschaftsversammlung. Nur bis zu dieser Wahl können die Räte und Kreistage durch die Bestimmung der Kandidaten dafür sorgen, dass die Interessen der Kommune intensiv vertreten werden. Auch der Umstand, dass die höheren Gemeindeverbände die Mitgliedskörperschaften bei der Aufgabenerfüllung durch Satzung heranziehen können, wie es den Landschaftsverbänden auf der Grundlage von § 7 Abs. 1 Buchst. d) i. V. m. § 6 LVerbO möglich ist, ändert an dem Vorliegen eines Eingriffs nichts.[514] Durch die Heranziehung erlangen die Kreise und kreisfreien Städte kein gleichwertiges Äquivalent, das eine überwiegende Belastung ausschließt. Faktisch bleibt den herangezogenen Kommunen zwar die Aufgabe bestehen, rechtlich jedoch nicht. Sie handeln nicht »auf eigenem Briefkopf«, sondern immer auf fremdem. Eine überwiegende Belastung und damit ein Eingriff liegen somit vor. Die bis vor dem Rastede-Beschluss geäußerte Ansicht, ein Eingriff in die kommunale Selbstverwaltungsgarantie scheide bei einer Aufgabenverlagerung innerhalb verschiedener kommunaler Körperschaften mangels interkommunaler Geltung der Garantie aus[515], ist spätestens seit dem 23.11.1988 nicht mehr haltbar. Das Bundesverfassungsgericht hat an diesem Tage festgestellt, dass die kommunale Selbstverwaltungsgarantie auch interkommunal Geltung erlangt.[516] Dieses gilt nicht nur für das Verhältnis Gemeinde/Kreis, sondern auch für das Verhältnis von verschiedenen Gemeindeverbänden untereinander.

Mithin ist festzustellen, dass auch bei einer Kompetenzverlagerung innerhalb der kommunalen Körperschaften ein rechtfertigungsbedürftiger Eingriff in die Garantie der kommunalen Selbstverwaltung vorliegt.

I. Rechtfertigungsbedürftigkeit des Aufgabenentzugs bei gemeindlicher Zuständigkeit

Wird eine gemeindliche Aufgabe auf eine höhere, auch interkommunale Ebene gezont, so müssen zur Rechtfertigung dieser Verlagerung die im Rastede-Beschluss aufgestellten Vorgaben beachtet werden. Ein Aufgabenentzug ist hiernach nicht gerechtfertigt, wenn es dem Gesetzgeber allein um

514 *SächsVerfGH,* Urt. v. 23.11.2000 – Vf. 62-II-99 (»Sachsen-Finanzverband«) –, in: DVBl. 2001, 293 (298).

515 *Pappermann/Roters/Vesper,* Maßstäbe, S. 29; weitere Nachweise bei *Schink,* in: Schmidt-Jortzig/Schink, Subsidiaritätsprinzip, S. 25 (54).

516 *BVerfG,* Beschl. v. 23.11.1988 – 2 BvR 1619, 1628/83 (»Rastede«) –, in: BVerfGE 79, 127 (150) = DVBl. 1989, 300 (301) = NVwZ 1989, 347 (349).

Verwaltungsvereinfachung oder Zuständigkeitskonzentration – etwa im Interesse der Übersichtlichkeit der öffentlichen Verwaltung – geht, oder er aus Gründen der Wirtschaftlichkeit und Sparsamkeit der öffentlichen Verwaltung insgesamt eine »Hochzonung« vornimmt. Gründe der Wirtschaftlichkeit und Sparsamkeit rechtfertigen eine Kompetenzverlagerung nicht schon aus sich heraus, sondern erst dann, wenn ein Belassen der Aufgabe bei den Gemeinden zu einem unverhältnismäßigen Kostenanstieg führen würde. Dass andere Aufgabenträger in größeren Erledigungsräumen dieselbe Aufgabe insgesamt wirtschaftlicher erledigen könnten, gestattet – jedenfalls grundsätzlich – keinen Aufgabenentzug. Vielmehr erhält die politisch-demokratische Funktion der kommunalen Selbstverwaltung gegenüber rein ökonomischen Gesichtspunkten den Vorzug.[517]

II. Rechtfertigungsbedürftigkeit des Aufgabenentzugs bei kreiskommunaler Zuständigkeit

Zweifelhaft erscheint jedoch, ob der Gesetzgeber auch dann entsprechenden verfassungsrechtlichen Bindungen unterliegt, wenn er Aufgaben von der Ebene der Kreise verlagert.

So wird teilweise vertreten, dass sich die Kreise nicht auf eine Verletzung der Garantie der kommunalen Selbstverwaltung berufen können, wenn der Gesetzgeber bestehende Aufgaben entziehe.[518] Sei der Gesetzgeber in seiner Entscheidung frei, den Gemeindeverbänden eine Aufgabe zuzuweisen, so müsse die Bindungsfreiheit auch beim Entzug einer Aufgabe gegeben sein, da beim actus contrarius keine strengeren Anforderungen gestellt werden könnten.[519] Es sei äußerstenfalls überlegenswert, dem Gesetzgeber eine besondere Begründungslast für die Übertragung einer Kreisaufgabe auf nicht unmittelbar demokratische legitimierte Hoheitsträger aufzuerlegen.[520] Der Aufgabenentzug von Zweckaufgaben sei so lange nicht zu beanstanden,

517 Zu den Voraussetzungen s. *BVerfG,* Beschl. v. 23.11.1988 – 2 BvR 1619, 1628/83 (»Rastede«) –, in: BVerfGE 79, 127 (153) = DVBl. 1989, 300 (302) = NVwZ 1989, 347 (350). *Bull,* DVBl. 2008, 1 (11) zweifelt daran, dass die Einschränkungen eines Aufgabenentzugs bezüglich Wirtschaftlichkeitsaspekten dauerhaften Bestand haben werden. Kritisch auch *Oebbecke,* in: Henneke, Optimale Aufgabenerfüllung im Kreisgebiet?, S. 47 (54).

518 *Birkenfeld-Pfeiffer/Gern,* KommR Hessen, S. 225; *Gern,* KommR BW, S. 484 f.

519 *Bovenschulte,* Gemeindeverbände, S. 222.

520 *Bovenschulte,* Gemeindeverbände, S. 222 f.

wie durch den Entzug das verfassungsrechtlich geforderte Aufgabenminimum nicht unterschritten werde.[521]

Anders die Gegenmeinung: Nach ihr unterliegt der Gesetzgeber auch dann den Bindungen der Bestimmung über die Selbstverwaltungsgarantie, wenn er Aufgaben der Kreise auf eine andere Ebene zont.[522] Entgegen der Ansicht, nach der Gemeindeverbände aufgrund des nur gesetzlich zugewiesenen Aufgabenbereichs keinen Schutz vor Aufgabenentzug genössen, stellt diese Ansicht darauf ab, dass die Gemeindeverbände nach einer Kompetenzzuweisung den Gemeinden im Recht der Selbstverwaltung in nichts nachstünden.[523] Ebenso spreche die institutionelle Garantie der Ebene der Kreise gegen einen voraussetzungslosen Entzug einer einmal vorgenommenen Zuweisung. Wie Art. 14 Abs. 1 GG sei Art. 28 Abs. 2 S. 2 GG eine normgeprägte Vorschrift. So gelte bei der Eigentumsgarantie des Art. 14 Abs. 1 GG, dass durch eine einfachgesetzliche Regelung verfassungsrechtliche Schutzpositionen ausgeformt würden, die nicht ohne Einschränkung wieder beseitigt werden könnten.[524] Auch wenn es sich bei Art. 14 GG um ein Grundrecht, bei Art. 28 Abs. 2 S. 2 GG um eine staatsorganisationsrechtliche Norm handele, seien sie strukturverwandt (weil normgeprägt), was eine unterschiedliche rechtliche Behandlung bei Einschränkungen der Rechtspositionen nicht rechtfertige.[525]

Für die Beantwortung dieser Frage muss zwischen dem grundgesetzlichen und dem landesverfassungsrechtlichen Schutz der Garantie der kommunalen Selbstverwaltung der Kreise unterschieden werden. Das Grundgesetz gewährt den Kreisen als Gemeindeverbänden nur einen gesetzlichen Aufgabenbereich. Dieser ist, wie dargestellt[526], nur insoweit vorgezeichnet, als den Kreisen aufgrund des Art. 28 Abs. 1 S. 2 GG ein gewisser Mindestbestand gewährleistet werden muss. Ein Schutz vor Aufgabenentzug ist erst

521 *Bovenschulte,* Gemeindeverbände, S. 227; *Falk,* kommunale Aufgaben, S. 175.

522 *Stüer,* Funktionalreform, S. 342; *Schink,* in: Schmidt-Jortzig/Schink, Subsidiaritätsprinzip, S. 25 (69); *Hlépas,* Unterschiedliche rechtliche Behandlung, S. 113 f.; *Püttner,* in: Krabs, Standort, S. 37 (46); *Meyer,* in: Mann/Püttner, HdbKWP, Bd. 1, S. 661 (671); so bereits *BVerfG,* Beschl. v. 17.1.1967 – 2 BvL 28/63 –, in: BVerfGE 21, 117 (129).

523 *Stüer,* Funktionalreform, S. 343; *Hlépas,* Unterschiedliche rechtliche Behandlung, S. 114, der einschränkt, dass dieses zumindest im Vergleich der Kreise zu anderen kommunalen Körperschaften gelte, die nicht über eine unmittelbare demokratische Legitimation verfügten.

524 *Henneke,* ZG 2002, 72 (100).

525 *Henneke,* ZG 2002, 72 (93); *Ipsen,* ZG 1994, 194 (203 f.).

526 S. o. S. 54 ff.

dann zu bejahen, wenn das grundgesetzlich vorgeschriebene Mindestmaß unterschritten wird.[527] Wann ein Unterschreiten des Mindestbestands angenommen werden kann, ist freilich nicht einfach zu bestimmen.[528] Die Übergänge sind fließend. Bei Aufgabenentziehungen und -zuweisungen, die diesen Mindestbestand nicht unterschreiten, scheidet ein Eingriff aus.[529] Nur bei dem Schutz der eigenverantwortlichen Aufgabenwahrnehmung stehen die Kreise den Gemeinden in nichts nach.

Die verfassungsrechtliche Lage in NRW stellt sich diesbezüglich anders dar. Art. 78 Abs. 2 LV gewährt den Kreisen die Trägerschaft aller öffentlichen Verwaltung auf ihrem Gebiet. Nach vorzugswürdiger Ansicht[530] erweitert Art. 78 Abs. 2 LV den Aufgabenbereich der Kreise zur Universalität des Wirkungskreises. Entzieht der Gesetzgeber eine Aufgabe aus diesem Gebiet, muss er verfassungsrechtliche Vorgaben für die Kompetenzverteilung beachten. Der Verfassungsgeber hat es ja geradezu beabsichtigt, die Gemeinden und Kreise aufgabenbezogen auf eine Ebene zu stellen und ihnen eine Allzuständigkeit zu gewähren. Alle Verwaltung, bis einschließlich der Kreisebene, ist gemeindliche oder gemeindeverbandliche Verwaltung.[531] Unter diesen Vorzeichen davon auszugehen, dass der Gesetzgeber keine verfassungsrechtlichen Vorgaben zu berücksichtigen hat, widerspräche der Intention des Verfassungsgebers. Untermauert wird dieses durch die Möglichkeit für die Kreise, gem. Art. 75 Nr. 4 LV i. V. m. § 52 VGHG kommunale Verfassungsbeschwerde zu erheben. Ein umfassender Rechtsschutz nach dieser Vorschrift ist nur gegeben, wenn neben dem Schutz der eigenverantwortlichen Aufgabenwahrnehmung auch ein Schutz vor Aufgabenverlagerungen, die mehr als nur den Entzug des nahezu gesamten Aufgabenbestandes umfassen, gewährt wird.[532] Eine Reduzierung der kommunalen Verfassungsbeschwerde auf die Fälle, in denen der Gesetzgeber die Eigenverantwortlichkeit aufhebt bzw. einschränkt oder die Kreise aller Aufgaben beraubt, würde bedeuten, dass der Gesetzgeber einen sehr umfangreichen

527 *BVerfG,* Urt. v. 20.12.2007 – 2 BvR 2433, 2434/04 (»ArGen«) –, in: DVBl. 2008, 173 (173); so auch *Falk,* kommunale Aufgaben, S. 175.

528 So auch *Bovenschulte,* Gemeindeverbände, S. 225.

529 *BVerfG,* Urt. v. 20.12.2007 – 2 BvR 2433, 2434/04 (»ArGen«) –, in: DVBl. 2008, 173 (174); *Bovenschulte,* Gemeindeverbände, S. 222 und 227.

530 S. o. S. 77 f.

531 *Oebbecke,* Zweckverbandsbildung, S. 56.

532 Darauf weist *Hlépas,* Unterschiedliche rechtliche Behandlung, S. 385 in Bezug auf Art. 28 Abs. 2 S. 2 GG hin.

Spielraum dafür hätte, Aufgabenverlagerungen zulasten der Gemeindeverbandsebene Kreis vorzunehmen. Hinzu kommt, dass bei dem Entzug einer Aufgabenzuständigkeit automatisch die Gewährleistung der Eigenverantwortlichkeit beseitigt wird.[533] Das Element der Eigenverantwortlichkeit bedingt ja gerade, dass es eine Aufgabe gibt, die in Eigenverantwortung wahrgenommen werden kann. Die eigenverantwortliche Aufgabenwahrnehmung kann aber für eine bestimmte Aufgabe dann nicht mehr erfüllt werden, wenn die bestimmte Aufgabe nicht mehr im Aufgabenbereich des Kreises liegt. Diese Einschätzung wird auch dadurch gestützt, dass der Gesetzgeber die Kreise und kreisfreien Städte gerade deshalb als jeweilige Aufgabenträger bestimmt hat, weil nur sie aufgrund ihrer Verwaltungskraft in der Lage sind, eine ordnungsgemäße Aufgabenwahrnehmung zu gewährleisten. Kreis und kreisfreie Stadt, die in der organisatorischen Gliederung auf derselben Stufe stehen[534], werden durch die Bestimmung als zuständige Ebene in die örtliche Gemeinschaft aufgenommen[535] und müssen zur Gewährleistung sozialer Chancengleichheit eine gleiche Leistung erbringen[536].

Dass bei einem Aufgabenentzug zulasten der Kreise ein rechtfertigungsbedürftiger Eingriff in Art. 78 Abs. 2 LV vorliegt, hat auch der Verfassungsgerichtshof NRW mehrfach festgestellt. Zwar hat sich dieser zu dem Problem nicht ausdrücklich geäußert und geht nur von einem gesetzlich definierten Aufgabenbestand der Kreise aus[537], gleichzeitig aber hat er schon mehrfach festgestellt: »Art. 78 Abs. 1 LV (Art. 28 Abs. 2 GG) gewährleistet ... den Kreisen die entsprechende Befugnis für die auf ihr Gebiet begrenzten überörtlichen Angelegenheiten. Die Gewährleistung gilt jedoch nicht uneingeschränkt. In den Bereich der Selbstverwaltung kann

533 Dabei ist es unerheblich, ob es sich um eine freiwillige oder pflichtige Selbstverwaltungsaufgabe oder eine Pflichtaufgabe zur Erfüllung nach Weisung handelt, da auch letztere (nach umstrittener Auffassung) Selbstverwaltungsangelegenheiten sind. Zum Streit ausführlich *Riotte/Waldecker,* NWVBl. 1995, 401 ff. Historisch betrachtet sah auch der Landesverfassungsgeber diesen Aufgabentyp als Selbstverwaltungsangelegenheiten an, vgl. *Abg. Scholtissek,* in: Verfassungsausschuss LT NRW, Stenogr. Bericht, 1. WP, 35. Sitzung vom 27.1.1950, zu Art. 77, S. 153 f. Der *VerfGHNRW,* Urt. v. 15.2.1985 – VerfGH 17/83 –, in: DVBl. 1985, 685 (687), qualifiziert die Pflichtaufgaben zur Erfüllung nach Weisung als Selbstverwaltungsangelegenheiten.

534 *Wolff/Bachof/Stober,* VerwR, Bd. II, 5. Auflage, § 89 I 1.; *v. Unruh,* Der Kreis, S. 208; ähnlich *Hoppe,* Gebietskörperschaft und Gemeindeverband, S. 45.

535 *Freudenberg,* Mittelbare und unmittelbare Wahl, S. 153 f.

536 *Pappermann/Roters/Vesper,* Maßstäbe, S. 24; ähnlich: *Dehe,* DVBl. 1975, 20 (21).

537 S. o. S. 76 f.

gemäß Art. 78 Abs. 2 LV (Art. 28 Abs. 2 GG) durch Gesetz eingegriffen werden. Derartigen Eingriffen sind allerdings Grenzen gesetzt. Sie dürfen den Kernbereich der Selbstverwaltungsgarantie nicht antasten. Außerhalb des Kernbereichs der Selbstverwaltung hat der zuständigkeitsverteilende Gesetzgeber das verfassungsrechtliche Aufgabenverteilungsprinzip ... sowie hinsichtlich der auf das Kreisgebiet beschränkten überörtlichen Aufgaben zugunsten der Kreise zu berücksichtigen«[538]. Es ist demnach festzuhalten, dass eine Kompetenzverlagerung zulasten der Kreise nach nordrhein-westfälischer Verfassungslage einen rechtfertigungsbedürftigen Eingriff darstellt.

Damit ist aber noch nicht geklärt, ob bei einem Aufgabenentzug einer kreiskommunalen Zuständigkeit die gleichen Maßstäbe an die Rechtfertigung des Eingriffs angelegt werden müssen, wie bei einem gemeindlichen Aufgabenentzug. *Stüer* hat lange vor dem Rastede-Beschluss nicht ausgeschlossen, dass sich bei der Anwendung der verfassungsrechtlichen Prüfungsmaßstäbe auf eine Kompetenzverlagerung von den Gemeindeverbänden erhebliche Gewichtsverschiebungen ergeben. Entscheidend sei, so *Stüer,* das Maß der Integrationswirkung, das der kommunalen Aufgabe im gemeindlichen bzw. gemeindeverbandlichen Bereich zukomme.[539] Wie bereits festgestellt, ist der Gestaltungsspielraum, den das Grundgesetz dem einfachen Gesetzgeber für die Verlagerung von Kompetenzen zulasten der Gemeindeverbandsebene einräumt, groß.[540] Anders aber nach Art. 78 Abs. 1, 2 LV. So kann eine Gewichtsverschiebung der heranzuziehenden Maßstäbe bei einem Aufgabenentzug von bislang gemeindeverbandlich wahrgenommenen Aufgaben nach nordrhein-westfälischem Verfassungsrecht nicht festgestellt werden. Die Kreise sind den Gemeinden in ihrem Gebiet auch bezüglich des Aufgabenbestandes gleichgestellt.[541] Aufgrund des gleichen Schutzumfangs für diese beiden Körperschaften müssen zumindest

538 *VerfGHNRW,* Urt. v. 22.9.1992 – VerfGH 3/91 –, in: NWVBl. 1993, 7 (10); Urt. v. 13.8.1996 – VerfGH 23/94 –, in: NWVBl. 1996, 426 (427).

539 *Stüer,* Funktionalreform, S. 343 f.

540 Einen stärkeren Gestaltungsspielraum »nach Rastede« räumen dem Gesetzgeber auch *Tettinger,* in: v. Mangoldt/Klein/Starck, GG, Bd. 2, Art. 28, Rn. 237; *Nierhaus,* in: Sachs, GG, Art. 28, Rn. 81 (»kann der Gesetzgeber stärker umgestalten«); *Meyer,* in: Mann/Püttner, HdbKWP, Bd. 1, S. 661 (671) (»darf der Gesetzgeber den Aufgabenbestand der Kreise nachhaltiger umgestalten als denjenigen der Gemeinden«); *Schink,* in: Schmidt-Jortzig/Schink, Subsidiaritätsprinzip, S. 25 (69) ein.

541 S. o. S. 77 f.

in NRW die gleichen, strengen Maßstäbe angelegt werden.[542] Dieses sind das Verhältnismäßigkeitsprinzip, der Gemeinwohlvorbehalt und das Abwägungsgebot sowie die daraus ableitbaren verfassungsrechtlichen Einzelmaßstäbe.[543] Dabei ist die Einschätzungsprärogative des Gesetzgebers bei der Bewertung der Verfassungsmäßigkeit eines Kompetenzentzugs umso enger, je mehr die Selbstverwaltung der Kreise an Substanz verliert.[544] Der Gesetzgeber muss berücksichtigen, »welche Bedeutung die zu entziehende Selbstverwaltungsaufgabe für die vom Entzug betroffene Körperschaft hat. Je bedeutsamer und gestaltbarer sich die Angelegenheit darstellt, um so höhere Anforderungen sind an die den Entzug rechtfertigenden Gründe zu stellen«[545]. Der Aufgaben entziehende Gesetzgeber muss daher begründen, welche überwiegenden Gründe des Gemeinwohls gegen die Betrauung der Kreise sprechen.[546]

Somit kann festgehalten werden, dass die Kreise nach nordrhein-westfälischem Verfassungsrecht genauso wie die Gemeinden vor einem Aufgabenentzug geschützt sind.

III. Aufgabenverlagerung auf höheren Gemeindeverband

Fraglich ist, ob die Anforderungen an die Rechtfertigung des Eingriffs dadurch geringer werden, dass die Aufgabe auf einen höheren Gemeindeverband verlagert wird und damit im kommunalen Bereich verbleibt.

Das Brandenburgische Verfassungsgericht hat festgestellt, dass die Maßstäbe aus dem Rastede-Beschluss »nicht in gleicher Stringenz für das Verhältnis von amtsangehörigen Gemeinden auf die Ämter gelten können, vielmehr – weil den amtsangehörigen Gemeinden nach eine gewisse Einwirkungsmöglichkeit auf die Entscheidung der Ämter verbleibt (§ 7 V

542 *Schink,* in: Schmidt-Jortzig/Schink, Subsidiaritätsprinzip, S. 25 (69).

543 *Stüer,* Funktionalreform, S. 343; ebenso: *Schink,* in: Schmidt-Jortzig/Schink, Subsidiaritätsprinzip, S. 25 (69); *Henneke,* DÖV 2002, 463 (467); *ders.,* ZG 2002, 72 (93 und 101); *Hlépas,* Unterschiedliche rechtliche Behandlung, S. 147; *Braun,* LVBW, Art. 71, Rn. 46; *Bovenschulte,* Gemeindeverbände, S. 248; *Lusche,* Selbstverwaltungsaufgaben, S. 33. Zur Geltung des Verhältnismäßigkeitsprinzips im Bereich der kommunalen Selbstverwaltung s. u. S. 123 f.

544 *Schink,* VerwArch 81 (1990), 385 (416); *ders.,* in: Schmidt-Jortzig/Schink, Subsidiaritätsprinzip, S. 25 (70); *Henneke,* DÖV 2002, 463 (467); *Stüer,* DVBl. 2007, 1267 (1274).

545 *Henneke,* ZG 2002, 72 (101).

546 *Meyer,* in: Mann/Püttner, HdbKWP, Bd. 1, S. 661 (671).

BbgAmtsO) – insoweit weniger strenge Anforderungen zu stellen sind.«[547] Die brandenburgische Ausgangslage ist mit der nordrhein-westfälischen Lage zwischen Kreisen, kreisfreien Städten und Landschaftsverbänden partiell identisch. So setzen sich die brandenburgischen Amtsausschüsse aus Vertretern der einzelnen Mitglieder des Amtes zusammen, wobei die Anzahl der zu wählenden Mitglieder von der Größe der Gemeinde abhängig ist, § 6 Abs. 1, 2 BbgAmtsO. Außerdem sind weder die Mitglieder der brandenburgischen Ämter noch die Mitglieder der Landschaftsversammlung weisungsgebunden, sondern üben ein freies Mandat aus, § 16 Abs. 1 BbgAmtsO i. V. m. § 37 Abs. 1 BbgGO bzw. § 15 Abs. 1 LVerbO. Der Unterschied zwischen den beiden Körperschaften besteht darin, dass ein entsandtes Mitglied des Amtes der Bürgermeister sein muss (§ 6 Abs. 1 Hs. 1 BbgAmtsO), während eine solche Anforderung an die Mitglieder der Landschaftsversammlung nicht gestellt wird (aber auch nicht ausgeschlossen ist). Außerdem besteht für die amtsangehörigen Gemeinden ein Beanstandungsrecht nach Maßgabe des § 7 Abs. 5 BbgAmtsO.

Gegen eine Verringerung der Anforderungen an die Rechtfertigung des Eingriffs spricht, dass – anders als bei den brandenburgischen Ämtern – kein Beanstandungsrecht für die Mitgliedskörperschaften besteht, wenn ein Beschluss der Landschaftsversammlung das Wohl einer Mitgliedskörperschaft gefährdet. Hierdurch können ureigene Interessen und Vorstellungen der Kreise bzw. kreisfreien Städte, die sie bei eigener Wahrnehmung umsetzen könnten, nicht umgesetzt werden, sofern es nicht gelingt, für die Einzelinteressen Mehrheiten in der Landschaftsversammlung zu organisieren. Die mangelnden Einflussmöglichkeiten der Mitgliedskörperschaften auf einzelne Entscheidungen werden durch die Weisungsfreiheit der Mitglieder der Landschaftsversammlung noch einmal verstärkt.

Für geringe Anforderungen an eine Rechtfertigung bei einer Verlagerung auf einen höheren Gemeindeverband ist anzuführen, dass die Aufgabenwahrnehmung bei einem höheren Kommunalverband die Aufgabe weiterhin im kommunalen und damit im Bereich der Selbstverwaltung verbleibt. Die

547 *VerfGBbg,* Urt. v. 17.10.1996 – VfGBbg 5/95 –, in: NVwZ-RR 1997, 352 (355); Urt. v. 21.3.2002 – VfGBbg 19/01 –, in: LKV 2002, 516 (518); ähnlich auch *StGHBW,* Urt. v. 8.5.1976 – GR 2, 8/75 –, in: DÖV 1976, 595 (596) und Urt. v. 4.6.1976 – GR 3/75 –, in: NJW 1976, 2205 (2206) bei der Aufgabenverlagerung auf einen Gemeindeverwaltungsverband. Der StGHBW stellt dabei fest, dass ein Eingriff in Form eines Aufgabenentzugs gegenüber einer Gemeindeauflösung von noch einmal wesentlich geringerem Gewicht ist und somit die Anforderungen geringer sind.

Anbindung der Aufgabe an die Bürgerinnen und Bürger und damit auch die Verantwortung ihnen gegenüber ist stärker. Die Verlagerung auf einen staatlichen Träger hätte zur Folge, dass Einflussmöglichkeiten auf einzelne Entscheidungen schon dem Grunde nach nicht mehr möglich wären, selbst wenn eine betroffene Kommune in der Lage wäre, eine Mehrheit für ihre Position zu beschaffen. Dieses gilt auch bezüglich der Repräsentanten. Während die Regierungspräsidenten von der Landesregierung ernannt werden, werden der Landesdirektor und die Landesräte von der Landschaftsversammlung gewählt, § 7 Abs. 1 lit. c) LVerbO. Die Mitglieder der Landschaftsversammlung können durch die Wahl personell die Leitlinien der Arbeit beeinflussen und außerdem ein Gegengewicht zur staatlichen Mittelinstanz herstellen. Der Grundgedanke kommunaler Selbstverwaltung – Aktivierung der Bürgerinnen und Bürger für ihre Anliegen – kommt, wenn auch bereits deutlich abgeschwächt im Vergleich zur gemeindlichen Selbstverwaltung, somit bei einer gemeindeverbandlichen Aufgabenwahrnehmung eher zum Ausdruck als bei staatlicher Zuständigkeit. Die Verlagerung einer Aufgabe auf einen höheren Kommunalverband stellt demnach an die Rechtfertigung geringere Anforderungen als bei einer Verlagerung auf eine staatliche Ebene. Es ist aber nicht quantifizierbar, um wie viel einfacher der Gesetzgeber Aufgaben verlagern kann.

IV. Bedeutung der Aufgabenart für die Anforderungen an die Rechtfertigung

Schließlich wird mit Recht bei der Frage der Anforderungen an die Rechtfertigung einer Kompetenzverlagerung nach der Art der Aufgabe, die verlagert werden soll, unterschieden.

Der Gesetzgeber hat die unterschiedliche Schutzintensität der verschiedenen Aufgabenarten zu beachten. Danach sind die freiwilligen Selbstverwaltungsaufgaben stärker geschützt als die pflichtigen Selbstverwaltungsaufgaben, diese wiederum stärker als die Pflichtaufgaben zur Erfüllung nach Weisung.[548] Gerade bei den Pflichtaufgaben zur Erfüllung nach Weisung sind weniger strenge Anforderungen an eine Rechtfertigung des Entzugs zu stellen, da diese mit einem staatlichen Weisungsrecht versehen sind,

548 *NdsStGH,* Urt. v. 6.12.2007 – StGH 1/06 –, NdsVBl. 2008, 37 (40); *Stüer,* Funktionalreform, S. 355; *Gebhardt,* Das kommunale Selbstverwaltungsrecht, S. 107.

weshalb es angezeigt ist, Aufgaben dieses Typs als Selbstverwaltungsaufgaben »in abgeschwächter Form« zu behandeln.[549]

C. Rechtfertigungsbedürftigkeit bei einer Herabzonung von Aufgaben von den Landschaftsverbänden

Sieht man – wie der Verfassungsgerichtshof des Landes und entgegen der hier vertretenen Ansicht – die Landschaftsverbände als Gemeindeverbände i. S. d. Art. 78 LV an, so ist fraglich, ob ein rechtfertigungsbedürftiger Eingriff auch dann vorliegt, wenn der Gesetzgeber Aufgaben von der Ebene der Landschaftsverbände auf die Kreise und kreisfreien Städte verlagert. Wie bereits oben[550] festgestellt, gewährleisten weder Art. 28 Abs. 2 S. 2 GG noch Art. 78 Abs. 2 LV den Landschaftsverbänden einen verfassungsunmittelbaren Aufgabenbestand. Vielmehr sind die Landschaftsverbände von einer einfachgesetzlichen Aufgabenzuweisung abhängig. Dieses könnte den Schluss nahe legen, dass ein Entzug einer Aufgabe keinen rechtfertigungsbedürftigen Eingriff in die Garantie der Selbstverwaltung darstellt. So schließt *Ballke* aus dem Verbandssystem, nach dem die Landschaftsverbände organisiert sind, eine generelle Rechtfertigungsfreiheit der Aufgabenherabzonung von den Landschaftsverbänden auf ihre Mitglieder. Die von den Landschaftsverbänden wahrgenommenen Aufgaben seien solche der Kreise und kreisfreien Städte, die der Gesetzgeber – ohne Bindungen zu unterliegen – wieder auf die untere Ebene verlagern könne.[551] Außerdem wird teilweise vertreten, dass, wenn den höheren Gemeindeverbänden schon kein Bestandsschutz zukomme, »a maiore ad minus« nichts anderes für den weniger einschneidenden Aufgabenentzug gelten könne.[552] Es mache keinen Unterschied, ob der Gesetzgeber den höheren, im Bestand nicht geschützten Gemeindeverbandstyp vollständig auflöse (und damit notwendigerweise die Aufgaben anderen Stellen zuordne) oder ob er dem Gemeinde-

549 *VerfGBbg,* Urt. v. 17.10.1996 – VfGBbg 5/95 –, in: NVwZ-RR 1997, 352 (353) m. w. N., wobei das Gericht einschränkend betont, dass dieses nur für solche Pflichtaufgaben zur Erfüllung nach Weisung zutreffe, die Aufgabe der örtlichen Gemeinschaft seien; zustimmend: *Henneke,* DÖV 2002, 463 (469). So auch *Ehlers,* DVBl. 2001, 1601 (1603); *Schoch,* Jura 2001, 121 (130).

550 S. o. S. 56; S. 85 ff.

551 *Roters/Ballke,* Funktionalreform, S. 139 f.; anders bei Verlagerungen auf eine staatliche Ebene, ebd., S. 154. Gegen einen Schutz vor dem Entzug einzelner Kompetenzen auch *Erichsen,* NWVBl. 1995, 1 (3).

552 *Bovenschulte,* Gemeindeverbände, S. 231; kritisch zur Anwendbarkeit *Görisch,* NWVBl. 2002, 418 (420 f.).

verband eine Aufgabe entziehe.[553] Wie schon bei der Aufgabenzuweisung, habe der Gesetzgeber auch bei nachträglicher Reduzierung des Wirkungskreises in jeder Hinsicht freie Hand.[554]

Dem wird zu Recht entgegengehalten, dass ein Gemeindeverband, dem das Selbstverwaltungsrecht gem. Art. 78 LV zusteht, auch den Schutz vor Aufgabenentzug besitzen muss.[555] Der einmal eingerichtete Verband darf nicht aufgabenlos gestellt werden, sondern muss einen gewissen Mindeststandard zugewiesen bekommen[556], der ihm dann auch verbleibt.[557] Die Reduzierung des Aufgabenbestands auf ein Maß, bei dem eine kraftvolle Betätigung der Selbstverwaltung nicht mehr möglich wäre, widerspricht dem Gedanken der Selbstverwaltung.[558] Dieses ist nicht gleichbedeutend damit, dass den Landschaftsverbänden alle ihnen bereits zugewiesenen Aufgaben einem völligen Schutz vor Aufgabenverlagerung unterliegen. Auch quantitativ müssen bezüglich des Aufgabenbereichs der Landschaftsverbände im Vergleich zu den Kreisen Abstriche gemacht werden, da die höheren Gemeindeverbände – anders als die Kreise – nur mittelbar demokratisch legitimiert sind. Dennoch ist zu berücksichtigen, dass eine Situation, in der die Landschaftsverbände bis auf ein kompetenzielles Schattendaseins degradiert würden, verhindert wird. Entscheidet sich der Gesetzgeber, Gemeindeverbände einzurichten, die die Merkmale des Art. 78 LV erfüllen, verbietet sich eine Anwendung des Gedankens »a maiore ad minus«. Gälte dieser Rechtsgedanke, wären die Verbände dem einfachen Gesetzgeber vollständig ausgeliefert, obwohl es der Gesetzgeber selbst war, der sie als Gemeindeverbände im Sinne der LV erschuf. Die Gewährleistung des Art. 78 LV wäre für alle anderen Gemeindeverbände als die Kreise leer laufend, es sei denn, es käme zu einem bloßen Eingriff in die Gewährleistung der Eigenverantwortlichkeit. Der Schutz vor Aufgabenentzug

553 *Bovenschulte,* Gemeindeverbände, S. 231.

554 *Bovenschulte,* Gemeindeverbände, S. 231; so auch *Görisch,* NWVBl. 2002, 418 (420 f.).

555 So auch *Henneke,* ZG 2002, 72 (102 f.); *Ehlers,* DVBl. 2001, 1601 (1063).

556 *Görisch,* NWVBl. 2002, 481 (420); *Litzenburger,* kommunale Verfassungsbeschwerde, S. 190 m. w. N.; *VerfGH Rh.-Pf.,* Urt. v. 29.4.1961 – VGH 1/61 –, in: AS 8, 230 (240 f.).

557 Anders als bei den Kreisen ist dieser Mindestbestand quantitativ geringer. Dieses hängt mit der demokratischen Legitimation zusammen, die nicht notwendigerweise unmittelbar sein muss und auch einfachgesetzlich nicht als unmittelbare ausgestaltet ist.

558 *Litzenburger,* Kommunale Verfassungsbeschwerde, S. 191 m. w. N.; *Lübke,* Regionale Selbstverwaltung, S. 88.

bezieht sich jedoch nur auf kommunale Aufgaben, die überkreislichen und übergemeindlichen Charakter haben, die also weder von Gemeinden noch von Kreisen je für sich, sondern nur gemeinsam auf einer höheren Ebene wahrgenommen werden können.[559]

Dass es trotz des Verbandssystems bei einem Aufgabenentzug zu einem rechtfertigungsbedürftigen Eingriff in das Selbstverwaltungsrecht der Landschaftsverbände kommt, schließt nicht aus, dass dieser Entzug aufgrund der mitgliedschaftlichen Struktur der Verbände eine weniger strenge Bedeutung hat als der Entzug einer gemeindlichen oder kreiskommunalen Aufgabe.[560] Die Aufgaben der Landschaftsverbände wurzeln in ihren Mitgliedskörperschaften. Eine Verlagerung von der höheren auf die niedrigere Ebene führt also zu einer Stärkung des Gedankens kommunaler Selbstverwaltung, was nicht zuletzt durch die demokratische Legitimation der einzelnen Ebenen unterstrichen wird.[561] Es ist also gerade im Sinne des Selbstverwaltungsgedankens, wenn möglichst viele Aufgaben auf der Ebene der Gemeinden und Kreise stattfinden. Einer umfassenden Förderung des Selbstverwaltungsgedankens widerspräche es aber, wenn an die Aufgabenverlagerung auf eine niedrigere Selbstverwaltungseinheit die gleichen strengen Anforderungen gestellt würden wie im umgekehrten Fall. Ein Entzug einer bisher von den Landschaftsverbänden wahrgenommenen Aufgabe zugunsten der Kreise und kreisfreien Städte ist demnach leichter zu rechtfertigen.

D. Formelle Voraussetzung für einen Aufgabenentzug

Entschließt sich der Gesetz- oder Verordnungsgeber, eine Aufgabe einem Träger zu entziehen, so sind die betroffenen Aufgabenträger zuvor anzuhören.[562] Sollen durch Gesetz allgemeine Fragen, die die Gemeinden oder/

559 *VerfGHNRW,* Urt. v. 26.6.2001 – VerfGH 28/00 und 30/00 (»Straßenbau«) –, in: NWVBl. 2001, 340 (345); *Becker,* DÖV 1986, 779 (781); *Klöck,* NWVBl. 2000, 45 (46); in diese Richtung auch: *Burgi/Ruhland,* Regionale Selbstverwaltung, S. 18; *Wolff/Bachof/Stober,* VerwR, Bd. II, 5. Auflage, § 90 VII. 1. a).

560 So *Tettinger,* in: Bertrams, Verfassungsgerichtsbarkeit in NRW, S. 461 (476); *ders.,* in: Löwer/Tettinger, LV, Art. 78, Rn. 78; *Burgi,* NWVBl. 2004, 131 (133) lehnt einen Kernbereichsschutz ab, bejaht aber einen Schutz im Randbereich.

561 *Stüer,* Funktionalreform, S. 344 f.

562 Der verfassungsrechtliche Anknüpfungspunkt wird ganz überwiegend direkt in der Garantie der kommunalen Selbstverwaltung gesehen, s. etwa *VerfGHNRW,* Urt. v. 24.4.1970 – VGH 14/69 –, in: OVGE 26, 286 (288) m. w. N.; *ThürVerfGH,* Urt. v. 18.12.1996 – VerfGH 2/95 u. a. –, in: NVwZ-RR 1997, 639 (640); *StGHBW,* Urt. v. 14.2.1975 – GR 11/74 –, in: NJW 1975, 1205 (1213); *Stüer,* Funktionalreform, S. 305. Für eine Verankerung auch im Rechtsstaatsprinzip, *VerfGH Rh.-Pf.,* Urt. v.

und Gemeindeverbände betreffen, geregelt werden, sind die kommunalen Spitzenverbände zu den Vorhaben anzuhören, § 56 Abs. 1 S. 4 GOLT i. V. m. Anlage 9 zur GOLT[563]. Die Anhörung muss nicht notwendigerweise vom Gesetzgeber selbst durchgeführt werden.[564] Das Anhörungsrecht soll den Kommunen Gelegenheit geben, vor der Entscheidung über eine Zuständigkeitsverlagerung das Wort zu ergreifen, um ihre Meinung und eventuelle Einwände vorzubringen und die endgültige Entscheidung durch ihre Stellungnahme unter Umständen noch zu beeinflussen.[565] Die Anhörung verfolgt als ein verfahrensrechtliches Sicherungsinstrument der kommunalen Selbstverwaltungsgarantie die Zwecke, dem Gesetzgeber eine umfassende Entscheidungsgrundlage zu vermitteln und die Gemeindeverbände als Rechtsträger nicht zum bloßen Regelungsobjekt werden zu lassen. Daher sind alle Formen einer Anhörung zulässig, die sicherstellen, dass die in der gewählten Vertretung des Gemeindeverbandes stattgefundene Meinungsbildung dem Gesetzgeber zur Kenntnis gelangt. Der Anhörung muss die rechtzeitige Information über die beabsichtigte Regelung einschließlich ihres wesentlichen Inhalts und ihrer maßgeblichen Begründung vorausgehen.[566] Wann eine solche Informationsmitteilung noch rechtzeitig erfolgt, ist von Einzelfall zu Einzelfall zu klären. Starre Fristen existieren nicht. Es besteht darüber hinaus kein Anspruch, dass die Stellungnahme dem Gesetzgeber ungefiltert zur Kenntnis gelangt und den größtmöglichen Einfluss auf die Entscheidung hat.[567]

17.4.1969 – VGH 2/69 –, in: DVBl. 1969, 799 (807); *SachsAnhVerfG,* Urt. v. 31.5.1994 – LVG 1/94 –, in: LKV 1995, 75 (76).

563 http://www.landtag.nrw.de/portal/WWW/GB_I/I.1/Geschaeftsordnung/Anlage9.jsp [letzter Abruf: 16.1.2008].

564 *VerfGHNRW,* Urt. v. 24.4.1970 – VGH 14/69 –, in: OVGE 26, 286 (289); *SächsVerfGH,* Urt. v. 10.11.1994 – Vf. 29-VIII-94 –, in: SächsVBl. 1995, 131 (135); *VerfGH Rh.-Pf.,* Urt. v. 17.4.1969 – VGH 2/69 –, in: DVBl. 1969, 799 (808); Urt. v. 5.5.1969 – VGH 29/69 –, in: AS 11, 119 (134).

565 *SächsVerfGH,* Urt. v. 10.11.1994 – Vf. 29-VIII-94 –, in: SächsVBl. 1995, 131 (135); *Hoppe/Rengeling,* Rechtsschutz, S. 147; *Knemeyer,* in: Starck/Stern, Landesverfassungsgerichtsbarkeit III, 143 (158).

566 *VerfGBbg,* Urt. v. 15.9.1994 – VfGBbg 3/93 –, in: SächsVBl. 1995, 204 (205) zur Anhörung bei Gebietsreformen; ähnlich *VerfGHNRW,* Urt. v. 24.4.1970 – VGH 14/69 –, in: OVGE 26, 286 (289).

567 *VerfGHNRW,* Urt. v. 24.4.1970 – VGH 14/69 –, in: OVGE 26, 286 (291).

E. Materielle Voraussetzungen für einen Aufgabenentzug

Neben den formellen Voraussetzungen muss der Gesetz- bzw. Verordnungsgeber bei Kompetenzverlagerungen die sich aus dem Grundgesetz und der Landesverfassung ergebenden[568] materiellen Vorgaben berücksichtigen. Diese sind unter dem Oberbegriff der »Gründe des öffentlichen Wohls«[569] zusammenzufassen. Fraglich ist, welche einzelnen Kriterien hierunter fallen.

I. Maßstäbe aus dem demokratischen Element der kommunalen Selbstverwaltung

Relevante Maßstäbe für die verfassungsrechtliche Beurteilung der Rechtfertigung einer Kompetenzverlagerung ergeben sich zunächst aus dem der kommunalen Selbstverwaltung immanenten Demokratieprinzip, Art. 28 Abs. 1 S. 1, 2, Abs. 2 (i. V. m. Art. 20 Abs. 2) GG. Die historisch gewachsene Bedeutung des kommunalen Selbstverwaltungsrechts macht seine enge innere Beziehung zum Demokratieprinzip deutlich.[570] Das demokratische Element umfasst drei Untermaßstäbe.

1. Bürgernähe

Bestandteil des Demokratieprinzips ist zunächst die Bürgernähe.[571] Eine bürgernahe Verwaltung ist die Voraussetzung für eine Integration des Bürgers in das politische Gemeinwesen.[572] Unter dem Begriff der Bürgernähe wird das anliegen- und adressatengerechte, akzeptanz- und integra-

568 Obwohl nur der Landesgesetzgeber für Kompetenzverlagerungen zuständig ist, ist er neben den landesverfassungsrechtlichen Vorgaben auch an die grundgesetzlichen gebunden. Dieses resultiert aus dem Normenverhältnis. Art. 28 Abs. 2 GG stellt eine Mindestgewährleistung dar. Die grundgesetzlichen Auslegungsergebnisse gelten demnach auch bei der landesverfassungsrechtlichen Garantie der kommunalen Selbstverwaltung.

569 *BVerfG,* Urt. v. 20.12.2007 – 2 BvR 2433, 2434/04 (»ArGen«) –, in: DVBl. 2008, 173 (177); *VerfGHNRW,* Urt. v. 24.4.1970 – VGH 14/69 –, in: OVGE 26, 286 (292).

570 *StGHBW,* Urt. v. 14.2.1975 – GR 11/74 –, in: NJW 1975, 1205 (1208).

571 *Hoppe/Rengeling,* Rechtsschutz, S. 108; *Laux,* in: v. Oertzen, Rechtsstaatliche Verwaltung im Aufbau I, S. 53 (53); *Stern,* Staatsrecht I, S. 302; *Czybulka,* Legitimation, S. 211.

572 *DLT,* Der Landkreis 1974, 219 (220). *Schmidt-Jortzig,* DVBl. 1980, 1 (4) bezeichnet die Bürgernähe als die kommunale Selbstverwaltung »geradezu wesensbestimmend«.

tionsfördernde Verwaltungshandeln verstanden.[573] Es geht hierbei um die Akzeptanz von Entscheidungen, die Partizipation der Betroffenen, die Transparenz von Entscheidungs- und Organisationsstrukturen sowie die Öffentlichkeit der Verwaltung.[574] Der Kern des demokratischen Prinzips ist in der unterstützenden Legitimation der Entscheidungsträger zu sehen.[575]

Der Teilaspekt der Partizipation der Betroffenen betrifft die Frage, inwieweit Bürgerinnen und Bürger Einfluss auf die Zusammensetzung der kommunalen Gremien nehmen können und innerhalb der Gremien Mitwirkungsmöglichkeiten besitzen.[576] Durch eine Aktivierung der örtlichen Bürgerallgemeinheit für die Erledigung der Aufgaben der öffentlichen Verwaltung soll die Demokratisierung der Verwaltung intensiviert werden.[577]

Vergleicht man die Ebenen der Kreise und kreisfreien Städte auf der einen, der Landschaftsverbände auf der anderen Seite, so ist festzustellen, dass die untere Ebene dem Gedanken der kommunalen Selbstverwaltung eher entspricht und ihn besser fördert. Dieses wird zunächst durch die bereits erwähnte unterschiedliche demokratische Legitimation verdeutlicht. Neben der mittelbaren Wahl zur Landschaftsversammlung bestehen Defizite im Bereich des bürgerschaftlichen Elements der kommunalen Selbstverwaltung auch in den anderen Partizipationsmöglichkeiten. Die Möglichkeit, Bürgerbegehren und Bürgerentscheide durchzuführen, besteht auf der Ebene der

573 *Hill,* in: v. Oertzen, Rechtsstaatliche Verwaltung im Aufbau II, S. 25 (25). *Kaufmann/Schäfer,* Der Städtetag 1978, 632 (633) halten es für kaum möglich, eine Definition zu finden, ordnen den Sammelbegriff der Bürgernähe stattdessen acht Dimensionen zu. Eine pragmatische Definition gibt *Gramke,* in: Strutz, HdVO, S. 82.

574 *Schmidt-Aßmann,* in: Schmidt-Aßmann/Hoffmann-Riem, Verwaltungsorganisationsrecht, S. 9 (39 f.); ähnlich: *Holzinger,* Mittelstädte in der Reform, S. 154 f.; *Siedentopf,* in: difu, Funktionalreform, S. 7 (20).

575 *Schmidt-Aßmann,* in: Schmidt-Aßmann/Hoffmann-Riem, Verwaltungsorganisationsrecht, S. 9 (39 f.).

576 *Andriske,* Aufgabenneuverteilung, S. 140; *Ziegler,* Bürgerbeteiligung, S. 58 ff. *Wagener,* Neubau, S. 309, verlangt einschränkend, dass der Körperschaft eine ausreichende Zahl von Entscheidungsmöglichkeiten über wichtige Verwaltungsaufgaben eingeräumt ist. Um dieses Ziel nicht zu konterkarieren darf der Verwaltungsraum der Kreise nicht zu groß sein, auch für ehrenamtliche Mitglieder des Kreistages und der Ausschüsse müssen die Wegstrecken zwischen Wohnort und Kreissitz überwindbar sein, vgl. *LVerfGMV,* Urt. v. 26.7.2007 – LVerfG 9/06-17/06 –, in: DVBl. 2007, 1102 (1109 f.).

577 *Böckenförde,* in: Isensee/Kirchhof, HdbStR, Bd. I, S. 908; ähnlich: *Schäfer,* Zentralisation und Dezentralisation, S. 120.

Landschaftsverbände nicht.[578] Auch die Verteilung der Entscheidungsbefugnisse zwischen der Landschaftsversammlung auf der einen, dem Landschaftsausschuss auf der anderen Seite erfolgt bei den Landschaftsverbänden zulasten umfassender Bürgerbeteiligung.[579]

Der Teilaspekt der Transparenz verlangt zugunsten der Bürger »eine … Menge an rechtlich relevanten Informationen aller Art, die den beteiligten Rechtssubjekten zugänglich und die für einen bestimmten Vorgang relevant sind oder sein können«[580]. Geleistet werden kann eine hohe Transparenz durch die Strukturierung von Informationsangeboten sowie deren Aufarbeitung, wie beispielsweise durch die Gestaltung von Formularen, Infobroschüren und Informationsveranstaltungen.[581] Auch die Veröffentlichung von Verwaltungsvorschriften und getroffenen Entscheidungen als Anhaltspunkt für weitere Betroffene ist zu berücksichtigen.[582] Maßnahmen zur Verbesserung der Transparenz dienen dazu, »Vertrauen, Akzeptanz oder Motivation einzuwerben und damit die operativen Ressourcen des politischen Systems zu erhöhen«[583]. Gleichzeitig wird durch eine ausgeprägte Öffentlichkeit der Verwaltung erreicht, dass rechtliche Interessen geltend gemacht und verteidigt werden können und die Verwaltung kontrolliert wird.[584] Hierzu gehört auch, dass die Betroffenen die Verantwortlichen kennen und zwar hauptsächlich die politisch Verantwortlichen, um ihnen ihre Verantwortung durch Vergabe oder Entzug ihrer Wählerstimmen bewusst machen zu können.[585] Die Kenntnis über die eigenen Vertreter in der Landschafts-

---

578 *Oebbecke,* Zweckverbandsbildung, S. 35: »Im Hinblick auf den »Demokratiewert« ist eine Organisation mit einer unmittelbar gewählten Vertretung einer Organisation mit einer mittelbar gewählten Vertretung vorzuziehen.« So auch *Stüer,* Funktionalreform, S. 351 f. Zweifelnd an der Schlagkraft des Merkmals der besseren Bürgerschaftlichkeit: *Lübke,* Regionale Selbstverwaltung, S. 101 f.

579 *Oebbecke,* Zweckverbandsbildung, S. 63.

580 *Bröhmer,* Transparenz, S. 18.

581 *Bröhmer,* Transparenz, S. 19; *Kaufmann/Schäfer,* Der Städtetag 1978, 632 (634); *Oebbecke,* Zwecksverbandsbildung, S. 42 f. Weitere Beispiele der Öffentlichkeitsarbeit der Verwaltung nennen *Scherer,* in: Hoffmann-Riem, Bürgernahe Verwaltung, S. 313 (319), und *Gramke,* in: Strutz, HdVO, S. 82 (84 ff.). Eine stärkere Öffentlichkeitsarbeit fordert auch *v. Unruh,* DÖV 1974, 649 (656).

582 Zur Zulässigkeit einer solchen Veröffentlichung: *Scherzberg,* Öffentlichkeit, S. 317, 321 ff.

583 *Scherzberg,* Öffentlichkeit, S. 318; ähnlich *Ronneberger,* Verwaltung und Öffentlichkeit, S. 16.

584 *Scherer,* in: Hoffmann-Riem, Bürgernahe Verwaltung, S. 313 (314).

585 *BVerfG,* Urt. v. 20.12.2007 – 2 BvR 2433, 2434/04 (»ArGen«) –, in: DVBl. 2008, 173 (178).

versammlung und der persönliche Kontakt zu diesen Vertretern sind auf höherer Ebene in noch geringerem Maße realisiert, als das schon bei den Mitgliedern des Kreistages und des Rates der Fall ist.[586]

Darüber hinaus muss dem Bürger organisatorisch deutlich werden, welche »Einheit« der Verwaltung welche Aufgaben erledigt, an wen er sich wenden kann, damit er Anträge stellen und Probleme aus der Welt schaffen kann. Die Verwaltung soll übersichtlich gestaltet sein.[587] Nur eine gute Transparenz und Überschaubarkeit der Verwaltung sowie das sich daraus ergebende Sichtbarwerden politischer Mitgestaltbarkeit für den Bürger kann das Gefühl der Staatsverdrossenheit abmildern.[588] Dieses ist umso schwieriger zu beurteilen, je mehr sich übergeordnete Stellen bei der Aufgabenerledigung der unteren Ebenen bedienen dürfen, z. B. durch Heranziehung. Zu berücksichtigen ist aber, dass eine Kompetenzverlagerung nicht allein auf den Aspekt der Transparenz der Strukturen gestützt werden kann. Denn, wie in »Rastede« festgestellt, wird eine Kompetenzverlagerung nicht gerechtfertigt, wenn das bloße Ziel der Verwaltungsvereinfachung oder Zuständigkeitskonzentration etwa im Interesse der Übersichtlichkeit der öffentlichen Verwaltung im Vordergrund steht.[589] Das Kriterium scheidet daher zwar nicht völlig als Bewertungsmaßstab aus, es kann aber nur eines unter mehreren Kriterien darstellen. Grundsätzlich ist der Ebene der Kreise und kreisfreien Städte im Vergleich zur Ebene der Landschaftsverbände eine bessere Realisierung des Maßstabs der Bürgernähe zuzusprechen.[590] Dieser Grundsatz kann jedoch beispielsweise dadurch durchbrochen werden, dass einige Aufgaben, z. B. bei einer nur geringen Fallzahl oder einem Bedarf an hoher Spezialisierung, zweckmäßiger von einer höheren Ebene wahrgenommen werden können.[591] Außerdem kann eine mangelnde Partizipation durchaus

586 *Kühne,* in: FS Faber, S. 35 (53); *Schulz-Heising,* in: Böhret, Stadtforschung, S. 155 (165 f.).

587 *Oebbecke,* Zweckverbandsbildung, S. 48; *Köstering,* in: difu, Funktionalreform, S. 147 (156 f.), der an dem Interesse der Bürger an der Übersichtlichkeit zweifelt. *Pappermann/Roters/Vesper,* Maßstäbe, S. 36 f., knüpfen diesen Maßstab einerseits an der Legitimität der Verwaltung an, andererseits aber am Rechtsstaatsprinzip, das eine Verfahrens-, Kompetenz- und Verantwortungsklarheit fordere, a. a. O., S. 41.

588 *Oebbecke,* Zweckverbandsrecht, S. 48.

589 *BVerfG,* Beschl. v. 23.11.1988 – 2 BvR 1619, 1628/83 (»Rastede«) –, in: BVerfGE 79, 127 (153) = DVBl. 1989, 300 (302) = NVwZ 1989, 347 (350).

590 *Roters,* in: Verein für Verwaltungsreform, Funktionalreform, S. 7 (32).

591 *Schäfer,* Zentralisation und Dezentralisation, S. 182 und 184.

gerechtfertigt sein, beispielsweise, wenn es sich um eine komplexe Aufgabe handelt oder aber, weil bei gewissen Sachfragen das Eigeninteresse des Bürgers einer sachgerechten Entscheidung entgegensteht.[592]

2. Ortsnähe

Ein weiterer Maßstab, der bei der Rechtfertigung einer Kompetenzverlagerung Berücksichtigung finden muss, ist der der Ortsnähe.[593] Im Fokus steht dabei, inwieweit der Bürger die Dienste und Angebote der Behörden wohnsitznah und mit einer zeitlich geringen Belastung in Anspruch nehmen kann[594], und zwar nicht nur telefonisch oder schriftlich, sondern gerade auch durch persönlichen Kontakt[595]. Entscheidend für eine geringe zeitliche Belastung ist nicht nur die reine Entfernung zu den Verwaltungsstellen, sondern auch die Verkehrsinfrastruktur, um die Behörden erreichen zu können (öffentliche Verkehrsmittel, Verkehrswege etc.).[596] Es geht mithin um den Aspekt der Überschaubarkeit der Verwaltung aus Sicht des Bürgers.

Es fragt sich, ob dieses Merkmal für die Beurteilung überhaupt von Bedeutung ist. Zweifel könnten sich daraus ergeben, dass die Ortsnähe in Zeiten moderner Kommunikationsmittel und stetig steigender Mobilität ein vernachlässigungswürdiges Kriterium darstellt. Viele Behörden sind nämlich durch ihre Internetauftritte (eGovernement) rund um die Uhr auch von zu Hause erreichbar, Verkehrswege sind (fast) überall gut erschlossen.[597]

592 *M. König,* Kodifikation des Landesorganisationsrechts, S. 43.

593 *Kruse,* Funktionalreform, S. 17. Nach *Andriske,* Aufgabenneuverteilung, S. 126 und 129, stellt dieser Gesichtpunkt – ebenso wie der der Bürgernähe – nur ein Ziel dar, nicht aber einen abwägungsgeeigneten Maßstab für Aufgabenzuweisungen.

594 *Schäfer,* Zentralisation und Dezentralisation, S. 184 und 216; *Holzinger,* Mittelstädte in der Reform, S. 153 f.; *Kaufmann/Schäfer,* Der Städtetag 1978, 632 (634); *DLT,* Der Landkreis 1974, 219 (220). *Soell,* BayVBl. 1977, 1 (5) bedient sich des Begriffs der »Überschaubarkeit« und fasst darin die hier einzeln aufgeführten Aspekte der Bürger-, Orts- und Sachnähe sowie der regionalen Bedeutung zusammen. *Rehn,* in: difu, Funktionalreform, S. 227 (233), ordnet die Entfernung zu den Behörden der Bürgernähe zu.

595 *LVerfGMV,* Urt. v. 26.7.2007 – LVerfG 9/06-17/06 –, in: DVBl. 2007, 1102 (1109); *Stüer,* DVBl. 2007, 1267 (1272); *M. König,* Kodifikation des Landesorganisationsrechts, S. 37; *Schulz-Heising,* in: Böhret, Stadtforschung, S. 155 (161); *Schäfer,* Zentralisation und Dezentralisation, S. 190.

596 *DLT,* Der Landkreis 1974, 219 (220); *Schulz-Heising,* in: Böhret, Stadtforschung, S. 155 (161).

597 In diese Richtung schon in den 70iger Jahren *Wagener,* in: Krabs, Standort, S. 55 (64 f.).

Beim Aufgabenspektrum der Landschaftsverbände ist bei dieser Frage indes zu berücksichtigen, dass weit mehr als 80 % aller Ausgaben der Landschaftsverbände soziale Aufgaben betreffen, davon vorwiegend die Eingliederungshilfe für Menschen mit Behinderungen.[598] Zwar ist die Zahl der Leistungsempfänger weitaus geringer als beispielsweise die Zahl der Museumsbesucher.[599] Anders als viele behinderte Menschen[600] ist die überwiegende Zahl derer, die beispielsweise die Museen der Verbände besucht, in ihrer Mobilität nicht so sehr eingeschränkt und besitzt eher die Fähigkeit, den Umgang mit neuen Medien zu erlernen und zu praktizieren. Für diese Zielgruppe mag die Ortsnähe nicht eine so entscheidende Rolle spielen. Richtschnur für die Beurteilung der Ortsnähe müssen alle Zielgruppen sein, Menschen mit und Menschen ohne Behinderung.[601] Für die Menschen mit Behinderung ist und bleibt trotz der neuen Medien und einer verbesserten Infrastruktur eine ortsnahe Verwaltung von Bedeutung. Der Aspekt der Ortsnähe muss mithin weiterhin Berücksichtigung finden.

Dabei spricht dieser Aspekt grundsätzlich zunächst für eine Aufgabenwahrnehmung auf der unteren Verwaltungsebene, da hier in jedem Kreis und in jeder kreisfreien Stadt eine Anlaufstelle für die Bürgerinnen und Bürger vorhanden ist.[602] Dieses ist bei einer Aufgabenwahrnehmung auf der Ebene der höheren Gemeindeverbände nicht notwendigerweise der Fall. Vielmehr bestehen grundsätzlich nur die Verwaltungseinrichtungen des jeweili-

598 Vgl. etwa nur Pressemitteilung des LWL zur Haushaltseinbringung 2008, http://www.lwl.org/pressemitteilungen/mitteilung.php?urlID=17709 [letzter Abruf: 22.1.2008].

599 Die Besucherzahl des LWL lag im Jahr 2007 bei ca. 1,76 Millionen, wobei der deutliche Anstieg gegenüber dem Jahr 2006 (ca. 1,29 Millionen Besucher) vor allem mit den »skulptur projekte 2007« zu tun hatte, s. Pressemitteilung des LWL vom 15.1.2008, http://www.lwl.org/pressemitteilungen/mitteilung.php?urlID=17882 [letzter Abruf: 17.1.2008]. Der LVR verzeichnete eine Besucherzahl von 960.000, ein Plus zum Jahr 2006 von rund 40.000, Pressemitteilung des LVR vom 14.1.2008, http://www.lvr.de/app/presse/index.asp?NNr=3212 [letzter Abruf: 17.1.2008].

600 Für die fehlende bzw. eingeschränkte Mobilität der Behinderten: *Roßnagel/Knopp,* DÖV 2006, 982 (983); *Weyer,* StGR 1972, 301 (309).

601 Unter Berücksichtigung des Aufgabenspektrums der Landschaftsverbände erhält bei der Einordnung der Ortsnähe zusätzlich das Sozialstaatsprinzip eine wichtige Rolle, so dass der untersuchte Maßstab sowohl dem Demokratie- als auch dem Sozialstaatsprinzip zugeordnet werden kann.

602 Allgemein: *Peters,* Zentralisation und Dezentralisation, S. 48; *Pappermann/Roters/Vesper,* Maßstäbe, S. 68; so auch zu dem Verhältnis der Kreise zu den kreisangehörigen Gemeinden im Bereich der Aufgabenheranziehung nach § 96 Abs. 1 S. 2 BSHG: *Schmidt-Jortzig/Wolffgang,* in: VerwArch. 75 (1984), 107 (112): »bessere Überschaubarkeit ihrer Einwohnerschaft…eher in der Lage, die Erfordernisse individueller Hilfe … zu erkennen und Hilfen … auch betreuender Art zu leisten«.

gen Verbands. Die höhere Verwaltungsebene kann dem Umstand einer größeren Ortsferne jedoch entgegentreten, indem sie beispielsweise Außen- und Kontaktstellen einrichtet, in denen die Bürgerinnen und Bürger ihre Anliegen ebenfalls wohnortsnah erledigen können. Diesem steht es gleich, wenn die höhere Ebene sich bei der Aufgabenerledigung der unteren Verwaltungsebene bedient und sie zur Erfüllung der Aufgabe heranzieht.

3. Regionale Bedeutung und Identifikation

Als weiterer Gesichtspunkt ist die Identifikation der Bürger mit dem jeweiligen Träger zu nennen. Hierbei ist zu untersuchen, wie stark die Verbundenheit der Bürger mit der wahrnehmenden Körperschaft ausgeprägt ist.[603] Es ist Ausdruck der Demokratie, dass sich die Bürger mit ihrer Gemeinde, ihrer Ortschaft identifizieren.[604] Dieses muss sich nicht einmal in der aktiven Teilnahme am politischen Leben in dem Gemeindeverband äußern[605], sondern ist einem Zugehörigkeitsgefühl geschuldet, das sich eventuell sogar über Jahrhunderte gebildet hat. Dieses Zugehörigkeitsgefühl ist nicht in allen Kreisen und kreisfreien Städten gleich stark ausgeprägt.[606] Aufgrund des häufigeren Kontakts zur Stadt bzw. zum Kreis kann sich jedoch bei den Bürgerinnen und Bürgern im Vergleich zu den Landschaftsverbänden ein gesteigertes Zugehörigkeitsgefühl entwickeln.[607] Je mehr die Aufgabe das Leben, die Umwelt und das Interesse der Einwohner berührt und anspricht, desto höher ist das Gefühl der Identifikation mit der entsprechenden Ebene.[608] Auch die von den jeweiligen Körperschaften wahrzunehmenden

603 *Soell,* in: BayVBl. 1977, 1 (3); *StGHBW,* Urt. v. 14.2.1975 – GR 11/74 –, in: NJW 1975, 1205 (1209).

604 *Richter,* Verfassungsprobleme, S. 38.

605 *ThürVerfGH,* Urt. v. 18.12.96 – VerfGH 2/95, VerfGH 6/95 –, in: NVwZ-RR 1997, 639 (641).

606 *Meyer,* NVwZ 2008, 24 (28 mit Fn. 44), hat von einer Verbundenheit zum Kreis als einem auch nur annähernd relevanten Moment noch nichts gehört.

607 Dabei ist selbst das Kreisgefühl nicht so stark ausgeprägt wie das der eigenen Ortsgemeinde, vgl. die Nachweise bei *Freudenberg,* Mittelbare und unmittelbare Wahl, S. 148 ff. Jedoch sind dieses Gefühl und die Kenntnis um die nähere Körperschaft höher als bei der höheren, vgl. *Ronnenberger,* Verwaltung und Öffentlichkeit, S. 25. Dass das Gemeinschaftsbewusstsein durch die sich wandelnde Welt immer mehr abnimmt, stellte bereits der *StGHBW,* Urt. v. 14.2.1975 – GR 11/74 –, in: NJW 1975, 1205 (1206) fest; ebenso: *Ziegler,* Bürgerbeteiligung, S. 81 ff. Nach *Meyer,* NVwZ 2008, 24 (28) ist das Abstellen auf die Verbundenheit der Einwohner nicht mehr als »Selbstbestätigungslyrik« und hat in der Verfassungsexegese keinen Platz, a. a. O., 24 (29).

608 *Niemeier,* Landschaftsverbände und Funktionalreform, S. 25.

Aufgaben unterstützen dieses Heimatgefühl zugunsten der unteren Ebenen, weil hier die unter Umständen täglich notwendigen Angelegenheiten für fast alle Bürgerinnen und Bürger erfüllt werden, während dort nur für einen kleinen Ausschnitt der Bevölkerung eine für sie selbst ebenso wichtige Aufgabenwahrnehmung erfolgt. Es kann somit nicht einmal davon ausgegangen werden, dass ein Großteil der Bevölkerung weiß, welche Aufgaben die Landschaftsverbände in NRW wahrnehmen.

II. Maßstäbe aus dem sozialstaatlichen Element der kommunalen Selbstverwaltung

Weitere Maßstäbe für die Beurteilung der verfassungsrechtlichen Rechtfertigung einer Kompetenzverlagerung können sich aus dem der kommunalen Selbstverwaltung ebenfalls immanenten[609] Sozialstaatsprinzip des Art. 20 Abs. 1, 28 Abs. 1 GG ergeben.

1. Sachnähe, Fach- und Verwaltungskompetenz

Untermaßstäbe des Sozialstaatsprinzips sind zunächst die Sachnähe sowie die Fach- und Verwaltungskompetenz der Verwaltungsebene.[610]

Hierbei ist danach zu fragen, welcher Aufgabenträger besser in der Lage ist, die vom Gesetzgeber gewünschten und im Gesetz verankerten Ziele sachgerecht zu erfüllen.[611] Dem betroffenen Bürgern soll eine für seine Probleme und Anliegen fachkompetente Verwaltung zur Verfügung gestellt werden, die die Anträge und Fragen umfassend erledigen kann.[612] Eine der Sache gerecht werdende Entscheidung ist hierbei ohne eine präzise und objektive Feststellung des Sachverhalts nicht denkbar. Diese Sachverhaltsfeststellung erfordert »erhöhten Sachverstand und die genaue Kenntnis der spezifischen Problem-, Situations- und Ortsverhältnisse und damit eine größere Autonomie von Gruppen oder Einzelnen an der Basis einer Organisation«[613]. Nur

---

609 *Bückmann,* StGR 1975, 50 (51); *StGHBW,* Urt. v. 14.2.1975 – GR 11/74 –, in: NJW 1975, 1205 (1206).

610 *Stern,* Staatsrecht I, S. 302; *Czybulka,* Legitimation, S. 211; *Kruse,* Funktionalreform, S. 17.

611 *M. König,* Kodifikation des Landesorganisationsrechts, S. 40. *Schäfer,* Zentralisation und Dezentralisation, S. 183 nennt dieses Kriterium Sachgerechtigkeit.

612 *Peters,* Zentralisation und Dezentralisation, S. 49.

613 *Schäfer,* Zentralisation und Dezentralisation, S. 183; ähnlich *M. König,* Kodifikation des Landesorganisationsrechts, S. 40; *Ullrich,* in: Verein für Verwaltungsreform,

so kann gewährleistet werden, dass eine bedarfsgerechte Lösung für die jeweiligen Betroffenen gefunden wird. Um eine solche Lösung finden zu können, ist insbesondere von Bedeutung, dass die Betroffenen möglichst umfassend in das behördliche Verfahren eingebunden werden. Hierdurch werden die Wirkungsorientierung (also die Berücksichtigung der spezifischen Problemlagen der Bürger), die Zielgruppen- und Situationsorientierung (also die Differenzierung nach unterschiedlichen Zielgruppen und Handlungsorganisationen), das Mitwirkungserfordernis (also die Schaffung von Mitwirkungsmöglichkeiten) und die Berücksichtigung des komplexen Zusammenhangs (also die Berücksichtigung von Bürgernähe bereits im Prozess der Planung und Organisation) gefördert.[614]

Auf die zur Untersuchung anstehenden Ebenen angewandt, kann nicht festgestellt werden, dass diese Aspekte auf einer der beiden Ebenen signifikant besser verwirklicht werden. Für das Erreichen einer solchen Vorgabe ist entscheidend, inwieweit die Körperschaft personell, sachlich, organisatorisch und finanziell mit Mitteln ausgestattet ist, um eine anfallende Aufgabe dem Gesetzeszweck entsprechend sinnvoll, zeitlich schnell und qualitativ hochwertig zu erledigen.[615] Der Gesetzgeber muss bei seiner Entscheidung der Frage nachgehen, welche Ebene er für die durch die vorhandene Größe besser geeignete halten kann, die Aufgabe funktionsgerecht zu erfüllen, was einschließt, dass eine Infrastruktur sinnvoll geplant und wirtschaftlich verwirklicht wird.[616] Bei der Beurteilung ist zu beachten, dass es nicht zu einer Überlastung der bestehenden Strukturen kommt. Einzustellen in die Bewertung ist insoweit auch, inwieweit auf der einen oder anderen Ebene bereits Strukturen vorgehalten werden, die auch ohne zusätzliche notwendige Investitionen die Aufgabenerfüllung gewährleisten. Es ist aber zu bedenken – und auch das zeichnet kommunale Selbstverwaltung aus –, dass die Kreise und kreisfreien Städte die vielfältigen Aufgaben mit unterschiedlicher Wertigkeit und Wichtigkeit wahrnehmen. Hierdurch können unterschiedliche Leistungs- und Angebotsniveaus entstehen, die mal zugunsten der Bürger

---

Funktionalreform, S. 61 (72); *Holzinger,* Mittelstädte in der Reform, S. 155. *Roters/Ballke,* Funktionalreform, S. 143, bezeichnet diesen Maßstab als »Objektnähe«.

614 *Schäfer,* Zentralisation und Dezentralisation, S. 185.

615 *Derlien,* Die Verwaltung 7 (1974), 1 (16); *Andriske,* Aufgabenneuverteilung, S. 135; *M. König,* Kodifikation des Landesorganisationsrechts, S. 37; *Hörster,* Wahrnehmung der Sozialhilfeaufgaben, S. 165, für den Bereich der Sozialhilfe.

616 *Soell,* BayVBl. 1977, 1 (2).

ausfallen, mal zu deren Lasten. Dieses birgt die Gefahr, dass Bewohnerinnen und Bewohner entweder auf die Inanspruchnahme verzichten müssten oder Angebote der benachbarten Kommunen in Anspruch genommen werden, es also zu einem »Angebotstourismus« kommen kann. Daher kann die Hochzonung einer Aufgabe zur Leistungssteuerung in einem größeren Gebiet und zur überregionalen Leistungsplanung durchaus gerechtfertigt werden; die »einzelgemeindliche Autonomie tritt insoweit legitimerweise zurück«[617]. Die von den Bürgern weiter entfernten Behörden (in diesem Falle die Landschaftsverbände) werden darüber hinaus für gewöhnlich mehr nach ihren übergeordneten Leitlinien entscheiden als nach den Bedürfnissen und Wünschen der Betroffenen. Dieses kann zu ausgeglicheneren Entscheidungen führen.[618] Andererseits besteht die »Gefahr der normativen Kraft des nationalen Durchschnitts«[619]. Eine individuelle Lösung, die die persönlichen Kontakte nicht völlig außer Acht lässt, sondern auch persönliche Hintergründe berücksichtigt, wird eher durch eine dezentrale Aufgabenwahrnehmung gefunden.[620]

Berührungspunkte mit dem Maßstab der Bürgernähe sind nicht zu leugnen. Daher wird die Frage nach der Gestaltung der Verwaltungsleistung auch als sachliche Dimension der Bürgernähe bezeichnet.[621]

2. Herstellung gleichwertiger Lebensverhältnisse

Ein weiterer im Sozialstaatsprinzip wurzelnder Bewertungsmaßstab ist der der Herstellung gleichwertiger Lebensverhältnisse.[622] Normative Anknüpfungspunkte für diesen Aspekt sind nach überwiegender Auffassung[623] die Art. 72 Abs. 2, 106 Abs. 3 Nr. 2 GG. Auch im Rahmen der Aufgabenzuweisung und -verlagerung im Bereich der Landesgesetzgebung ist dieser

617 *Andriske,* Aufgabenneuverteilung, S. 110.

618 *M. König,* Kodifikation des Landesorganisationsrechts, S. 41.

619 *Frey,* in: Schuster, Dezentralisierung I, S. 24 (35).

620 *Peters,* Zentralisation und Dezentralisation, S. 49.

621 *Schäfer,* Zentralisation und Dezentralisation, S. 190.

622 *Schäfer,* Zentralisation und Dezentralisation, S. 177; *J. Isensee,* Subsidiaritätsprinzip, S. 232; *Pappermann/Roters/Vesper,* Maßstäbe, S. 14 und 41; *Bückmann,* Verfassungsfragen, S. 121.

623 *Schink,* in: Schmidt-Jortzig/Schink, Subsidiaritätsprinzip, S. 25 (79 f.) m. w. N.; *Andriske,* Aufgabenneuverteilung, S. 14 mit Fn. 68 und S. 110. A. A. *StGHBW,* Urt. v. 14.2.1975 – GR 11/74 –, in: NJW 1975, 1205 (1206), der dieses Merkmal dem Gleichheitssatz zuordnet.

Maßstab bei funktionalreformerischen Maßnahmen zu berücksichtigen.[624] Dabei umfasst dieser Aspekt zu allererst, dass der Staat Angebote schafft bzw. unterstützt, in denen die Gesellschaft ihr Leben mit den notwendigen Strukturen für vielschichtige Bedürfnisse gestalten kann.[625] Neben dem Vorhandensein notwendiger Strukturen der Leistungsverwaltung umfasst dieses Merkmal auch den Komplex der Schaffung einheitlicher Qualität sowie den Abbau von Leistungs- und Ausstattungsgefällen zwischen Verdichtungsgebieten und dünn besiedelten Gebieten, damit auch in strukturschwächeren Regionen eine angemessene Versorgung der auf Hilfen angewiesenen Menschen gewährleistet ist.[626] Die Lebensbedingungen in dem gesamten sozialen, wirtschaftlichen und politischen Umfeld, in dem die Bürgerinnen und Bürger wohnen, sollen gleichwertig ausgestaltet werden.[627]

Anders als die früher lautende Fassung »Einheitlichkeit der Lebensverhältnisse«, die eine Unitarisierung der Lebensverhältnisse zum Ziel hatte[628], soll durch den Begriff der »Gleichwertigkeit« zum Ausdruck gebracht werden, dass sich die Lebens- und Sozialstandards zwischen den Körperschaften nach und nach annähern sollen, ohne dabei regionale Besonderheiten und Eigenheiten der einzelnen Körperschaften unmöglich zu machen. Ziel ist die Vielfalt in der Einheit.[629] Erst, wenn sich die Lebensverhältnisse in erheblicher, das Sozialgefüge beeinträchtigende Weise auseinander entwickelt haben oder sich eine derartige Entwicklung konkret abzeichnet, ist ein Eingreifen zulässig.[630] Es reicht für das Einschreiten aus, wenn ein

---

624 *Schink,* in: Schmidt-Jortzig/Schink, Subsidiaritätsprinzip, S. 25 (79) m. w. N.; *DLT,* Der Landkreis 1974, 219 (221).

625 *Ernst,* Kreisentwicklungsplanung, S. 120 f.; *Schink,* in: Schmidt-Jortzig/Schink, Subsidiaritätsprinzip, S. 25 (81); *Lechleitner,* Jura 2004, 746 (748); *Hoppe/Rengeling,* Rechtsschutz, S. 110; *Kruse,* Funktionalreform, S. 28; speziell zum Bereich der Sozialhilfe *Hörster,* Wahrnehmung der Sozialhilfeaufgaben, S. 49 und S. 165 ff.

626 *Soell,* BayVBl. 1977, 1 (2); *Andriske,* Aufgabenneuverteilung, S. 110 und 143; ähnlich: *Schink,* in: Schmidt-Jortzig/Schink, Subsidiaritätsprinzip, S. 25 (79); kritisch zum »Mythos« gleichwertiger Lebensverhältnisse *Siedentopf,* in: difu, Funktionalreform, S. 7 (19).

627 *Oeter,* in: v. Mangoldt/Klein/Starck, GG, Bd. 2, Art. 72, Rn. 91.

628 *Oeter,* in: v. Mangoldt/Klein/Starck, GG, Bd. 2, Art. 72, Rn. 90.

629 *Oeter,* in: v. Mangoldt/Klein/Starck, GG, Bd. 2, Art. 72, Rn. 93; *Lechleitner,* Jura 2001, 746 (748).

630 *BVerfG,* Urt. v. 24.10.2002 – 2 BvF 1/01 (»Altenpflege-Urteil«) –, in: BVerfGE 106, 62 (143) = DVBl. 2003, 44 (48).

bestimmter Teil der Bevölkerung (Familien mit Kindern, Behinderte, etc.) von unterschiedlichen Lebensverhältnissen betroffen ist.[631] Als mögliche Handlungsstrategie kommt beispielsweise die Standardisierung der Verwaltungsleistungen – und damit Abschaffung erheblicher Qualitätsunterschiede – in Betracht. Ziel muss es bei allen Bemühungen sein, nicht gerechtfertigte Leistungsgefälle zu vermeiden.[632]

Betrachtet man die Zuständigkeitsverteilung in den zu erörternden Ebenen, so muss untersucht werden, ob die Ebene der Kreise und kreisfreien Städte flächendeckend in der Lage ist, eine spezielle Aufgabe, die der Gesetzgeber der Ebene der Kreise und kreisfreien Städte aufbürdet, in allen Gebietskörperschaften zu erfüllen, ob also alle Körperschaften Angebote für die entsprechende Aufgabe vorhalten bzw. zeitnah aufbauen können und dieses auch tun. Verneint man diese Frage, so ergeben sich hieraus zwei Anschlussfragen: erstens ist die Körperschaft mangels Leistungsfähigkeit nicht in der Lage, die Aufgabe wahrzunehmen und/oder zweitens hat die Körperschaft trotz Leistungsfähigkeit – aus welchen Beweggründen heraus auch immer – kein Interesse daran, ein Angebot vorzuhalten. In ersterem Fall indiziert dieses, dass eine Aufgabenwahrnehmung auf einer höheren Ebene sinnvoll sein kann. Genauso gut könnte der Gesetzgeber aber dafür Sorge tragen, die Leistungsfähigkeit der Ebene durch finanzielle Besserstellung derart zu verbessern, dass eine Aufgabenwahrnehmung auf der Ebene möglich ist. Im zweiten Fall muss der Gesetzgeber analysieren, wo die Gründe für den mangelnden Willen der Aufgabenwahrnehmung liegen und entsprechend reagieren, beispielsweise durch Kompetenzregulierungen, also durch Umwandlung beispielsweise einer Pflichtaufgabe in eine Pflichtaufgabe zur Erfüllung nach Weisung.

III. Weitere Maßstäbe

Auch aus anderen Prinzipien des Grundgesetzes und der Landesverfassung ergeben sich weitere Maßstäbe zur Beurteilung einer Aufgabenverlagerung innerhalb der zu untersuchenden Ebenen.

---

631 *Lechleitner,* Jura 2004, 746 (748).

632 *Andriske,* Aufgabenneuverteilung, S. 143.

1. Einheitliche Normenauslegung und -anwendung

Der Gesetz- und Verordnunggeber hat auf das Erfordernis der Einheitlichkeit der Verwaltungspraxis zu achten. Gesetzesanwendung und Gesetzesvollzug müssen bei gleichen Hoheitsträgern landesweit einheitlich gestaltet sein. Um diesem Merkmal eine möglichst große Geltung zu verschaffen, müssen die Normen zunächst eindeutig formuliert sein. Dieses ist jedoch allein von Seiten der Legislative realisierbar. Eine übereinstimmende Verwaltungsausübung kann dadurch erreicht werden, dass beispielsweise Verwaltungsvorschriften erlassen werden.

Räumt der Gesetzgeber den zuständigen Stellen hingegen Ermessen ein, macht er hierdurch geradezu deutlich, dass es zu unterschiedlicher Gesetzesumsetzung im Einzelfall kommen kann. Es ist geradezu notwendiges Korrelat einer gegliederten Zuständigkeitsordnung, dass verschiedene zuständige Stellen unterschiedliche Entscheidungen treffen dürfen.[633] Erst wenn der Gesetz- oder Verordnungsgeber die entstehenden Abweichungen für nicht mehr tolerabel hält, kann er die Praxis der verschiedenen Zuständigkeitsträger in einzelnen Fragen durch für alle geltende gesetzliche Vorgaben angleichen.[634] Forderte man eine gleiche Normenauslegung bei Ermessensentscheidungen in sämtlichen Kommunalkörperschaften, so ist eines deutlich: eine Einheitlichkeit in der Normanwendung wird leichter erreicht, wenn nur wenige zentrale Behörden zu Entscheidungen und Normanwendung berufen sind.[635] Je mehr die Gesetzesanwendung mehrdeutiger Normen dezentralisiert wird und die Zahl der sachlich zuständigen Körperschaften zunimmt, desto höher ist die Wahrscheinlichkeit, dass es zu differenzierten Anwendungen kommt, sodass sich von diesem Gesichtspunkt eine Hochzonung leicht rechtfertigen ließe.

Bei entscheidungsgebundenen Aufgaben besteht aufgrund der Bindung der Verwaltung an Recht und Gesetz (Art. 1 Abs. 3, 20 Abs. 3 GG) keine Gefahr, dass gesetzliche Vorgaben unterlaufen werden.

633 *Oebbecke,* DVBl. 1987, 866 (876).
634 *Oebbecke,* DVBl. 1987, 866 (876).
635 *Peters,* Zentralisation und Dezentralisation, S. 46.

2. Wirtschaftlichkeit und Sparsamkeit

Schließlich ist in die Beurteilung der Rechtfertigung eines Eingriffs einzubeziehen, welche Ebene eine wirtschaftlichere und sparsamere Aufgabenerfüllung gewährleistet.[636] Dabei gilt das Prinzip der Wirtschaftlichkeit und Sparsamkeit nicht absolut, sondern tritt neben die Verpflichtung, überhaupt Maßnahmen zur Daseinsvorsorge und Herstellung sozialer Gerechtigkeit zu ergreifen.[637]

Zunächst bedarf es einer Klärung der Begriffe der Wirtschaftlichkeit und Sparsamkeit. Bei dem Begriff der Wirtschaftlichkeit wird zumeist zwischen den Begriffen *Effektivität* und *Effizienz* unterschieden. Der Begriff der *Effektivität* bringt zum Ausdruck, ob die zur Verfügung stehenden Ressourcen so eingesetzt werden, dass eine sachgerechte Aufgabenerfüllung umfassend und langfristig gewährleistet ist.[638] Dieser Maßstab tritt in zwei Formen auf: zum einen in Form des *Minimalprinzips,* wonach mit einem Minimum an Aufwand ein bestimmter, gegebener Erfolg erzielt wird, zum anderen in Form des *Maximalprinzips,* wonach mit den gegebenen, vorhandenen Mitteln ein möglichst großer Erfolg erzielt wird.[639] Nach dem *Minimalprinzip* liegt Unwirtschaftlichkeit vor, wenn eine bestimmte Aufgabe mit geringerem Personal- oder Sachaufwand erfüllt werden kann.[640] Nach dem *Maximalprinzip* liegt Unwirtschaftlichkeit vor, wenn eine Aufgabe mit gleichem Aufwand wirksamer (ergiebiger) erfüllt werden kann.[641] Beide Prinzipien stehen sich gleichwertig gegenüber.[642]

---

636 *StGHBW,* Urt. v. 14.2.1975 – GR 11/74 –, in: NJW 1975, 1205 (1207). Der verfassungsrechtliche Anknüpfungspunkt der wirtschaftlichen und sparsamen Aufgabenerfüllung wird unterschiedlich beurteilt. Für eine Anknüpfung an das Rechtsstaatsprinzip: *Schmidt,* Wirtschaftlichkeit, S. 25; *Pünder,* Haushaltsrecht im Umbruch, S. 61, der es auch im Sozialstaatsprinzip verankert; für eine Anknüpfung an das Sozialstaatsprinzip offensichtlich *StGHBW,* Urt. v. 24.3.1977 – GR 5/76, 6/76 –, in: Der Landkreis 1977, 293 (293); *Soell,* BayVBl. 1977, 1 (1).

637 *StGHBW,* Urt. v. 14.2.1975 – GR 11/74 –, in: NJW 1975, 1205 (1207); *Hörster,* Wahrnehmung der Sozialhilfeaufgaben, S. 48.

638 *Pünder,* Haushaltsrecht im Umbruch, S. 57; ähnlich *v. Arnim,* Wirtschaftlichkeit als Rechtsprinzip, S. 51.

639 *Wagener,* Neubau, S. 299; *Leisner,* Effizienz, S. 32; *Schmidt,* Wirtschaftlichkeit, S. 46; so auch *von Arnim,* in: v. Arnim/Lüder, Wirtschaftlichkeit, S. 67 (68 f.), der von Ergiebigkeitsprinzip und Sparsamkeitsprinzip spricht.

640 *v. Arnim,* Wirtschaftlichkeit als Rechtsprinzip, S. 20.

641 *v. Arnim,* Wirtschaftlichkeit als Rechtsprinzip, S. 20.

642 *Wagener,* Neubau, S. 299.

Das Erfordernis der *Effizienz* hingegen verlangt sicherzustellen, dass von der Gemeinde bei der Verwendung der zur Verfügung stehenden Ressourcen unter mehreren zur effektiven Aufgabenerfüllung gleichermaßen geeigneten Möglichkeiten die ressourcenschonendste (bzw. kostengünstigste oder sparsamste) Alternative ausgewählt wird.[643] Es geht also um das Verhältnis zwischen inhaltlich näher zu spezifizierenden inputs und outputs als Differenz oder als Quotient.[644]

Aus den genannten Definitionen und weitergehenden Erläuterungen wird ersichtlich, dass eine strikte Trennung der Maßstäbe der Wirtschaftlichkeit und Sparsamkeit kaum möglich ist[645], beide bedingen sich, sie sind Komplementärbegriffe[646]. Beide, Effektivität *und* Effizienz, können bei zuständigkeitsverlagernden Maßnahmen im Rahmen des Übermaßverbots[647] berücksichtigt werden[648]. Beide Merkmale binden alle drei Gewalten. Nur die Verwaltung an das Postulat einer wirtschaftlichen und sparsamen Verwaltung zu binden, den Gesetzgeber, der die Grundentscheidungen selber trifft, jedoch nicht, könnte die legislative Verantwortung auf die Verwaltung einseitig abwälzen. Grundlegende Maßstäbe staatlichen Handelns, zu denen auch die Effizienz als genuin finanzverfassungsrechtlicher Prüfungsmaßstab zählt, sind nicht segmentierbar.[649] Um bestimmen zu können, ob die Aufgabenwahrnehmung auf der einen oder auf der anderen Ebene

643 *Pünder,* Haushaltsrecht im Umbruch, S. 58; so auch *Derlien,* Die Verwaltung 7 (1974), 1 (4).

644 *Derlien,* Die Verwaltung 7 (1974), 1 (3); *Pünder,* Haushaltsrecht im Umbruch, S. 59 f.; *Burgi,* in: VVDStRL 62 (2002), 405 (416, Fn. 53); *Gröpl,* Haushaltsrecht, S. 346; *Hoffmann-Riem,* in: Hoffmann-Riem/Schmidt-Aßmann, Effizienz, S. 11 (18); *Brohm,* JuS 1977, 500 (500).

645 *Gröpl,* Haushaltsrecht, S. 346; *Hoffmann-Riem,* in: Hoffmann-Riem/Schmidt-Aßmann, Effizienz, S. 11 (25); *Schmidt,* Wirtschaftlichkeit, S. 48; ähnlich *Schmidt-Aßmann,* in: Hoffmann-Riem/Schmidt-Aßmann, Effizienz, S. 245 (248). Nach *Grupp,* JZ 1982, 231 (234 f.), ist der Grundsatz der Sparsamkeit im Wirtschaftlichkeitsgebot enthalten; so wohl auch *v. Arnim,* in: v. Arnim/Lüder, Wirtschaftlichkeit, S. 67 (69).

646 *Pünder,* Haushaltsrecht im Umbruch, S. 61. Nach *Pippke* u. a., Organisation, S. 6. ist Sparsamkeit mit dem Minimalprinzip gleichzusetzen.

647 *Ernst,* Kreisentwicklungsplan, S. 244; *Gröpl,* Haushaltsrecht, S. 349 (»spezifisches Verhältnismäßigkeitsprinzip in finanzrechtlicher Ausprägung«).

648 *Leisner,* Effizienz, S. 13; so auch *Gröpl,* Haushaltsrecht, S. 348; *Schmidt,* Wirtschaftlichkeit, S. 51, der darauf hinweist, dass der Aspekt der Wirtschaftlichkeit und Sparsamkeit nur eines der Merkmale ist, die Berücksichtigung finden müssen.

649 *Gröpl,* Haushaltsrecht, S. 348 f.

wirtschaftlicher ist, bedarf es einer genauen Kosten-Nutzen-Analyse, die nicht immer zum vorgenommenen Ergebnis, nämlich der Kostenminimierung, führt.[650] Die wirtschaftliche Betrachtungsweise hängt von der Art der Aufgabe ab. Die Aussage, dass Zentralisation stets eine Vereinfachung und Verbilligung der Organisation des Gemeinwesens herbeiführt, ist nicht allgemeingültig.[651] Vielmehr ist festzustellen, »daß die Zentralisation bald verbilligend, bald verteuernd wirkt«[652].

Auch nach »Rastede« spielt das Merkmal der Wirtschaftlichkeit und Sparsamkeit in der Rechtfertigung eines Eingriffs in das Selbstverwaltungsrecht eine Rolle. Dies gilt im besonderen Maße für die hier zu untersuchenden Ebenen, da sie durch die Verbandsumlage finanziell eng miteinander verwoben sind. Eine kostengünstigere Wahrnehmung auf höherer Ebene führt zu geringeren Umlagesätzen und mithin zu Kosteneinsparungen auf der unteren Ebene. Anders als in »Rastede« ist eine Kompetenzverlagerung schon dann aus wirtschaftlichen Gründen zulässig, wenn es zu einer spürbaren Entlastung der Mitgliedskörperschaften kommt. Dabei besteht allerdings die Schwierigkeit, die spürbare Entlastung im Einzelfall zu definieren.[653]

F. Prüfungsstandort für die Überprüfung der materiellen Voraussetzungen

Die aufgeführten Gesichtspunkte sind im Rahmen der Verhältnismäßigkeitsprüfung und der Abwägung zu berücksichtigen.

650 *Biehl,* in: Schuster, Dezentralisierung II, S. 84 (86).

651 *NdsStGH,* Urt. v. 6.12.2007 – StGH 1/06 –, NdsVBl. 2008, 37 (42); *Peters,* Zentralisation und Dezentralisation, S. 45 und S. 52; *Ullrich,* in: Verein für Verwaltungsreform, Funktionalreform, S. 62 (77) beispielhaft für den Landkreis Ammerland; *Schäfer,* Zentralisation und Dezentralisation, S. 183, der sogar von einer umgekehrten Beziehung ausgeht. Anders *Schulz-Heising,* in: Böhret, Stadtforschung, S. 155 (169).

652 *Peters,* Zentralisation und Dezentralisation, S. 46.

653 Nach *Nierhaus,* in: GS Burmeister, S. 245 (259), rechtfertigt – im Vergleich zur Eingriffsintensität – eine Kostenersparnis von 20-30 % eine Hochzonung zwischen amtsangehörigen Gemeinden und Ämtern.

I. Überprüfung anhand des Verhältnismäßigkeitsprinzips

1. Geltung des Verhältnismäßigkeitsprinzips im Staatsorganisationsrecht

Dabei ist aber zunächst fraglich, ob das Verhältnismäßigkeitsprinzip im Rahmen des Staatsorganisationsrechts, namentlich im Bereich kommunaler Selbstverwaltung, überhaupt Anwendung findet.

Dieses wird seit dem Rastede-Beschluss verschiedentlich verneint.[654] Als Grund wird angeführt, dass das Verhältnismäßigkeitsprinzip nur bei gezielt-individuellen Maßnahmen Anwendung finde, nicht aber dort, wo der Gesetzgeber eine institutionelle Garantie ausgestalte.[655] Bewertet würde zumindest im Verhältnis von Art. 28 Abs. 2 S. 1 GG zu S. 2 die Frage nach der Rechtfertigung durch ein Regel-Ausnahme-Verhältnis zwischen gemeindlichen und übergemeindlichen Aufgaben.[656] Dieser grundsätzlich ablehnenden Ansicht sind ein anderer Teil der Literatur und zahlreiche Landesverfassungsgerichte zu Recht nicht gefolgt. Hiernach findet das Verhältnismäßigkeitsprinzip im Staatsorganisationsrecht, namentlich im Bereich der kommunalen Selbstverwaltung, (weiterhin) Anwendung.[657] Auch wenn das Bundesverfassungsgericht die vorzunehmende Prüfung einer Kompetenzverlagerung nicht als Verhältnismäßigkeitsprüfung tituliert, so sind die Kriterien, die es an eine derartige Maßnahme stellt, mit denen der

---

654 *BVerfG,* Urt. v. 22.5.1990 – 2 BvG 1/88 (»Kalkar II«) –, in: BVerfGE 81, 310 (338); Urt. v. 12.10.1993 – 2 BvR 2134, 2159/92 (»Maastricht«) –, in: BVerfGE 89, 155 ff.; *Schmidt-Aßmann,* in: FS Sendler, S. 121 (136); *Heusch,* Verhältnismäßigkeit im Staatsorganisationsrecht, S. 54, der aber im Übrigen eine differenzierte Bewertung der Anwendbarkeit des Verhältnismäßigkeitsgrundsatzes befürwortet, ähnlich: *Sommermann,* in: v. Mangoldt/Klein/Starck, GG, Bd. 2, Art. 20, Rn. 318.

655 *Clemens,* NVwZ 1990, 834 (835 f.); *Frenz,* Die Verwaltung 28 (1995), 33 (36).

656 *Schoch,* VerwArch 81 (1990), 18 (32 f.); darauf weist auch *Kenntner,* DÖV 1998, 701 (709), hin.

657 Ohne weitere Begründung: *ThürVerfGH,* Urt. v. 21.6.2005 – VerfGH 28/03 –, in: NVwZ-RR 2005, 665 (668); *VerfGHNRW,* Urt. v. 15.1.2002 – VerfGH 40/00 –, in: NVwZ 2002, 1502 (1503) m. w. N.; *OVG Münster,* Urt. v. 27.8.1996 – 15 A 4171/93 –, in: NVwZ-RR 1997, 251 (252); *VerfGBbg,* Urt. v. 17.10.1996 – VfGBbg 5/95 –, in: NVwZ-RR 1997, 352 (355); *NdsStGH,* Urt. v. 6.12.2007 – StGH 1/06 –, NdsVBl. 2008, 37 (40); ausführlich: *Ipsen,* ZG 1994, 194 (209 ff.); *Sachs,* in: Sachs, GG, Art. 20, Rn. 147; *Schink,* VerwArch 81 (1990), 385 (399 ff.); *Pappermann/Roters/Vesper,* Maßstäbe, S. 31.

Verhältnismäßigkeit identisch.[658] Hinzu kommt, dass das Verhältnismäßigkeitsprinzip nach ganz überwiegender Ansicht[659] im Rechtsstaatsgebot (Art. 20 GG) seinen Anknüpfungspunkt findet und somit Verfassungsrang besitzt. Der Aufgaben zuweisende und verlagernde Gesetzgeber ist an die Beachtung der sich aus dem Rechtsstaatsprinzip ergebenden Prinzipien gebunden, Art. 20 Abs. 3 GG.[660] Diese Bindung erstreckt sich durch den grundgesetzlichen Anknüpfungspunkt des Verhältnismäßigkeitsgrundsatzes nicht nur auf die Überprüfung einer Kompetenzverlagerung zwischen Gemeinden und Kreisen, sondern ist auch in den Fällen anwendbar, in denen Aufgaben von einer Gemeindeverbandsebene auf eine andere Gemeindeverbandsebene verlagert werden.[661]

2. Inhalt des Verhältnismäßigkeitsprinzips

a. Legitimer Zweck

Zunächst muss jedem Eingriff in Gestalt einer Kompetenzverlagerung ein legitimer Zweck zugrunde liegen. Als illegitim erweisen sich solche Zwecke, die aus objektiver Sicht nicht mit der Rechtsordnung in Einklang stehen, beispielsweise verfassungswidrige Zwecke.[662] Hierunter fallen auch solche Ziele, die lediglich Einzel- oder Gruppeninteressen widerspiegeln, die also nicht anhand objektiver Kriterien bemessen werden, sondern klientelgeleitet sind.[663]

---

658 So auch *Schink,* VerwArch 81 (1990), 385 (401); *Kronisch,* Aufgabenverlagerung, S. 68 f., der von »anderer Etikettierung« spricht; ähnlich *Falk,* kommunale Aufgaben, S. 141 (»der Unterschied ist damit nur ein terminologischer«); *Ipsen,* ZG 1994, 194 (210).

659 *BVerfG,* Beschl. v. 15.12.1965 – 1 BvR 513/65 –, in: BVerfGE 13, 343 (348 f.); Urt. v. 24.4.1985 – 2 BvF 2, 3, 4/83 und 2/84 –, in: BVerfGE 69, 1 (35); *NdsStGH,* Urt. v. 6.12.2007 – StGH 1/06 –, in: NdsVBl. 2008, 37 (40); *Grzeszick,* in: Maunz/Dürig, GG, Bd. III, Art. 20 VII, Rn. 108.

660 *Schink,* VerwArch 81 (1990), 385 (402); ähnlich: *Ehlers,* in: Ehlers/Krebs, Grundfragen, S. 59 (83).

661 So auch *VerfGHNRW,* Urt. v. 26.6.2001 – VerfGH 28/00 und 30/00 (»Straßenbau«) –, in: NWVBl. 2001, 340 (347) m. w. N.

662 *Sachs,* in: Sachs, GG, Art. 20, Rn. 97.

663 *Bückmann,* Verfassungsfragen, S. 26.

b. Geeignetheit

Der Eingriff muss sodann geeignet sein, den legitimen Zweck zumindest zu fördern; eine Zweckerreichung ist nicht notwendigerweise zu fordern.[664] Dabei ist von einer ex-ante-Position ausgehend die Frage zu stellen, ob der Gesetzgeber damit rechnen konnte, dass die Kompetenzverlagerung als eingesetztes Mittel seine Zielvorstellungen fördere.[665] Die Ungeeignetheit einer gesetzgeberischen Maßnahme kann erst dann festgestellt werden, wenn sie von vornherein ungeeignet war, die Ziele und Zwecke des Gesetzgebers zumindest zu fördern.[666] Dass sich ex post herausstellt, dass das ausgewählte Mittel der Zweckerreichung nicht dienlich war, schadet nicht, solange nur zum Zeitpunkt der Anordnung berechtigterweise von der Geeignetheit ausgegangen werden konnte.[667] Notwendig, aber auch ausreichend ist, wenn das gewählte Mittel in einem Bezug zur Realisierung des Ziels steht und dieses nur abstrakt und im Allgemeinen fördert.[668]

c. Erforderlichkeit

Weiterhin muss der Eingriff erforderlich sein. Eine gesetzgeberische Maßnahme ist nicht erforderlich, wenn ein milderes, den Adressaten weniger belastendes Mittel zur Wahl steht. Dieses Mittel muss aber gleich wirksam sein.[669]

Als milderes Mittel kommt zunächst eine gesetzliche Verpflichtung zur interkommunalen Zusammenarbeit in Betracht.[670] Gäbe der Gesetzgeber bei pflichtigen Kooperationsformen Richtwerte vor, ab denen eine kommunale Zusammenarbeit zur Pflicht wird, würden hierdurch nicht notwendigerweise alle Kommunalkörperschaften, die ursprünglicher Aufgabenträger sind, von der Verpflichtung betroffen.[671] So läge zumindest für diese

---

664 *Sommermann,* in: v. Mangoldt/Klein/Starck, GG, Bd. 2, Art. 20, Rn. 314; *Sachs,* in: Sachs, GG, Art. 20, Rn. 150: »kein Optimierungsgebot«.

665 *Stüer,* Funktionalreform, S. 317.

666 *Stüer,* Funktionalreform, S. 317 f.

667 *Jakobs,* Verhältnismäßigkeit, S. 63.

668 *Clérico,* Verhältnismäßigkeit, S. 46.

669 Statt aller: *Sommermann,* in: v. Mangoldt/Klein/Starck, GG, Bd. 2, Art. 20, Rn. 314.

670 *Siedentopf,* in: difu, Funktionalreform, S. 7 (22).

671 Der Gesetzgeber darf bei struktureller Unterschiedlichkeit der äußeren Bedingungen pauschalieren, weshalb eine Hochzonung auch dann als erforderliches Mittel anzusehen ist, wenn das gewählte Mittel der Hochzonung im Vergleich zu den alternativen Mitteln im Durchschnitt milder oder jedenfalls nicht stärker belastend ist, s. *Clérico,* Verhältnismäßigkeit, S. 93.

Kommunen kein Eingriff vor. Problematisch ist in Bezug auf die gleiche Wirksamkeit, dass es durch die immer noch vorhandene unterschiedliche Verwaltungskraft landesweit zu unterschiedlichen Lösungen käme. Es ist zu bedenken, dass nicht immer strukturschwache Körperschaften geographisch nebeneinander liegen. Hierdurch würde eine effektive Zusammenarbeit erschwert. Hinzu kommt, dass die Mitgliedschaft in dem Zusammenschluss für einzelne Kommunen zunächst hilfreich sein kann, sie dann aber ein ausreichendes Angebot geschaffen haben und möglicherweise aus dem Verband austreten. Die Stellung der Kooperation würde geschwächt. Folge wäre eine unklare Zuständigkeitsverteilung, verbunden mit Nachteilen für die Bürgerinnen und Bürger. Für sie wäre es nicht mehr eindeutig, an wen sie sich bei Fragen und Problemen wenden können. Dieses ist insbesondere dann zu befürchten, wenn das Angebot der ausgetretenen Körperschaft wieder unter das Mindestmaß fällt, bei dem eine eigenständige Aufgabenwahrnehmung zulässig wäre. Dann müsste die Körperschaft der Zwangskooperation erneut beitreten. Darüber hinaus wäre – nimmt man eine Verpflichtung zur interkommunalen Zusammenarbeit ernst – die Existenzberechtigung höherer Gemeindeverbände im Allgemeinen in Frage zu stellen, da im Zweifel alle Aufgaben in interkommunaler Zusammenarbeit erledigt werden könnten. Die Verpflichtung zur interkommunalen Zusammenarbeit stellt damit kein gleich wirksames Mittel dar.

Als milderes Mittel kommt aber eine zeitlich befristete Hochzonung in Betracht. Mit dem Ablauf der im Gesetz normierten Frist träte der ursprüngliche Zustand wieder ein. Gleichzeitig entfielen die Hochzonung und damit auch die Verkürzung des Gewährleistungsbereichs. Für die Einstufung der Befristung als milderes Mittel kann angeführt werden, dass durch eine solche zeitliche Begrenzung das Gewicht und die Intensität des Eingriffs auf den minimalen Umfang reduziert werden, den der Gesetzgeber für notwendig erachtet, damit die zugrunde liegenden Ziele möglichst weit umgesetzt werden können. Dabei darf der Gesetzgeber die Zeitspanne so lang bemessen, wie es nach seiner Einschätzung für die Verbesserung der Situation notwendig ist. Gegen die Anerkennung der Befristung als milderes Mittel ist jedoch einzuwenden, dass die betroffene Körperschaft während der befristeten Hochzonung die Aufgabenzuständigkeit vollständig verliert. Hinzu kommt, dass die Förderung/Erreichung des angestrebten Ziels bei einer Befristung ungewiss ist. Bemisst man die gesetzliche Befristung zu knapp, so ist eine Zielförderung meist unwahrscheinlich. Bemisst man die Dauer der Befristung aber zu lang, so besteht für die kommunale Körperschaft kaum noch ein Unterschied dazwischen, ob die Aufgabe dauerhaft oder ob sie für einen längeren Zeitraum auf einen anderen Aufgabenträger übertragen wird. Auch wenn sich Befristungszeiträume von vier bis fünf Jahren herauskristallisiert haben[672], kann von einem milderen Mittel in Form der Befristung einer Kompetenzverlagerung daher nicht die Rede sein. De facto besitzen die Kommunen für einen gewissen Zeitraum keinen Einfluss auf die Aufgabenwahrnehmung.

Weiterhin ist darüber nachzudenken, ob die Veränderung der Aufgabenqualität, also beispielsweise die Umwandlung einer pflichtigen Selbstverwaltungsangelegenheit in eine Pflichtaufgabe zur Erfüllung nach Weisung oder der Erlass von Ausführungsanweisungen[673] (Kompetenzregulierung), einen weniger belastenden Eingriff und somit ein milderes Mittel darstellt. Hiergegen spricht indes, dass mit der Umwandlung der Aufgabenart eine Einschränkung der Eigenverantwortlichkeit einhergeht und somit ein anderer Gewährleistungsaspekt der Selbstverwaltungsgarantie eingeschränkt wird: statt Art. 78 Abs. 2 LV wird nunmehr Art. 78 Abs. 1 LV verletzt.[674] Ein weniger einschneidendes Mittel liegt demnach nicht vor. Darüber hinaus wäre eine solche Kompetenzregulierung auch nicht gleich wirksam. Überträgt der Gesetz- oder Verordnungsgeber eine Aufgabe auf eine höhere Stelle, kommt es ihm ja gerade darauf an, direkten Einfluss auf die Aufgabenwahrnehmung auszuüben. Dieses könnte er aber bei einer Kompetenzregulierung – wenn überhaupt – nur sehr eingeschränkt erreichen. Denn selbst die Pflichtaufgaben zur Erfüllung nach Weisung stellen Selbstverwaltungsaufgaben dar, auch wenn sie mit Weisungs- und Aufsichtsrechten versehen sind. Eine Einflussnahme des Landes ist somit nur bedingt möglich, auf jeden Fall aber geringer, als bei einer Wahrnehmung auf höherer, zumindest staatlicher Ebene.

672 Das hängt damit zusammen, dass der Gesetzgeber nicht unnötigerweise bei einem möglichen Regierungswechsel die nachfolgende Regierung/Regierungsmehrheit präjudizieren möchte. Eine Verkürzung der Befristungszeiten während der laufenden Befristung ist gerade im Hinblick auf solche Sachverhalte problematisch, in denen die Bürger bereits Vertrauen in die Regelung gesetzt haben. Daher ist eine Änderung der Befristungsregelung nur unter engen Voraussetzungen zuzulassen, *Chanos,* Möglichkeiten und Grenzen, S. 74 ff.

673 *Stüer,* Funktionalreform, S. 355 f.

674 *Stüer,* Funktionalreform, S. 355, sieht in der Einschränkung der Eigenverantwortlichkeit einen qualitativ geringwertigeren Eingriff in den Schutzbereich kommunaler Selbstverwaltungsgarantie; relativierend a. a. O., S. 362.

Die Veränderung der Aufgabenqualität stellt demnach ebenfalls kein milderes Mittel dar.

Andere mildere Mittel sind nicht zu erkennen, so dass die »Hochzonung« grundsätzlich für erforderlich gehalten werden kann.

d. Angemessenheit

Schließlich müsste die Hochzonung auch verhältnismäßig i. e. S., mithin angemessen sein. Angemessen ist eine Maßnahme, wenn die Schwere des Eingriffs noch in einem angemessenen Verhältnis zu dem Gewicht und der Dringlichkeit der durch die Maßnahme geförderten Gemeinwohlbelange steht.[675] Um die Angemessenheit beurteilen zu können, hat eine Abwägung zwischen dem Gewicht des Eingriffs in das verkürzte Recht und dem durch ihn zu erzielendem Gewinn zu erfolgen. Der Legitimationsbedarf ergibt sich aus der Intensität des Eingriffs.

II. Orientierung anhand des Abwägungsgebots

Als weiterer Orientierungspunkt bei der Überprüfung einer Kompetenzverlagerung ist das Abwägungsgebot, das bei Interessenkonflikten verschiedener öffentlicher Interessen[676] auch im Landesrecht[677] Geltung erlangt, heranzuziehen.[678] Es dient neben dem Verhältnismäßigkeitsgrundsatz der Ermittlung und Einstellung der Maßstäbe, die im Rahmen der verfassungsrechtlichen Kontrolle der verlagernden Maßnahme zu berücksichtigen sind.[679] Im Gegensatz zum Verhältnismäßigkeitsgrundsatz ermöglicht das Abwägungsgebot ein ganzes Bündel an Zielen und Maßnahmen in die Bewertung einzustellen und so einen gerechten Ausgleich zwischen diesen Zielen und Maßnahmen herzustellen.[680] Das Abwägungsgebot findet Anwendung bei komplexen Entscheidungen, es ist in diesen Fällen eine

---

675 *Sommermann,* in: v. Mangoldt/Klein/Starck, GG, Bd. 2, Art. 20, Rn. 314.

676 *Bleckmann,* JuS 1994, 177 (182).

677 *Hofmann,* Abwägung im Recht, S. 176.

678 Eine Übertragbarkeit dieses Gebots aus dem Planungsrecht auf den Bereich der kommunalen Selbstverwaltung bejaht (für Neugliederungsentscheidungen) *Stüer,* DVBl. 1977, 1 (3). Auch das Abwägungsgebot wurzelt im Rechtsstaatsprinzip (*BVerwG,* Urt. v. 23.1.1981 – 4 C 4.78 –, in: DVBl. 1981, 932 (933); *Hofmann,* Abwägung im Recht, S. 269.), so dass bezüglich der Frage der Anwendbarkeit auf den oben (S. 123 f.) geführten Streit verwiesen werden kann.

679 *Bleckmann,* JuS 1994, 177 (179).

680 *Hofmann,* Abwägung im Recht, S. 171.

spezifische Form des Verhältnismäßigkeitsprinzips[681] und daher als Bestandteil des Grundsatzes der Verhältnismäßigkeit im weiteren Sinne zu verstehen[682]. Eine Entscheidung, die den Anforderungen der Abwägung entspricht, »entspricht damit auch dem Verhältnismäßigkeitsgrundsatz, dem bei ... Entscheidungen gerade durch die Beachtung des Abwägungsgebots Rechnung getragen wird und dessen Einhaltung daneben keiner eigenen Prüfung bedarf«[683]. Es soll durch die Abwägung der Rang des Gutes oder Wertes, zu dessen Wahrung ein staatlicher Eingriff vorgenommen wird, im Verhältnis zum Rang des vom Eingriff betroffenen Gutes oder Wertes festgestellt werden.[684] Dem Abwägungsgebot kommt eine Brückenfunktion zu, die darin besteht, die Gründe des öffentlichen Wohls durch verfahrensmäßige und inhaltliche Vorgaben zu konkretisieren und sie für die erforderliche Verhältnismäßigkeitsprüfung vorzubereiten und verwendungsfähig zu machen.[685]

Die Abwägung umfasst vier Phasen: die Ermittlung des Abwägungsmaterials, die Einstellung konkreter Maßstäbe, die Gewichtung der einzelnen Belange und die Ermittlung des Abwägungsergebnisses.[686]

1. Ermittlung des Abwägungsmaterials

Auf einer ersten Stufe ist danach zu fragen, welche allgemeinen Belange in Form einer Grobselektion in die Güterabwägung einzustellen sind. Es ist eine Zusammenstellung des Abwägungsmaterials vorzunehmen, bei dem alle abwägungsrelevanten Belange festgestellt werden müssen. Diese können für

681 *Hofmann,* Abwägung im Recht, S. 269; *Stüer,* Handbuch, Rn. 142 (»Grundprinzipien, die untereinander in Wechselbeziehung stehen«); so wohl auch *BVerwG,* Urt. v. 7.3.1997 – 4 C 10.96 –, in: DVBl. 1997, 838 (840): »eine Ausprägung des Grundsatzes der Verhältnismäßigkeit«; *Hoppe,* in: Hoppe/Bönker/Grotefels, Öffentliches Baurecht, § 5, Rn. 1; das *BVerfG,* Beschl. v. 30.11.1988 – 1 BvR 1301/84 –, in: DVBl. 1989, 352 (355), kennzeichnet das Abwägungsgebot als besonders flexibles Instrument eines Interessenausgleichs unter maßgeblicher Berücksichtigung des Grundsatzes der Verhältnismäßigkeit. Nach *Erbguth,* Jura 1988, 561 (566), wird dem Verhältnismäßigkeitsprinzip bei planerischen Entscheidungen durch das Abwägungsgebot Rechnung getragen. Verletzte eine Entscheidung demnach das Abwägungsgebot, sei die Entscheidung auch unverhältnismäßig.

682 *Schneider,* Güterabwägung des BVerfG, S. 207 m. w. N.

683 *BVerwG,* Urt. v. 7.7.78 – 4 C 79.76 u. a. –, in: DVBl. 1978, 845 (848).

684 *Schlink,* Abwägung im Recht, S. 38.

685 *Stüer,* Funktionalreform, S. 349.

686 Vgl. *Bückmann,* Verfassungsfragen, S. 77 m. w. N.; *Hofmann,* Abwägung im Recht, S. 177. Zu den Phasen der Abwägung: *Hoppe,* in: Hoppe/Bönker/Grotefels, Öffentliches Baurecht, § 5, Rn. 36 ff.

den Bereich der kommunalen Selbstverwaltung anhand deren Funktion ausgemacht werden. Der Selbstverwaltung ist – wie das Bundesverfassungsgericht in seinem Rastede-Beschluss festgestellt hat[687] – immanent, dass sich die Demokratie von »unten nach oben« entwickelt, vgl. auch Art. 11 Bay. LV. In den genannten Vorschriften (Art. 28 Abs. 2 GG, Art. 78 LV und Art. 11 Bay. LV) kommt die Dezentralisierungsfunktion der kommunalen Selbstverwaltung zum Ausdruck, die in fünf Bereiche aufgeteilt werden kann[688]: Integrations- und Legitimationsfunktion, Sozialisierungs- bzw. Herabzonungsfunktion, Demokratisierungsfunktion[689], Rationalisierungsfunktion, die Versorgungsfunktion und eine Freiheit sichernde Funktion.[690] Dabei schließt kein Maßstab einen anderen von vornherein aus, vielmehr können alle Kriterien bei der Rechtfertigung einer Hochzonung zunächst relevant sein.[691]

Hierdurch können einerseits Spannungen zwischen den verschiedenen Kriterien auftauchen[692], andererseits aber auch Ergänzungseffekte[693].

2. Einstellung konkreter Maßstäbe

Auf einer zweiten Stufe erfolgt sodann eine Feinselektion. Hier werden die aus den allgemeinen Belangen resultierenden, konkreten Maßstäbe eingestellt.[694] Konkret abwägungsbeachtliche Belange der Gegenwart und Zukunft sind hier einzustellen. Dabei fallen hierunter nur solche Belange, die

---

687 *BVerfG,* Beschl. v. 23.11.1988 – 2 BvR 1619, 1628/83 (»Rastede«) –, in: BVerfGE 79, 127 (149) = DVBl. 1989, 300 (302) = NVwZ 1989, 347 (349).

688 Nach *Schäfer,* Zentralisation und Dezentralisation, S. 105, ausführlich S. 118 ff.; zur Integrationsfunktion kommunaler Selbstverwaltung auch *Oebbecke,* Zweckverbandsbildung, S. 62.

689 *Oebbecke,* Zweckverbandsbildung, S. 57 ff.

690 Zu den einzelnen Ausprägungen s. o. S. 107 ff.

691 *Gröpl,* Haushaltsrecht, S. 357 f. Dass hierbei ein Spannungsverhältnis auftreten kann, ist allgemein anerkannt, vgl. etwa *Hoppe/Rengeling,* Rechtsschutz, S. 110 f.; *Köstering,* in: Püttner, HdbKWP, Bd. 3, S. 39 (41) und S. 39 (61 f.); sowie *Schäfer,* Zentralisation und Dezentralisation, S. 103; weniger deutlich, jedoch auch in diese Richtung *Karpen,* in: v. Oertzen, Rechtsstaatliche Verwaltung im Aufbau I, S. 23 (36).

692 *LVerfGMV,* Urt. v. 26.7.2007 – LVerfG 9/06-17/06 –, in: DVBl. 2007, 1102 (1104); *Köstering,* in: difu, Funktionalreform, S. 147 (149 f.); *Andriske,* Aufgabenneuverteilung, S. 150 f; *DLT,* Der Landkreis 1967, Beilage zu Heft 7, S. 1 f.

693 So auch *Hill,* in: v. Oertzen, Rechtsstaatliche Verwaltung im Aufbau II, S. 25 (25).

694 *Hubmann,* Wertung und Abwägung, S. 149.

mehr als geringfügig, eintrittswahrscheinlich und erkennbar betroffen sind.[695] Diese Feinselektion erfüllt die Aufgabe eines »Trichters«, indem sie eine Betroffenheit für die konkrete Entscheidung verlangt und somit die Belange ausscheidet, die zwar grundsätzlich abwägungsrelevant sein können, im konkreten Fall aber keine Relevanz besitzen.[696] Es kann also sein, dass Untermaßstäbe, die sich aus den dargestellten Prinzipien ergeben,[697] bei der Verlagerung der Zuständigkeit einer Aufgabe in der zweiten Phase herausgefiltert werden.

3. Gewichtung der einzelnen Belange

Auf einer dritten Stufe sind sodann die einzelnen Belange zu gewichten. Dabei ist es schwierig, von vornherein die Wertigkeit der Maßstäbe mathematisch zu quantifizieren oder andere Rangverhältnisse auszumachen.[698] Eine solche Quantifizierung wird der offenen Diskussion und der Vielzahl an verschiedenen Aufgabenkomplexen nicht gerecht. Es ist vielmehr stets anhand des jeweiligen Aufgabenkomplexes, der jeweiligen Sachmaterie zu entscheiden, welche der herausgearbeiteten Kriterien ein stärkeres Gewicht in der Abwägung für sich in Anspruch nehmen können[699], so dass die gesetzgeberische Zielvorstellung eher realisiert wird[700]. Ein solches Vorgehen weist zwei gravierende Vorteile auf: Zum einen sind die möglichen Rechtsbereiche, in denen es zu Kompetenzverlagerungen kommen kann, sehr vielschichtig, da Ausgangslage und Bedürfnisse von Aufgabe zu Aufgabe auseinander fallen. Auch kann es Maßstäbe geben, bei denen nicht von vorneherein eindeutig ist, ob sie den Zweck der Aufgabe fördern oder nicht. Zum anderen lässt sich für eine differenzierte Betrachtungsweise anführen, dass die jeweiligen Voraussetzungen, die von dem Aufgaben umverteilenden Gesetzgeber aktuell vorgefunden werden, nicht statisch sind, sondern immer einem Wandel unterliegen, der es

695 *Hoppe,* in: Hoppe/Bönker/Grotefels, Öffentliches Baurecht, § 5, Rn. 38.

696 *Hoppe,* in: Hoppe/Bönker/Grotefels, Öffentliches Baurecht, § 5, Rn. 46 f.

697 S. o. S. 107 ff.

698 Für die verschiedenen Möglichkeiten s. z. B. *Andriske,* Aufgabenneuverteilung, S. 126 ff., insb. S. 150 ff. und S. 242 ff.; *Wagener,* Neubau, S. 285 uns 316; zustimmend *Richter,* Verfassungsprobleme, S. 18.

699 *Andriske,* Aufgabenneuverteilung, S. 151 f.; *Stüer,* Funktionalreform, S. 310 f.; *Gern,* DÖV 1986, 462 (466 f.); *Pappermann/Roters/Vesper,* Maßstäbe, S. 44, sprechen von einem »Wertdilemma«.

700 *Schäfer,* Zentralisation und Dezentralisation, S. 172.

erforderlich machen kann, den einen oder anderen Aspekt der Rechtfertigungselemente stärker oder schwächer zu betonen.[701]

Dabei kommt es bei der Gewichtung der Belange auf die Sicht des Gesetzgebers an.[702] Die Alleinentscheidungsbefugnis ergibt sich aus dem legitimen politischen Gestaltungsauftrag des Parlaments.[703] Dabei umfasst die gesetzgeberische Entscheidung die Gewichtung der Belange im Einzelnen und ihre Bewertung im Hinblick auf das Leitbild der von ihm betriebenen Reformen.[704] Nur so kann dem Gesetzgeber die Befugnis eingeräumt werden, »sich letztlich für die Bevorzugung eines Belangs (oder mehrerer Belange) und damit notwendig zugleich für die Zurückstellung anderer betroffener Gesichtspunkte zu entscheiden«[705]. Würde man auf die Sichtweise der Bürgerinnen und Bürger abstellen, ergäbe sich der Vorteil, dass all diejenigen Maßstäbe eine höhere Wichtigkeit erlangten, die das Wesen der kommunalen Selbstverwaltung ausmachen.[706] Indes ist es in diesem Falle als problematisch anzusehen, dass die Interessen der Bürgerinnen und Bürger diametral zu den Vorstellungen des Gesetzgebers stehen können. Der Gesetzgeber würde, stellte man auf den Willen der Bürger ab, stark in seiner Gestaltungsmacht eingeschränkt. Der Gesetzgeber ist es, der die Beweggründe bei einer möglichen Kommunalverfassungsbeschwerde umfassend darstellen muss, um seine Maßnahme rechtfertigen zu können.

4. Ausgleichsentscheidung

In einem vierten und letzten Schritt sind die aufgelisteten und gewichteten Belange zu einem sinnvollen Ausgleich zu bringen und zu einem Ergebnis zusammenzufassen.[707] In dieser Phase ist Bilanz zu ziehen. Die Maßstäbe sind hier als vorzugswürdig oder nachrangig zu kennzeichnen. Dabei darf der Ausgleich der tangierten Belange nicht außer Verhältnis zur Gewichtig-

---

701 Vgl. *Pappermann/Roters/Vesper,* Maßstäbe, S. 44; *Hill,* in: v. Oertzen, Rechtsstaatliche Verwaltung im Aufbau II, S. 25 (25).

702 *ThürVerfGH,* Urt. v. 18.12.1996 – VerfGH 2/95 u. a. –, in: NVwZ-RR 1997, 639 (645); *Gröpl,* Haushaltsrecht, S. 358; *Leisner,* Der Abwägungsstaat, S. 134 ff.

703 *StGHBW,* Urt. v. 14.2.1975 – GR 11/74 –, in: NJW 1975, 1205 (1211).

704 *ThürVerfGH,* Urt. v. 18.12.1996 – VerfGH 2/95 u. a. –, in: NVwZ-RR 1997, 639 (645).

705 *ThürVerfGH,* Urt. v. 18.12.1996 – VerfGH 2/95 u. a. –, in: NVwZ-RR 1997, 639 (645).

706 Dabei wäre es erforderlich, den Bürgerwillen tatsächlich erforschbar zu machen und ihn zu erforschen, s. *Püttner,* EILDIENST LKT NRW, 1975, 226 (227).

707 *Hubmann,* Wertung und Abwägung, S. 150.

keit einzelner Belange stehen. Es muss vielmehr geprüft werden, ob es ausreichende Gründe gibt, den einen Belang einem anderen vorzuziehen oder hinten anstehen zu lassen.[708] Gleichzeitig muss der Abwägungsverpflichtete Alternativlösungen zu seiner Entscheidung berücksichtigen, sofern sie als echte Alternativen ernsthaft in Betracht kommen.[709]

III. Zwischenergebnis

Somit kann festgehalten werden, dass die Verfassungsmäßigkeit einer Hochzonung anhand des Verhältnismäßigkeitsprinzips und des Abwägungsgebots zu beurteilen ist, je nach dem, wie komplex gesetzgeberische Gründe und relevante Kriterien für die entsprechende Aufgabe zu Buche schlagen.

G. Verfassungsgerichtliche Überprüfbarkeit einer Kompetenzverlagerung

Gem. Art. 75 Nr. 4 LV i. V. m. § 52 Abs. 1 VGHG können »Gemeinden und Gemeindeverbände ... die Verfassungsbeschwerde mit der Behauptung erheben, daß Landesrecht die Vorschriften der Landesverfassung über das Recht der Selbstverwaltung verletze«. Kreisen, kreisfreien Städten und – nach dem VerfGH – auch Landschaftsverbänden steht also die Erhebung einer kommunalen Verfassungsbeschwerde offen. Es fragt sich jedoch, welchen Überprüfungsmaßstab der Gerichtshof in einem solchen Verfahren anlegt.

Die formellen Voraussetzungen kann das Gericht in vollem Umfang überprüfen.[710]

Differenziert ist die Frage nach der Überprüfbarkeit der materiellen Voraussetzungen zu beantworten. Der VerfGH ist grundsätzlich nicht an die Rechtsauffassung des Gesetzgebers gebunden, weil ansonsten der Gesetzgeber die Inhalte des Art. 78 LV bestimmen würde.[711]

708 *Hoppe*, in: Hoppe/Bönker/Grotefels, Öffentliches Baurecht, § 5, Rn. 82.

709 *Hoppe*, in: Hoppe/Bönker/Grotefels, Öffentliches Baurecht, § 5, Rn. 90 ff. m. w. N.; *Stüer*, Handbuch, Rn. 3871.

710 *VerfGHNRW*, Urt. v. 24.4.1970 – VGH 14/69 –, in: OVGE 26, 286 (288).

711 *VerfGHNRW*, Urt. v. 24.4.1970 – VGH 14/69 –, in: OVGE 26, 286 (292); so auch *SachsAnhVerfG*, Urt. v. 31.5.1994 – LVG 1/94 –, in: LKV 1995, 75 (78); *SächsVerfGH*, Urt. v. 23.11.2000 – Vf. 62-II-99 (»Sachsen-Finanzverband«) –, in: DVBl. 2001, 293 (299); *Stüer*, DVBl. 1977, 1 (4) m. w. N.

Uneingeschränkt unterliegen daher die Motive des Gesetzgebers einer Überprüfung dahingehend, ob der Gesetzgeber mit der Maßnahme dem öffentlichen Wohle dienen will. Ist dieses nicht der Fall, verstößt das Gesetz gegen die verfassungsrechtliche Garantie der kommunalen Selbstverwaltung.[712] Voll überprüfbar ist weiterhin, ob die für die Abwägung wesentlichen Belange aufgrund zutreffender oder vertretbar ermittelter Fakten mit ihrem vor dem Hintergrund der Verfassung richtigen Gewicht eingestellt worden sind.[713]

Soweit der Entscheidung des Gesetzgebers Wertungen und Prognosen zugrunde liegen, gilt ein anderer Überprüfungsmaßstab. Über die Wertungen und Prognosen kann sich das Gericht nur dann hinwegsetzen, wenn sie eindeutig widerlegbar oder offensichtlich fehlsam sind.[714] Auch die Beurteilung, ob durch das Gesetz dessen gemeinwohlorientierter Zweck erreicht werden wird, kann nur in beschränktem Umfangs überprüft werden.[715] Dabei ist es durchaus hinzunehmen, dass durch die gesetzgeberischen Maßnahmen Mängel hervorgerufen werden, die vorher nicht bestanden. Anfangs- und Eingewöhnungsschwierigkeiten, längere Wege zu Behörden etc. machen eine Änderung nicht per se verfassungswidrig, solange die gesetzliche Regelung trotz aller Teilbelastungen die Leistungskraft der Selbstverwaltung nach den Wertungen und Erwägungen des Gesetzgebers insgesamt fördert. Irrtümer über den Verlauf der Entwicklungen sind in Kauf zu nehmen.[716] Ausreichend ist, wenn das gesetzgeberische Ziel auf längere Sicht realisiert wird.[717] Bei unsicheren Einschätzungen gilt der Satz »in dubio pro auctoritate«[718]. Erforderlich ist aber, dass die prognostischen Elemente in einer der jeweiligen Materie angemessenen und metho-

---

712 *VerfGHNRW,* Urt. v. 24.4.1970 – VGH 14/69 –, in: OVGE 26, 286 (292).

713 *LVerfGMV,* Urt. v. 26.7.2007 – LVerfG 9/06-17/06 –, in: DVBl. 2007, 1102 (1105); *NdsStGH,* Urt. v. 6.12.2007 – StGH 1/06 –, in: NdsVBl. 2008, 37 (41).

714 *BVerfG,* Urt. v. 27.11.1978 – 2 BvR 165/75 –, in: BVerfGE 50, 50 (51 f.); *VerfGHNRW,* Urt. v. 24.4.1970 – VGH 14/69 –, in: OVGE 26, 286 (292) m. w. N.; *Stüer,* DVBl. 1977, 1 (4);

715 *VerfGHNRW,* Urt. v. 24.4.1970 – VGH 13/69 –, in: DVBl. 1970, 794 (796) m. w. N.

716 *BVerfG,* Beschl. v. 9.3.1971 – 2 BvR 326, 327, 341, 342, 343, 344, 345/69 –, in: BVerfGE 30, 250 (263).

717 *BayVerfGH,* Entscheidung v. 23.4.1980 – Vf. 3-VII-79 –, in: BayVBl. 1980, 400 (403).

718 *Augsberg/Augsberg,* VerwArch 98 (2007), 290 (297).

disch einwandfreien Weise erarbeitet worden sind.[719] Die eingeschränkte gerichtliche Überprüfbarkeit führt zu einer Vorentscheidung zugunsten des experimentellen Vorgehens, zulasten des Status quo.[720] Auch bei den anderen Aspekten der Gründe des öffentlichen Wohls gilt ein solch eingeschränkter Überprüfungsmaßstab der Gerichte. Die Bestimmung der Gründe des öffentlichen Wohls obliegt dem Gesetzgeber. Im Rahmen der verfassungsrechtlichen Bindungen kommt dabei dem Gesetzgeber ein Einschätzungs- und Bewertungsvorrang zu, den das zur Überprüfung berufene Gericht zu beachten hat.[721]

Das Gericht stellt bezüglich des Zeitpunkts der Beurteilung der Verfassungsmäßigkeit auf den Entscheidungszeitpunkt des Gesetzgebers ab. Irrtümer über den Verlauf der Entwicklung müssen aufgrund der Unsicherheit der Entwicklung des Geschehensablaufs in Kauf genommen werden. Eine Fehlprognose macht die gesetzliche Maßnahme nicht allein deshalb verfassungswidrig. Entscheidend ist, ob der Gesetzgeber bei seiner Entscheidung davon ausgehen durfte, dass die Maßnahmen zur Erreichung des gesetzten Ziels geeignet waren, ob also seine Prognose bei der Beurteilung wirtschaftspolitischer Zusammenhänge sachgerecht und vertretbar war.[722]

---

719 *BVerwG,* Urt. v. 7.7.78 – 4 C 79.76 u. a. –, in: DVBl. 1978, 845 (848); *SächsVerfGH,* Urt. v. 23.11.2000 – Vf. 62-II-99 (»Sachsen-Finanzverband«) –, in: DVBl. 2001, 293 (299). Doch entstehen dem Gesetz- und Verordnungsgeber in Fällen, in denen er auf Prognosen abstellt, Beobachtungs- und Nachbesserungspflichten. Stellt sich heraus, dass die Beurteilung zu einem späteren Zeitraum teilweise oder gänzlich irrtümlich war, so ist der Gesetzgeber zur Korrektur verpflichtet, *BVerfG,* Urt. v. 1.3.1979 – 1 BvR 532, 533/77, 419/78 und BvL 21/78 –, in: BVerfGE 50, 290 (335 f., 377 f.); Beschl. v. 18.12.1968 – 1 BvL 5/64 (»Mühlengesetz«) –, in: BVerfGE 25, 1 (12).

720 *Augsberg/Augsberg,* VerwArch 98 (2007), 290 (300 f.).

721 *BVerfG,* Beschl. v. 12.1.1982 – 2 BvR 113/81 –, in: NVwZ 1982, 367 (368). Nach *Friesenhahn,* in: GS Imboden, S. 115 (131 f.), ist eine verfassungsgerichtliche Kontrolle solcher Maßnahmen – mit Ausnahme willkürlicher Entscheidungen des Gesetzgebers – ausgeschlossen. Vielmehr handele es sich um eine – gerichtlich nicht überprüfbare – politische Entscheidung.

722 *BVerfG,* Beschl. v. 9.3.1971 – 2 BvR 326, 327, 341, 342, 343, 344, 345/69 –, in: BVerfGE 30, 250 (263); *BVerwG,* Urt. v. 7.7.78 – 4 C 79.76 u. a. –, in: DVBl. 1978, 845 (848).

Fünfter Teil: Beispielhafte Überprüfung einer gesetzgeberischen Kompetenzverlagerung

§ 8 Die Verfassungsmäßigkeit der Hochzonung des ambulant betreuten Wohnens für Menschen mit Behinderung

Im Folgenden sollen die gewonnenen Erkenntnisse auf die Überprüfung der Verfassungsmäßigkeit der Hochzonung der Zuständigkeit für das ambulant betreute Wohnen für Menschen mit Behinderung als Teil der Eingliederungshilfe angewandt werden.

A. Stellung, Aufgabe und Entwicklung der Eingliederungshilfe

I. Die Wohnhilfen im System der Sozialhilfe

Bei den wohnbezogenen Hilfen handelt es sich um einen wichtigen Teil der Gesamtaufgabe »Eingliederungshilfe« für Menschen mit Behinderung. Die Eingliederungshilfe (§§ 53-60 SGB XII) als Teil der Sozialhilfe nimmt innerhalb des Gesamtsystems der Sozialhilfe eine herausragende Stellung ein. Sie ist das Kernstück der Rehabilitationsleistungen des Sozialhilferechts.[723] Im Abschnitt über die Hilfen in besonderen Lebenslagen verankert, richtet sich die Eingliederungshilfe überwiegend an Personen, die mit einer Behinderung geboren werden oder diese frühkindlich durch Krankheit oder Unfall erworben haben. Sie stellt dabei nur einen Baustein zur Förderung der selbständigen Lebensführung behinderter Menschen dar.[724] Dem Staat obliegt es aufgrund der verfassungsrechtlichen Pflicht zum Schutz der Menschenwürde, Art. 1 Abs. 1 S. 2 GG, zum Schutz von Leib und Leben, Art. 2 Abs. 2 S. 1 GG, sowie dem Sozialstaatsprinzip, Art. 20 Abs. 1, 28 Abs. 1 S. 1 GG, Unterstützung in Form der Sozialhilfe – und damit auch der Eingliederungshilfe – zu gewähren.[725]

---

723 *W. Schellhorn,* in: Schellhorn/Schellhorn/Hohm, SGB XII-Kommentar, Einführung, Rn. 54.

724 *BAGüS,* Wohnformen, S. 44.

725 *Hörster,* Wahrnehmung der Sozialhilfeaufgaben, S. 30 m. w. N. aus der Rechtsprechung; *Schoch/Wieland,* JZ 1995, 982 (982); *Löcher,* ZfS 2005, 326 (326); *Müller-Tochtermann,* JuS 1962, 449 (450); *Zurhausen/Berndt,* in: Loschelder/Salzwedel, Verfassungs- und Verwaltungsrecht NRW, S. 481 (512).

Die Hilfe für Menschen mit Behinderung war schon immer ein Teil der Sozialhilfe oder ihrer Vorgänger, wurde aber früher als »Krüppelfürsorge« oder »Hilfe für Sinneskranke« bezeichnet.[726] Bundesrechtlich einheitlich wurde die Eingliederungshilfe erstmals im Körperbehindertengesetz[727] normiert. Vier Jahre später fasste der Bundesgesetzgeber mehrere fürsorgerische Spezialgesetze zum Bundessozialhilfegesetz[728] zusammen.

Der Sozialhilfe sind mehrere Grundsätze immanent, die auch im Bereich der Eingliederungshilfe Geltung erlangen.[729] Hiervon sind insbesondere zu nennen[730]:

- Das *Nachrangprinzip* (der Selbsthilfegrundsatz) des § 2 Abs. 1 SGB XII. Danach erhält die Person keine Sozialhilfe, die sich insbesondere durch den Einsatz ihrer Arbeitskraft, ihres Einkommens und ihres Vermögens selbst helfen kann oder die erforderliche Leistung von anderen, insbesondere von Angehörigen oder von Trägern anderer Sozialleistungen, erhält. Damit wird die Sozialhilfe zum »Ausfallbürgen für die Fälle sozialer Notlage«[731]. Dieser Grundsatz strahlt in zwei Richtungen aus: zum einen wird der Hilfesuchende auf die Verwertung seines Vermögens und die Eintreibung möglicher Ansprüche gegenüber Dritten verwiesen, zum anderen verpflichtet es alle Träger sonstiger öffentlichrechtlicher Leistungen, diese *vor* der Sozialhilfe selbst dann zu gewähren, wenn es sich um »Kann-Leistungen« handelt.[732]
- Der *Individualisierungsgrundsatz,* §§ 9, 16 SGB XII. Dieser Grundsatz besagt, dass sich die Leistungen der Hilfe zum Lebensunterhalt nach der Besonderheit des Einzelfalls richten, insbesondere nach der Art des Bedarfs, den örtlichen Verhältnissen, den eigenen Kräften und Mitteln der Person oder des Haushalts.[733]

726 *Frank,* in: DLT, Der Kreis IVb, S. 1 (22).

727 Gesetz über die Fürsorge für körperbehinderte und von einer Körperbehinderung bedrohte Personen (Körperbehindertengesetz) v. 27.2.1957, BGBl. I 1957, S. 147.

728 Bundessozialhilfegesetz v. 30.6.1961, BGBl. I 1961, S. 815, ber. S. 1875.

729 *Hörster,* Wahrnehmung der Sozialhilfeaufgaben, S. 39.

730 Ausführlich zu den Grundsätzen der Sozialhilfe (auch zu den hier nicht genannten): *Schütte-Leifels,* Grundsätze; s. auch *Rüfner,* in: Achterberg/Püttner/Würtenberger, Bes. VerwR, Bd. II, § 28, Rn. 30 ff.; *Igl/Welti,* Sozialrecht, 10. Kap, Rn. 4 ff.

731 *Müller-Tochtermann,* JuS 1962, S. 449 (452).

732 *Müller-Tochtermann,* JuS 1962, S. 449 (452); *Rothkegel,* in: Rothkegel, Sozialhilferecht, Teil II, Kapitel 7, Rn. 1.

733 *Müller-Tochtermann,* JuS 1962, S. 449 (453).

- Das *Bedarfsdeckungsprinzip,* das in § 9 SGB XII zum Ausdruck kommt bzw. sich aus einer Zusammenschau einer Reihe von Grundsätzen und Einzelvorschriften des SGB XII ableiten lässt.[734] Nach diesem Grundsatz muss die Sozialhilfe so beschaffen und bemessen sein, dass der sozialhilferechtliche Bedarf vollständig befriedigt werden kann.[735]

II. Aufgaben, Maßnahmen und Anspruchsberechtigte der Eingliederungshilfe

1. Aufgaben und Maßnahmen der Eingliederungshilfe

Die vordringliche Aufgabe der Eingliederungshilfe ist in den § 10 Abs. 1 SGB I, § 53 Abs. 3 SGB XII normiert. Nach § 10 SGB I haben »Menschen, die körperlich, geistig oder seelisch behindert sind oder denen eine solche Behinderung droht, ... unabhängig von der Ursache der Behinderung zur Förderung ihrer Selbstbestimmung und gleichberechtigten Teilhabe ein Recht auf Hilfe, die notwendig ist, um beispielsweise die Behinderung abzuwenden, zu beseitigen, zu mindern, ihre Verschlimmerung zu verhüten oder ihre Folgen zu mildern ...«. Ähnlich formuliert es auch § 53 Abs. 3 SGB XII, der die besondere Aufgabe der Eingliederungshilfe noch einmal umschreibt.[736] Ziel der Eingliederungshilfe ist es, den Betroffenen durch individuelle Angebote das ihnen mögliche Maß an Selbstständigkeit und Selbstbestimmung zu gewähren, sie in ihrer Weiterentwicklung zu unterstützen und ihnen ein Leben zu ermöglichen, welches sich möglichst weitgehend an der Lebenswelt nicht behinderter Menschen orientiert (Normalisierungsprinzip).[737] Die genannten Ziele stehen hierbei gleichwertig nebeneinander.[738] Zum Normalisierungsprinzip gehört insbesondere, den behinderten Menschen die Teilnahme am Leben in der Gemeinschaft zu ermöglichen oder zu erleichtern, ihnen die Ausübung eines angemessenen Berufs oder einer sonstigen angemessenen Tätigkeit zu ermöglichen und sie

734 *W. Schellhorn,* in: Schellhorn/Schellhorn/Hohm, SGB XII-Kommentar, Einführung, Rn. 20.

735 *Rothkegel,* in: ders., Sozialhilferecht, S. 54; *Hörster,* Wahrnehmung der Sozialhilfeaufgaben, S. 35.

736 Anders als die vergleichbare Vorgängervorschrift des § 39 Abs. 3 BSHG, umreißt § 53 Abs. 3 HS. 1 SGB XII die Aufgaben der Eingliederungshilfe nunmehr nicht mehr abschließend, vgl. *W. Schellhorn,* in: Schellhorn/Schellhorn/Hohm, SGB XII-Kommentar, § 53, Rn. 41; a. A.: *Voelzke,* in: Hauck/Noftz, SGB XII, § 53 Rn. 27. Zur Vorgängernorm: *Schellhorn/Jirasek/Seipp,* BSHG-Kommentar, § 39, Rn. 30.

737 *Konrad,* NDV 2003, 121 (121).

738 *W. Schellhorn,* in: Schellhorn/Schellhorn/Hohm, SGB XII-Kommentar, § 53, Rn. 42.

so weit wie möglich unabhängig von Pflege zu machen.[739] Dieser Intention liegt die Prämisse zugrunde, dass Menschen mit einer (geistigen) Behinderung die gleichen Bedürfnisse wie jedes andere Mitglied der Gesellschaft haben und die Lebensbedingungen von Menschen mit einer (geistigen) Behinderung so weit wie möglich denen Nichtbehinderter anzugleichen sind.[740] Als wichtige Aufgabe wird angesehen, für den behinderten Menschen einen kontinuierlichen Tages- und Jahresrhythmus zu entwickeln, Arbeit, Wohnen und Freizeit zu trennen (was mit einem Wechsel der Kontaktpersonen einhergeht), Bedürfnisse der Behinderten zu respektieren, partnerschaftliche Kontakte zu ermöglichen und zu unterstützen und einen ansprechenden Wohn- und Lebensstandard zu schaffen.[741]

Bundesrechtlich wird die Sozialhilfe durch den Grundsatz »ambulant vor stationär« geprägt, § 13 Abs. 1 S. 3 SGB XII. Die Anspruchsberechtigten sollen demnach zunächst, soweit dieses möglich ist, Angebote der ambulanten Hilfe angeboten bekommen, bevor ein Angebot der teilstationären und zum Schluss der stationären Hilfen unterbreitet wird. Das Motiv dieses Grundsatzes liegt in der Erkenntnis, dass Maßnahmen außerhalb von Einrichtungen dem Hilfesuchenden einen größeren Freiraum bei der Gestaltung seiner Lebensverhältnisse verschaffen.[742]

2. Anspruchsberechtigte der Eingliederungshilfe

Eingliederungshilfe erhalten nur »Personen, die durch eine Behinderung im Sinne von § 2 Abs. 1 Satz 1 des Neunten Buches wesentlich in ihrer Fähigkeit, an der Gesellschaft teilzuhaben, eingeschränkt oder von einer solchen wesentlichen Behinderung bedroht sind [...], wenn und solange nach der Besonderheit des Einzelfalles, insbesondere nach Art oder Schwere der Behinderung, Aussicht besteht, dass die Aufgabe der Eingliederungshilfe erfüllt werden kann«, § 53 Abs. 1 S. 1 SGB XII. Auch Personen mit einer anderen körperlichen, geistigen oder seelischen Behinderung können Leistungen der Eingliederungshilfe erhalten, § 53 Abs. 1 S. 2 SGB XII. Eine Person leidet dann unter einer Behinderung, wenn ihre körperliche Funktion, geistige Fähigkeit oder seelische Gesundheit mit hoher Wahrscheinlichkeit

739 *Hotzan,* Aufgaben, S. 66, mit einer grafischen Übersicht auf S. 70 (noch auf die Rechtsgrundlagen des BSHG bezogen).

740 *Hohmeier,* in: Mair/Hohmeier, Wohnen und soziale Arbeit, S. 129 (134).

741 Zitiert nach: *Hohmeier,* in: Mair/Hohmeier, Wohnen und soziale Arbeit, S. 129 (135).

742 *Hotzan,* Aufgaben, S. 88.

länger als sechs Monate von dem für das Lebensalter typischen Zustand abweichen und daher ihre Teilhabe am Leben in der Gesellschaft beeinträchtigt ist, § 2 Abs. 1 S. 1 SGB IX. Unter den Personenkreis, der die Hilfen im Bereich der Eingliederungshilfe in Anspruch nimmt, fallen Menschen mit geistiger Behinderung, körperbehinderte Menschen, psychisch behinderte Menschen und suchtkranke Menschen. Die Eingliederungshilfe-Verordnung[743] konkretisiert in den §§ 1 ff. die Personenkreise, die unter die verschiedenen Behinderungsarten fallen.

B. Zuständigkeitsdualismus in der Eingliederungshilfe

Schon seit jeher sind unterschiedliche Träger für die verschiedenen Formen der Eingliederungshilfe verantwortlich. Anknüpfungspunkt für die differenzierten Zuständigkeiten ist die Unterscheidung von ambulanter, teilstationärer und stationärer Hilfe als unterschiedliche Hilfeformen.

I. Hilfeformen der Eingliederungshilfe

Ambulante Leistungen sind gem. § 13 Abs. 1 S. 1 SGB XII solche, die außerhalb von Einrichtungen erbracht werden. Unter Einrichtungen im Sinne dieser Norm sind solche zu verstehen, die der Pflege, der Behandlung oder sonstigen nach diesem Buch zu deckenden Bedarfen oder der Erziehung dienen, § 13 Abs. 2 SGB XII. Unter betreutem Wohnen ist eine ambulante Hilfe für das Leben in der eigenen Wohnung bzw. Wohngemeinschaft zu verstehen.[744] Es ist ein langfristig konzipiertes und verbindlich vereinbartes, ambulantes Betreuungsangebot[745]. Hierzu gehören alle freien Wohnformen. Das sind solche Einrichtungen, die nicht die Merkmale einer stationären oder teilstationären Einrichtung erfüllen. Die Hilfe, die den Menschen zuteil wird, umfasst alle Hilfen, die die Bewohner täglich benötigen. Je nach Bedarf werden sie mehrmals in der Woche von Fachpersonal in den Lebensbereichen unterstützt, in denen sie Hilfe brauchen, sei es beim Einkaufen, beim Unterhalt der Wohnung, bei der Freizeitgestaltung, im Umgang mit Behörden oder zur Regelung beruflicher Probleme.[746] Der

743 Verordnung nach § 47 des Bundessozialhilfegesetzes (Eingliederungshilfe-Verordnung) v. 1.2.1975, BGBl. I 1975, S. 433 ff., geändert durch Art. 13 des Gesetzes zur Einordnung des Sozialhilferechts in das Sozialgesetzbuch, BGBl. I 2003, S. 3022 (3059).

744 *LVR/LWL,* Eingliederungshilfe heute, S. 17.

745 *LWL,* Drucks.-Nr. 11/0537, Anlage 1, S. 1.

746 *LVR/LWL,* Eingliederungshilfe heute, S. 17.

Vorteil dieser Wohnform besteht in Folgendem: Zunächst wird die Selbstbestimmung überall dort gefördert, wo dieses möglich ist, und ein Hilfeangebot wird nur dort unterbreitet, wo es nötig ist. Sodann wird ein Leben gefördert, das sich an den »normalen« gesellschaftlichen Strukturen orientiert und schließlich wird die Integration in das Wohnumfeld erleichtert.[747] Außerdem werden ambulante Wohnformen als überwiegend kostengünstiger angesehen.[748]

Prägendes Merkmal der Einrichtungen zur teilstationären Betreuung ist es, dass sie Personen zur Durchführung konkret bestimmter Fördermaßnahmen zu einer bestimmten Tageszeit aufnehmen.[749] Diese Hilfeform kommt vor allem für solche Berechtigten in Betracht, die noch zu Hause wohnen und von dort aus bestimmte Fördermöglichkeiten in Einrichtungen in Anspruch nehmen können.[750]

Stationäre Hilfen schließlich umfassen die Unterbringung und Versorgung des/der Anspruchsberechtigten in einem Heim (= Einrichtungen, die nicht nur vorübergehend Personen aufnehmen, sie betreuen, pflegen und in sonstiger Weise versorgen[751]), einer Anstalt (= Krankenhäuser, Kureinrichtungen, Rehabilitationsstätten (medizinische Rehabilitation[752])) oder einer anderen Einrichtung. Die Erforderlichkeit der Unterbringung in einer stationären Einrichtung ist dann gegeben, wenn wegen der besonderen Hilflosigkeit des Hilfesuchenden ambulante und/oder teilstationäre Hilfen nicht ausreichen[753]. Die Qualifikation als stationäre Einrichtung setzt voraus, dass der Einrichtungsträger von der Aufnahme des Hilfeempfängers bis zu dessen Entlassung nach Maßgabe des angewandten Konzepts die Gesamtverantwortung für die tägliche Lebensführung des Hilfeempfängers übernimmt.[754]

---

747 *Baur,* Vortrag »Eingliederungshilfe heute« v. 18.9.2001, S. 20.

748 S. dazu auch unten S. 154.

749 *Hotzan,* Aufgaben, S. 44.

750 *Hotzan,* Aufgaben, S. 90 und S. 93.

751 *Hotzan,* Aufgaben, S. 44.

752 *Hotzan,* Aufgaben, S. 44.

753 *Hotzan,* Aufgaben, S. 90.

754 Statt vieler: *BVerwG,* Urt. v. 24.2.1994 – 5 C 42.91 –, in: DVBl. 1994, 1298 (1299).

II. Bundes- und landesrechtliche Zuständigkeitsregelungen

1. Geschichtliche Entwicklung der differenzierten Zuständigkeit bis zum Erlass des BSHG

Für Zuständigkeitsregelungen im Bereich der wohnbezogenen Trägerschaft der Sozialhilfe ist schon seit jeher ein Zuständigkeitsdualismus charakteristisch.[755] Bereits im 19. Jahrhundert wurde zwischen den verschiedenen Trägern der Armenpflege unterschieden. Das Gesetz über die Verpflichtung zur Armenpflege von 1842[756] schuf die Differenzierung zwischen Ortsarmenverbänden und Landarmenverbänden. So waren beispielsweise die zentralen Landarmenverbände für Personen zuständig, denen vor Ort aufgrund fehlender Armeneinrichtungen nicht geholfen werden konnte und die dann in zentrale »Landarmenhäuser« aufzunehmen waren.[757] Diese Unterscheidung wurde im Unterstützungswohnsitzgesetz von 1870[758] fortgesetzt. 1891 wurde durch die Neufassung des Preußischen Ausführungsgesetzes zum Unterstützungswohnsitzgesetz eine Kompetenzregelung bezüglich der Anstaltsfürsorge »für Geisteskranke, Idioten, Epileptiker, Taubstumme und Blinde« zugunsten der Landarmenverbände getroffen. Ähnliche Zuständigkeiten der Landarmenverbände enthielt auch das Preußische Krüppelgesetz.[759] In den Aufgabenbereich der Landarmenverbände fiel zudem die subsidiäre Kostenerstattung gegenüber tätig gewordenen Ortsarmenverbänden und deren Unterstützung bei mangelnder eigener Finanzkraft. Im Übrigen lag die Zuständigkeit bei den Ortsarmenverbänden. Nur marginale Änderungen traten durch die Reichsverordnung über die Fürsorgepflicht[760] im Bereich der Landesfürsorgeverbände als Rechtsnachfolger der Landarmenverbände ein. Auch nach der Preußischen Ausführungsverordnung zur Reichsverordnung über die Fürsorgepflicht oblag den Landesfürsorgeverbänden die Anstaltspflege für Geisteskranke, Idioten, Epileptiker, Taubstumme, Blinde und Krüppel. Später wurden die Zuständigkeiten um

755 *Schieferstein,* Überörtliche Sozialhilfeaufgaben, S. 40 ff.; *ZPE,* NetOH II, S. 13.

756 Gesetz über die Verpflichtung zur Armenpflege v. 31. Dezember 1842, Preuß. GesSlg. 1843, S. 8 ff.

757 *Schädler,* Stagnation, S. 37 mit Verweis auf *Bradl,* Anfänge der Anstaltsfürsorge, S. 62.

758 RGBl. 1870, S. 360; dazu *Sachße/Tennstedt,* Geschichte der Armenfürsorge, Bd. 2, S. 23 und 27.

759 § 1 des Gesetzes, betreffend die öffentliche Krüppelfürsorge v. 6.5.1920, Preuß. GesSlg. 1920, S. 280.

760 Verordnung über die Fürsorgepflicht v. 13. Februar 1924, RGBl. 1924, Teil I, S. 100 ff.

die Durchführung von Heilverfahren für Körperbehinderte und die Versorgung mit Körperersatzstücken und anderen Heilmitteln erweitert. Dabei sah § 2 Abs. 1 der Verordnung vor, dass das Land bestimme, wer Landesfürsorgeverband und wer Bezirksfürsorgeverband sei und welche Aufgaben jeweils von den Landesfürsorgeverbänden von den Bezirksfürsorgeverbänden zu erfüllen seien. Bei der Bestimmung der Bezirksfürsorgeverbände hatte das Land darauf zu achten, dass diese ihren Aufgaben gewachsen waren, § 2 Abs. 3 der Verordnung. Die für die Behindertenhilfe prägende Entwicklungslinie wurde in der Weimarer Fürsorgegesetzgebung fortgeschrieben, nämlich die Teilung der Zuständigkeiten von örtlichen und überörtlichen Kostenträgern. Durch die Schaffung von Orts- und Landesfürsorgeverbänden wurde die bestehende Zuständigkeitsteilung noch einmal bestätigt.[761] Während der NS-Zeit wurden die geteilten Zuständigkeiten beibehalten.[762]

2. Bundesrechtliche Zuständigkeitsverteilung nach BSHG und SGB XII

Die Regelungen über die Zuständigkeiten im Bundessozialhilfegesetz schrieben den Zuständigkeitsdualismus fort. Wie schon die Vorgängergesetze unterschied auch das BSHG zwischen den örtlichen (Kreise und kreisfreien Städte, § 96 Abs. 1 S. 1 BSHG) und den überörtlichen (vom Landesgesetzgeber zu bestimmen, § 96 Abs. 2 S. 2 BSHG) Trägern der Sozialhilfe (§ 9 BSHG) und wies ihnen unterschiedliche Aufgaben zu. Der Aufgabenkatalog der überörtlichen Träger bestimmte sich nach § 100 BSHG; im Übrigen waren die örtlichen Träger zuständig, § 99 BSHG.

Zum 1.1.2005 trat das Sozialgesetzbuch XII in Kraft.[763] Die damalige Bundesregierung sah sich nach der Änderung des SGB II – Stichwort »Hartz-Reform« – dazu veranlasst, das Sozialhilferecht im Bereich des Eingliederungsrechts neu zu gestalten und in die Sozialgesetze als neues SGB XII zu integrieren.[764] Hierdurch sollten gleichzeitig Schnitt- und Berührungspunkte zu den Regeln über die Arbeitslosenhilfen besser aufeinander abgestimmt werden. Zudem intendierte der Gesetzgeber eine Über-

761 *Schädler,* Stagnation, S. 43.

762 *Schädler,* Stagnation, S. 44.

763 Gesetz zur Einordnung des Sozialrechts in das Sozialgesetzbuch v. 27.12.2003, BGBl. I 2003, S. 3022 ff., zuletzt geändert durch Gesetz vom 23.12.2007, BGBl. I 2007, S. 3254 (3258).

764 *BT-Drucks.* 15/1514, S. 50.

prüfung von Verwaltungsabläufen auf ihre Effizienz und Effektivität, um unnötige Bürokratien zu vermeiden.[765] Die Neufassung im SGB XII sollte dabei inhaltsgleich zum BSHG formuliert werden, nur sprachlich und systematisch sollte das neue Regelwerk eine Überarbeitung erfahren. Diese Überarbeitung bezog sich auch auf die Aufteilung der Leistungen in Hilfe zum Lebensunterhalt und Hilfe in besonderen Lebenslagen.[766] Die Aufnahme insbesondere der Eingliederungshilfe für Menschen mit Behinderung in das SGB XII stieß dabei schon im Gesetzgebungsverfahren auf Kritik und wurde in der Folgezeit von verschiedenen Seiten beanstandet. Die Kritik bezog sich einerseits auf die fachliche Einordnung der Materie in das SGB XII, andererseits wurde die fehlende finanzielle Absicherung zugunsten der Kommunen angemahnt und stattdessen ein eigenständiges, steuerfinanziertes Leistungsgesetz des Bundes gefordert.[767]

§ 3 SGB XII regelt nunmehr die Trägerschaft der Sozialhilfe. Durch die Zusammenführung der Zuständigkeiten in einer Norm wollte der Gesetzgeber abgestimmte Hilfen aus einer Hand für die vielfältigen prekären Lebenssituationen anbieten bzw. organisieren.[768] Erreicht wurde hiermit eine völlige Öffnung der Zuständigkeitsregelung für alle Hilfen zugunsten des Landesgesetzgebers, der nunmehr die jeweilige Zuständigkeit mittels Rechtsverordnung bestimmen kann. So kann seit der Neugestaltung des § 3 SGB XII auch den kreisangehörigen Gemeinden die sachliche Zuständigkeit des örtlichen Aufgabenträgers vollständig übertragen werden.[769] Die bislang für den Zuständigkeitsdualismus ausschlaggebende Unterscheidung zwischen stationärer, teilstationärer und ambulanter Hilfeleistung ist ebenso entfallen.[770]

765 *BT-Drucks.* 15/1514, S. 51.

766 *BT-Drucks.* 15/1514, S. 53.

767 *BT-Drucks.* 15/1636, S. 10 f.; *Conradis,* in: Rothkegel, Sozialhilferecht, S. 448; *Konrad,* NDV 2003, 121 (125); gegen diese Kritik die Antwort der BReg., *BT-Drucks.* 15/1636, S. 14 f., die sich sowohl gegen die fachlichen als auch die finanziellen Beanstandungen (einschränkend unter »Zu Buchstabe b«) wendet.

768 *BT-Drucks.* 15/1514, S. 51.

769 Zur alten Rechtslage *Schmidt-Jortzig/Wolffgang,* VerwArch 75 (1984), 107 (109).

770 *Schoch,* in: LPK-SGB XII, § 97 Rn. 1.

Regelungen über die Träger nach *BSHG*	Regelung über die Träger nach *SGB XII*
§ 9	§ 3 Abs. 1
§ 96 Abs. 1 S. 1	§ 3 Abs. 2 S. 1, HS. 1
§ 96 Abs. 1 S. 2	≅ § 3 Abs. 2 S. 1, 2[771]
§ 96 Abs. 2 S. 1	§ 3 Abs. 3
§ 96 Abs. 2 S. 2	§ 99 Abs. 2 mit Ausnahme letzter HS.

Synopse über die Träger nach BSHG bzw. SGB XII

Neben der einheitlichen Gestaltung der Trägerschaft der Sozialhilfe änderte der Gesetzgeber die Bestimmungen über die sachlichen Zuständigkeiten und fasste diese in § 97 SGB XII zusammen. Wurden den überörtlichen Trägern zur Geltung des BSHG noch unmittelbar Aufgaben zugewiesen (§ 100 BSHG), so obliegt es nunmehr dem Landesgesetzgeber, sachliche Zuständigkeiten der überörtlichen Träger zu regeln, § 97 Abs. 2 S. 1 SGB XII. Nur wenn das Land keine Bestimmungen über die Aufgaben der überörtlichen Ebene vornimmt, greift § 97 Abs. 3 SGB XII. § 97 Abs. 2 S. 2 SGB XII, der eine den Landesgesetzgeber nicht bindende[772] Soll-Vorschrift beinhaltet, trägt dem Landesgesetzgeber bei der Aufgabenzuweisung auf, bei den Hilfen nach § 8 Nr. 1 bis 6, also auch für den Bereich der Eingliederungshilfe für behinderte Menschen nach den §§ 53 ff. (vgl. § 8 Nr. 4), zu berücksichtigen, dass die Hilfen möglichst aus einer Hand erfolgen sollen, also nur ein Träger sachlich zuständig ist. Die bisherige Abgrenzung zwischen den verschiedenen Hilfen (ambulant, teilstationär, stationär) wurde damit unbeachtlich bzw. ist nunmehr freier gestaltbar.[773]

771 § 3 Abs. 2 S. 1, 2 SGB XII entspricht nur im Grundtenor dem § 96 Abs. 1 S. 2 BSHG, da dieser alleine vorsah, dass die Gemeinden unter den auch in § 3 Abs. 2 S. 1, 2 SGB XII normierten Voraussetzungen zur Durchführung herangezogen werden könnten, nicht aber, dass das Land generell auch andere Träger zu den örtlichen Trägern der Sozialhilfe benennen könne.

772 *Schoch,* in: LPK-SGB XII, § 97 Rn. 8; *BT-Drucks.* 15/1514, S. 67; *Hohm,* in: Schellhorn/Schellhorn/Hohm, SGB XII-Kommentar, § 97, Rn. 12.

773 *Rabe,* in: Fichtner/Wenzel, Kommentar zur Grundsicherung, § 97 SGB XII, Rn. 1.

Regelungen über sachliche Zuständigkeiten nach *BSHG*	Regelungen über sachliche Zuständigkeiten nach *SGB XII*
§ 99	§ 97 Abs. 1
§ 100 Abs. 1	≅ § 97 Abs. 2, 3
§ 101	§ 97 Abs. 5

Synopse über die sachlichen Zuständigkeiten nach BSHG bzw. SGB XII

Festzustellen ist, dass auch im neuen SGB XII der historisch nachweisbare Zuständigkeitsdualismus grundsätzlich angelegt ist, es aber durch § 97 Abs. 3 SGB XII leichter zu Durchbrechungen und damit zu einem Zuständigkeitsmonismus kommen kann.

3. Landesrechtliche Zuständigkeitsverteilung

Die sachliche Zuständigkeit für das ambulant betreute Wohnen für Menschen mit Behinderung lag bis zum 30.6.2003 bei den Kreisen und kreisfreien Städten, die sachliche Zuständigkeit für die Bereiche der teilstationären und stationären Betreuung hingegen bei den beiden Landschaftsverbänden, § 2 AV-BSHG a. F.[774] Durch das Zweite Verwaltungsmodernisierungsgesetz[775] änderte der Landesgesetzgeber diese Zuständigkeit partiell. Durch Art. 19 und 20 wurden die Zuständigkeiten für die Hilfe in besonderen Lebenslagen für Personen über 65 Jahre in (teil-)stationärer Betreuung von den Landschaftsverbänden auf die Kreise und kreisfreien Städte verlagert. Im Rahmen der Diskussion über das 2. Verwaltungsmodernisierungsgesetz erteilten die damaligen Regierungsfraktionen der Landesregierung gleichzeitig den Auftrag, zu prüfen, ob eine vollständige Aufgabenwahrnehmung »aus einer Hand« realisierbar sei.[776] Es sollte untersucht werden, ob unterschiedliche Zuständigkeiten für stationäre und ambulante Angebote sachgerecht seien und ob insbesondere beim betreuten Wohnen die Zuständigkeit des örtlichen Trägers der Sozialhilfe noch geboten erscheine.[777]

774 Verordnung zur Ausführung des Bundessozialhilfegesetzes (AV-BSHG) v. 15.6.1999, GVBl. NRW 1999, S. 386 (393 f.).

775 Zweites Gesetz zur Modernisierung von Regierung und Verwaltung in Nordrhein-Westfalen (Zweites Modernisierungsgesetz – 2. ModernG NRW) v. 9.5.2000, GVBl. NRW 2000, S. 461 ff.

776 *LT-Drucks. NRW* 12/4889.

777 *LT-Drucks. NRW* 12/4889 S. 2, sub III.

Die damalige Landtagsmehrheit wollte nicht ausschließen, dass das zahlenmäßig stark differenzierte Angebot an ambulanten Betreuungsangeboten auch auf die unterschiedlichen Zuständigkeiten zurückzuführen sei.[778]

Auf diesen Antrag hin fanden in der Folgezeit unter Regie des zuständigen Ministeriums mehrere Werkstattgespräche zwischen den kommunalen Spitzenverbänden, den Landschaftsverbänden, Vertretern der Freien Wohlfahrtsverbände und Experten statt.[779] Trotz der teilweise erheblichen Kritik der kommunalen Spitzenverbände[780] und Bedenken von Seiten der Landschaftsverbände[781] folgte die Landesregierung der regierenden Landtagsmehrheit und änderte die Ausführungsverordnung zum Bundessozialhilfegesetz mit Wirkung zum 1.7.2003. Die bis zum 30.6.2010 gültige Regelung über die sachliche Zuständigkeit des überörtlichen Trägers der Sozialhilfe in § 2 Abs. 1 Nr. 2 AV-SGB XII[782] lautet seitdem:

»Der überörtliche Träger der Sozialhilfe ist sachlich zuständig …

2. für alle Leistungen der Eingliederungshilfe nach § 54 SGB XII für behinderte Menschen, die das 18. Lebensjahr vollendet haben, **außerhalb einer teilstationären oder stationären Einrichtung** [Hervorhebung nicht im Original], die mit dem Ziel geleistet werden sollen, selbstständiges Wohnen zu ermöglichen oder zu sichern; neben den Leistungen nach §§ 53, 54 SGB XII umfasst die Zuständigkeit insbesondere auch die Hilfen nach § 55 Abs. 2 Nr. 3 bis 7 SGB IX und andere im Einzelfall notwendige Hilfen nach dem Fünften bis Neunten Kapitel SGB XII, ohne die ein selbstständiges Wohnen nicht erreicht oder gesichert werden kann; die Zuständigkeit des überörtlichen Trägers erstreckt sich in den Fällen dieser Nummer

---

778 *LT-Drucks. NRW* 12/4889, S. 2, sub II.

779 *LKT NRW,* EILDIENST LKT NRW 2002, 92 (94).

780 Diese bemängelten beispielsweise, dass auch eine befristete Lösung die Gefahr berge, dass nach Ablauf der Frist die Ausgangslage immer noch die selbe sei, die Ziele aber nicht erreicht würden, gleichzeitig man die Gründe, die zu der befristeten Lösung geführt hatten, immer wieder vorbringen könnte, so dass letztlich eine Dauerlösung geschaffen werde, *LKT NRW,* EILDIENST LKT NRW 2002, 92 (94).

781 Diese gaben zu bedenken, dass das Schaffen regional annähernd gleicher Strukturen acht bis zehn Jahre dauern könne, vgl. *LKT NRW,* EILDIENST LKT NRW 2002, 92 (94).

782 Entspricht der Verordnung zur Änderung der Verordnung zur Ausführung des Bundessozialhilfegesetzes (AV-BSHG) v. 20. Juni 2003, GVBl. NRW 2003, S. 320.

auch auf die Leistungen der Hilfe zum Lebensunterhalt nach dem Dritten Kapitel des SGB XII«.

Die Zuständigkeit der Landschaftsverbände für teilstationäre und stationäre Hilfen ergibt sich aus § 2 Abs. 1 Nr. 1. AV-SGB XII. Damit kommt den Landschaftsverbänden sowohl im (teil-)stationären wie auch im ambulanten Bereich der Eingliederung von Menschen mit Behinderung eine umfassende sachliche Zuständigkeit zu. Von der Möglichkeit, die örtlichen Träger zur Durchführung der Aufgabe heranzuziehen (§ 3 Abs. 1 AV-SGB XII), haben beide Landschaftsverbände in Teilbereichen der Eingliederungshilfe Gebrauch gemacht.[783]

C. Verfassungsrechtliche Überprüfung der befristeten Hochzonung

Zunächst ist zweifelhaft, ob es sich bei dieser Verlagerung der aufgezeigten sachlichen Zuständigkeit um einen rechtfertigungsbedürftigen Eingriff in die Garantie der kommunalen Selbstverwaltung handelt. Das OVG Münster hat in einem Verfahren bezüglich der Heranziehung zur Landschaftsumlage festgestellt[784]: »Zwar ist die Bewertung, daß die Aufgabenerfüllung auf Landschaftsverbandsebene der auf Kreisebene vorzuziehen sei, nicht zwingend. Dies ergibt sich bereits aus der bundesrechtlichen Möglichkeit der Aufgabenübertragung an die örtlichen Sozialhilfeträger und wird auch in der Literatur anders als nach der nordrhein-westfälischen Rechtslage beantwortet … Das Verfassungsrecht schreibt jedoch nicht vor, auf welcher Ebene die hier vom Landschaftsverband wahrgenommenen Aufgaben, insbesondere die Sozialhilfe zur Pflege, zu erfüllen sind. Dies ist keine Rechtsfrage, sondern eine – auch von vielfältigen Einwirkungen auf den kommunalen Finanzausgleich beeinflußte – politische Frage, die der Gesetzgeber ohne Verstoß gegen Verfassungsrecht in der zur Zeit geltenden Art regeln kann.«

783 Für den **LWL**: Satzung über die Heranziehung der Städte, Kreise und kreisangehörigen Gemeinden zur Durchführung der Aufgaben des überörtlichen Trägers der Sozialhilfe v. 10.3.2005, GVBl. NRW 2005, S. 202; geändert durch Satzung vom 1.12.2005, GVBl. NRW 2005, S. 925; für den **LVR**: Satzung des Landschaftsverbands Rheinland über die Heranziehung der örtlichen Träger der Sozialhilfe und der kreisangehörigen Gemeinden zur Durchführung von Aufgaben des überörtlichen Trägers der Sozialhilfe (Sozialhilfesatzung – SH-Satzung) v. 14.12.2007, GVBl. NRW 2008, S. 131 f.

784 *OVG Münster*, Urt. v. 27.8.1996 – 15 A 4171/93 –, in: NVwZ-RR 1997, 251 (252 f.).

Aus diesem Urteil könnte geschlossen werden, dass ein rechtfertigungsbedürftiger Eingriff nicht nur bei der erstmaligen Aufgabenzuweisung, sondern auch in dem Falle ausscheide, in dem eine Zuständigkeitsverlagerung bereits bestehender Aufgaben zwischen der Ebene der örtlichen und der überörtlichen Träger der Sozialhilfe vorgenommen werde.

Indes folgt nach vorzugswürdiger Ansicht aus Art. 78 Abs. 2 LV eine Allzuständigkeit der Kreise und Gemeinden und somit eine Zuständigkeitsvermutung für eine Aufgabenwahrnehmung auf beiden Ebenen.[785] Hieraus resultiert nicht nur, dass der Gesetz- oder Verordnungsgeber begründen muss, wieso die Aufgabe nicht den Kreisen und kreisfreien Städten (Gemeinden) zugewiesen wird[786], sondern insbesondere auch, dass bei Aufgabenverlagerungen von den Kreisen und kreisfreien Städten ein Eingriff vorliegt.[787] Somit stellt die Kompetenzverlagerung des ambulant betreuten Wohnens für Menschen mit Behinderung von den Kreisen und kreisfreien Städten auf die Landschaftsverbände sehr wohl einen rechtfertigungsbedürftigen Eingriff dar.

I. Überprüfung der befristeten Hochzonung im Zeitraum 2003 – 2010

Fraglich ist, ob die von 2003 bis 2010 geltende Aufgabenverlagerung des ambulant betreuten Wohnens für Menschen mit Behinderung von den Kreisen und kreisfreien Städten auf die Landschaftsverbände einer verfassungsgerichtlichen Überprüfung standgehalten hätte.

Wie bereits oben[788] dargestellt, kommt es für die Beurteilung der Verfassungsmäßigkeit einer Hochzonung auf den Zeitpunkt an, zu dem die Änderung eingetreten ist. Die Entwicklungen im Zeitraum der befristeten Hochzonung bleiben für die verfassungsrechtliche Bewertung unberücksichtigt. Bei der Beurteilung im Jahre 2003 musste der Verordnungsgeber zwangsläufig die Entwicklungen der Platzangebote und der Kostenentwicklung der vorangegangenen Jahre zugrunde legen. Die von den Landschaftsverbänden geäußerten Prognosen deuteten darauf hin, dass die Anzahl der Leistungsberechtigten in den nächsten Jahren weiter ansteigen würde.[789] Dem

785 S. o. S. 77 f.

786 *Wansleben,* in: Held u. a., KrONRW, § 1 Anm. 2.3.

787 *Litzenburger,* kommunale Verfassungsbeschwerde, S. 192. Auch der VerfGHNRW misst einen Aufgabenentzug an Art. 78 LV, vgl. die Nachweise oben, S. 95 ff.

788 S. 135.

789 *DV,* NDV 2007, 33 (34 ff.); *Baur,* Vortrag »Eingliederungshilfe heute« v. 18.9.2001, S. 12; *LWL,* Drucks. 11/0479, S. 15 f.

Landesverordnungsgeber lagen außerdem Berechnungen der Landschaftsverbände vor, nach denen eine Zuständigkeit aus einer Hand auf der Ebene der Landschaftsverbände zu einer Umsteuerung in der Leistungsgewährung unter gleichzeitiger Verlangsamung der Kostenentwicklung führen würde.[790]

Der Entscheidung des Verordnungsgebers lagen zum Zeitpunkt der Änderung der Zuständigkeiten nur Prognosen und Wertungen zugrunde. Basiert eine Entscheidung des Gesetz- oder Verordnungsgebers aber auf Prognosen oder Wertungen, ist eine Verfassungswidrigkeit, wie bereits dargestellt[791], erst dann feststellbar, wenn die Einschätzungen eindeutig widerlegbar oder offensichtlich fehlsam waren. Vorliegend ist eine solche eindeutige Widerlegbarkeit oder offensichtliche Fehlsamkeit nicht feststellbar. Den Berechnungen der Landschaftsverbände lagen die durchschnittlichen Steigerungsraten der vergangenen Jahre zugrunde. Diese waren nicht willkürlich und nicht eindeutig widerlegbar. Auch lagen keine Verstöße gegen das Anhörungsrecht der Kommunen vor.

Die befristete Hochzonung für den Zeitraum 2003 bis 2010 war demnach verfassungsgemäß.[792]

II. Verfassungsmäßigkeit einer Hochzonung nach Ablauf der Befristung 2010

Etwas anderes könnte sich für den Zeitraum nach Ablauf der zeitlichen Befristung (30.6.2010) ergeben. Läuft die zeitliche Befristung eines Gesetzes aus und erneuert bzw. verlängert der Gesetzgeber die Befristung, so ist dieses als erneuter Eingriff in den Gewährleistungsbereich anzusehen. Die Verlängerung der Geltungsdauer eines befristeten Gesetzes kommt dem Erlass eines neuen Gesetzes mit dem Inhalt des befristeten Gesetzes gleich.[793] Dabei ist der Gesetzgeber verpflichtet zu überprüfen, ob eine Verlängerung der Befristung, eine vollständige Übertragung auf die höhere Ebene oder aber eine Regelung zugunsten der unteren Ebene getroffen

790 *LWL,* Drucks. 11/0537, Anl. 1; *LVR,* Drucks. 11/396 LA, S. 2 ff.

791 S. o. S. 134 f.

792 *Burgi/Ruhland,* Regionale Selbstverwaltung, S. 275 und 278.

793 *BVerfG,* Beschl. v. 12.11.1958 – 2 BvL 4, 26, 40/56, 1, 7/57 –, in: BVerfGE 8, 274 (290 f.).

werden kann. Die Befristung darf nicht länger Bestand haben, als sie zur Zweckerreichung erforderlich ist.[794]

Daher ist es fraglich, ob eine erneute Hochzonung auf die Landschaftsverbände[795] verfassungsrechtlich gerechtfertigt werden kann. Bei dieser Bewertung ist insbesondere zu berücksichtigen, in welchem Umfang die befristete Hochzonung die Ziele des Gesetzgebers schon gefördert oder sogar schon verwirklicht hat.

1. Aufgabenart

Die oben herausgearbeiteten Kriterien[796] zur Beurteilung der Kompetenzverlagerung finden nur dann Anwendung, wenn es sich bei der Aufgabe des ambulant betreuten Wohnens um eine Selbstverwaltungsangelegenheit handelt. Im Fall einer staatlichen Aufgabe wäre ein verfassungsrechtlich rechtfertigungsbedürftiger Eingriff von vornherein zu verneinen.[797]

Zu Recht wird die Sozialhilfe als pflichtige Selbstverwaltungsangelegenheit gesehen.[798] Hierfür spricht, dass nur »in Kenntnis der Örtlichkeit …, im Wissen um die Lebensumstände, in echter Bürgernähe und in der Interpretation dieser Umstände gedeckt durch örtlich-bürgerschaftliche Selbstverwaltung ... auf akute Notfälle unter Berücksichtigung örtlicher Besonderheiten angemessen reagiert werden«[799] kann. Eine zentralstaatliche Aufgabenwahrnehmung hingegen kann schwerlich so umfassend individuell und

---

794 *Benda,* NJW 1996, 2282 (2283).

795 Der Landessozialminister hat kurz nach der Veröffentlichung des ZPE-Abschlussberichts mitgeteilt, dass die Landesregierung die bis 2010 befristete Hochzonung um weitere fünf Jahre verlängern wolle, http://www.mags.nrw.de/06_Service/001_Presse/001_Pressemitteilungen/pm2008/080924/index.html. Die Umsetzung in der Verordnung ist bis zum 4.1.2009 noch nicht erfolgt.

796 S. o. S. 105 ff.

797 *VerfGHNRW,* Urt. v. 26.6.2001 – VerfGH 28/00 und 30/00 (»Straßenbau«) –, in: NWVBl. 2001, 340 (345).

798 So auch die überwiegende Meinung: *Frank,* in: DLT, Der Kreis IVb, S. 1 (12); *Kemmer,* Leistungsnormen, S. 22 f. und 82 ff.; *Hörster,* Wahrnehmung der Sozialhilfeaufgaben, S. 86 f.; *Lerche,* Verfassungsfragen, S. 97; *Rüfner,* in: Achterberg/Püttner/Würtenberger, Bes. VerwR, Bd. II, § 28, Rn. 6; *Flierl,* Wohlfahrtspflege, S. 151; *Luthe,* in: Hauck/Noftz, SGB XII, § 3 Rn. 9; *Berlit,* in: Rothkegel, Sozialhilferecht, S. 32; *Burgi/Ruhland,* Regionale Selbstverwaltung, S. 266 ff.; so schon *Verwaltung des Provinzialverbandes Westfalen,* Materialien, S. 9; a. A.: *StGHBW,* Urt. v. 10.11.1993 – GR 3/92 –, in: DVBl. 1994, 206 (206); *Hofmann-Hoeppel,* BSHG-Vollzug, S. 100; *Maurer,* in: Henneke/Maurer/Schoch, Die Kreise im Bundesstaat, S. 139 (163): »nur formelle Selbstverwaltungsangelegenheit«.

799 *Frank,* in: DLT, Der Kreis IVb, S. 1 (12).

persönlich helfen, wie es die menschliche Existenzsicherung gebietet.[800] Die geschichtliche Entwicklung der Eingliederungshilfe als Teil der Sozialhilfe unterstreicht eine solche Einordnung. Besonders im 19. und 20. Jahrhundert bildeten die öffentliche Fürsorge und die kommunale Selbstverwaltung eine innige Verbindung.[801] Auch zu Beginn des 20. Jahrhunderts blieb die Aufgabe Gemeindeaufgabe, zumal das Reich – trotz wiederholter Bemühungen – nicht in der Lage war, eine funktionierende Reichsfürsorgeverwaltung aufzubauen, die die Aufgaben der Fürsorge wahrnehmen konnte.[802] Dass die Leistungen der Hilfe von Rechts wegen festgelegt waren[803], ändert an der Klassifizierung als Selbstverwaltungsaufgabe nichts. Auch der Landesgesetzgeber sieht die Eingliederungshilfe und damit auch den Bereich des ambulant betreuten Wohnens als Selbstverwaltungsangelegenheit an, § 1 AG-SGB XII.

Als Selbstverwaltungsaufgabe ist das ambulant betreute Wohnen für Menschen mit Behinderung somit von Art. 78 Abs. 2 LV umfasst. Ein Eingriff in Form des Aufgabenentzugs unterliegt somit der verfassungsrechtlichen Überprüfbarkeit und bedarf einer Rechtfertigung durch Gründe des öffentlichen Wohls.

2. Verfassungsrechtliche Überprüfung der Rechtfertigung der befristeten Hochzonung

Bei dem Entzug der Zuständigkeit für das ambulant betreute Wohnen wird nicht derart umfassend und nachhaltig in den Gewährleistungsbereich der kommunalen Selbstverwaltung eingegriffen, dass man einen Eingriff in den Kernbereich kommunaler Selbstverwaltung annehmen könnte.[804] Zum Kernbereich kommunaler Selbstverwaltung werden Bereiche wie beispielsweise die Gebietshoheit oder die Organisationshoheit gezählt.[805] Vorliegend wird jedoch nicht in einen so existentiellen Bereich eingegriffen, sondern eine Teilaufgabe aus dem Bereich des Sozialrechts verlagert. Die Existenz der Kreise und kreisfreien Städte ist bei einer solchen Hochzonung nicht in Gefahr. Der Eingriff ist vielmehr im Randbereich der kommunalen

800 *Frank,* in: DLT, Der Kreis IVb, S. 1 (12).

801 *Lerche,* Verfassungsfragen, S. 97 m. w. N.

802 *Syrup/Neuloh,* Hundert Jahre staatliche Sozialpolitik, S. 393.

803 *Hofmann-Hoeppel,* BSHG-Vollzug, S. 92 f.

804 *Burgi/Ruhland,* Regionale Selbstverwaltung, S. 270.

805 *Falk,* Kommunale Aufgaben, S. 147; *Gern,* Dt. KommR, Rn. 80, nennt diese »kernbereichstypische Hoheitsrechte«.

Selbstverwaltung zu verorten. Die erneute (wiederum zeitlich befristete oder aber dauerhafte) Hochzonung muss also formell verfassungsgemäß sein (Anhörung der Kommunen) und dem Verhältnismäßigkeitsprinzip, dem Gemeinwohlvorbehalt sowie dem Abwägungsgebot genügen. Bei der folgenden Untersuchung wird unterstellt, dass die Hauptzwecke, die der Landesverordnungsgeber für die damalige Hochzonung anführte, auch weiterhin die Grundlage einer Hochzonung darstellen werden.

a. Legitimer Zweck

Der Landesverordnungsgeber hat in der Begründung zur Änderung der Ausführungsverordnung zum BSHG (jetzt SGB XII) im Jahre 2003 ausgeführt, dass es Ziel der Zuständigkeitskonzentration sei, »vorhandene örtliche Versorgungslücken (Disparitäten) aufzuheben, möglichst zeitnah eine flächendeckende und bedarfsgerechte Angebotsstruktur für behinderte Menschen zu entwickeln, den behinderten Menschen damit die soziale Integration und ein selbstbestimmtes Leben in ihrer Heimatgemeinde zu ermöglichen und letztlich dem deutlichen Anstieg der Fälle und der Kosten im stationären Bereich entgegenzuwirken. Ein quantitativ und qualitativ verbessertes ambulantes Angebot dient nicht nur den Interessen und Bedürfnissen der behinderten Menschen, sondern auch den Kostenträgern und führt insgesamt zu einer finanziellen Entlastung«[806].

Es gibt damit zwei bestimmende Gründe, die den Gesetzgeber zu einer solchen kompetenzverlagernden Maßnahme bewegt haben: erstens das Interesse an einem landesweit gleichmäßigen Versorgungsausbau für die verschiedenen Wohnformen und zweitens der Wunsch, dem deutlichen Kostenanstieg der Eingliederungshilfe insgesamt entgegenzutreten.

Beide Zwecke verstoßen nicht gegen grundlegende Verfassungsprinzipien, sind mithin legitim.

b. Geeignetheit

Weiterhin müsste die erneute Hochzonung geeignet sein, das Erreichen des Zweckes zu fördern. Ob eine Hochzonung die Ziele der Umstrukturierung des Platzangebots und die Kostensenkung fördern kann, ist nicht zuletzt

806 *MGSFF,* Vorlage 13/2169, S. 3.

daran abzulesen, ob im Zeitraum der ersten befristeten Hochzonung Erfolge auf diesen beiden Gebieten zu verzeichnen sind.[807]

aa. Umsteuerung in der Leistungsgewährung

Zunächst ist fraglich, ob die gesetzten Ziele, Angebotsdisparitäten abzumildern und eine flächendeckende, bedarfsgerechte Angebotsstruktur zu entwickeln, durch die Hochzonung erreicht wurden.

Die Bilanz hierfür fällt differenziert aus: Im *stationären Bereich* stieg die Zahl der *Leistungsempfänger* von 41.534 (31.12.2004)[808] auf 43.900 (31.12.2007)[809], ein Plus von 2.366 Empfängern.[810] Rechnet man die Leistungsempfänger unter 18 Jahren heraus, so gab es im stationären Bereich zum Stichtag 31.12.2007 42.779 Leistungsempfänger, also rund 1.300 Leistungsempfänger mehr als zum 31.12.2004. Während die Zahl der Leistungsempfänger im Bereich stationärer wohnbezogener Hilfen im Gebiet des LVR abzüglich der Leistungsempfänger unter 18 Jahren um rund 250 Personen stieg, betrug die Zahl neuer Leistungsempfänger der genannten Hilfeart im Gebiet des LWL gut 1.000 Personen. Zum 31.12.2007 belegten im Gebiet des LWL 20.597 Klienten einen Platz im stationären Wohnen (= 2,47 Leistungsempfänger pro 1.000 Einwohner)[811], ein Plus im Vergleich zum 31.12.2006 von gut 160. Im LVR[812] ist seit dem Stichtag

807 Die zugrunde gelegten Zahlen sind die, die die Landschaftsverbände dem Verfasser vor Veröffentlichung des Abschlussberichts des ZPE Siegen übermittelt haben. Die hier dargelegten Zahlen weichen teilweise von den Zahlen des Abschlussberichts ab. Die im Abschlussbericht festgestellten Tendenzen und Ergebnisse korrespondieren aber mit den hier herausgearbeiteten Erkenntnissen. Der Abschlussbericht kann beim Ministerium für Arbeit, Gesundheit und Soziales kostenfrei bestellt werden. Außerdem steht er auf der Internetseite des ZPE zum kostenlosen Download bereit. Die Adresse lautet http://www2.uni-siegen.de/~zpe/ih-nrw/ih-nrw_downloads.htm [Stand: 5.1.2009].

808 Hierin sind 67 Leistungsempfänger auf dem Gebiet des LWL unter 18 Jahren enthalten.

809 Hierin sind 1.121 Leistungsempfänger unter 18 Jahren eingerechnet.

810 Die genauen Daten konnten erst ab dem Stichtag 31.12.2004 ermittelt werden, weil erst zu diesem Stichtag eine weitgehend einheitliche Erhebungsgrundlage bestand, vgl. *ZPE,* Projektpapier Nr. 15, S. 25. Die Daten zum Stichtag 31.12.2007 wurden dem Verfasser von den beiden Landschaftsverbänden zur Verfügung gestellt.

811 Hierin sind 67 Leistungsempfänger unter 18 Jahren enthalten.

812 Zu berücksichtigen ist, dass der LVR seine kameralistische Buchführung auf das NKF umgestellt hat. Hieraus ergibt sich ein abweichendes Datenmaterial, weil nun nur die bewilligten Fälle berücksichtigt werden und nicht mehr wie früher abgerechnete Fälle (Zahlfälle). Die Tendenz der Entwicklung ist aber hiervon nicht betroffen. Vgl. *ZPE,* Projektpapier Nr. 15, S. 25 auch mit den aktuellen Zahlen.

31.12.2005 eine Tendenz zur Reduzierung der Zahl der Leistungsempfänger im stationären Bereich zu verzeichnen. Zum 31.12.2004 nahmen 21.986 Personen stationäre Hilfen in Anspruch (= 2,29 Leistungsempfänger pro 1.000 Einwohner), zum 31.12.2005 waren es 22.537 (= 2,35 Leistungsempfänger pro 1.000 Einwohner). Mitte 2007 betrug die Zahl 22.316 (= 2,33 Leistungsempfänger pro 1.000 Einwohner), zum Stichtag 31.12.2007 22.249.

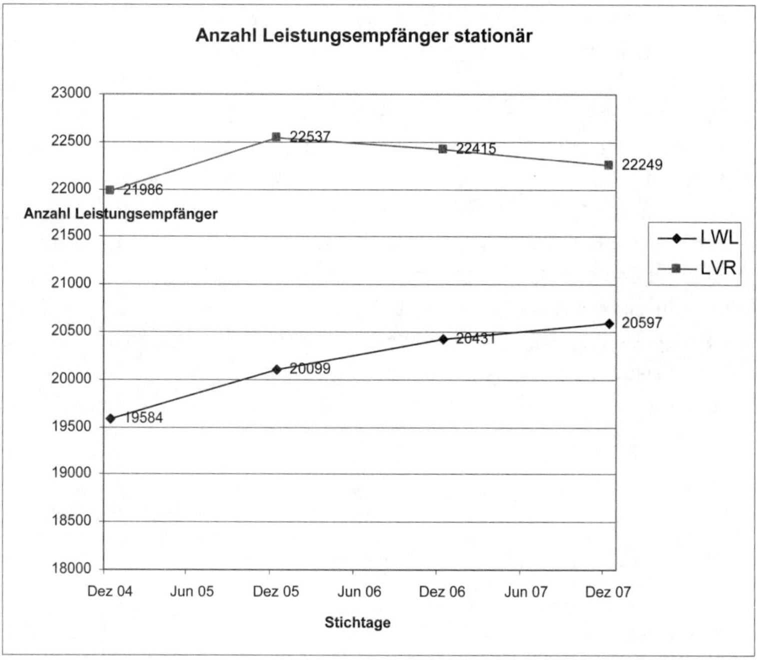

Leistungsempfänger stationär nach Landschaftsverbänden im Zeitraum 12/04 bis 06/07

Leistungsempfänger stationär nach Zielgruppen					
	31.12. 2004	31.12. 2005	31.12. 2006	31.12. 2007	12/04-12/07
Zielgruppen	Anzahl (pro 1.000 EW)	Anzahl (pro 1.000 EW)	Anzahl (pro 1.000 EW)	Anzahl	Entwickl. absolut
Menschen mit geistiger Behinderung	27080 (1,50)	27932 (1,54)	27905 (1,54)	27885	805
Menschen mit seelischer Behinderung	9423 (0,52)	9638 (0,53)	9758 (0,54)	9753	330
Menschen mit Suchterkrankung	2730 (0,15)	2840 (0,16)	2825 (0,16)	2876	146
Menschen mit körperlicher Behinderung	2311 (0,13)	2315 (0,13)	2373 (0,13)	2365	54
Gesamt	41544 (2,30)	42647 (2,36)	42861 (2,37)	42779	1.235

Entwicklung der Anzahl der Leistungsempfänger in stationären Einrichtungen nach Zielgruppen (LVR und LWL) 31.12.2004 bis 31.12.2007

Im Vergleich zur Geltung des Zuständigkeitsdualismus ist ein geringerer Anstieg der Leistungsempfänger im stationären Bereich festzustellen. Betrug die Zahl der Bewohner in Wohneinrichtungen beispielsweise im Gebiet des LWL im Jahr 1998 noch ca. 17.356, stieg die Zahl bis zum Jahr 2002 kontinuierlich auf gut 19.700. Seit 2003 verlangsamte sich der Zuwachs.[813] Im Gebiet des LVR stieg die Zahl der Leistungsempfänger vor allem in den Jahren 1999 bis 2001 deutlich an. Zum 31.12.98 erhielten fast 17.600 Menschen stationäre Wohnhilfe, Ende 1999 waren es bereits 18.660, wieder ein Jahr später 19.935. Erst seit 2002 sank die jährliche Steigerung auf zwischen 2,45 und 1,14 %.[814]

Auch bundesweit nimmt die Dynamik der Entwicklung der Leistungsempfänger im stationären Bereich ab. Betrug die Steigerungsrate im Vergleich 2001 zu 2002 noch 2,7 %, so sank diese im Vergleich 2003 zu 2004 auf

813 *ZPE,* 2. ZB, S. 69.
814 *ZPE,* 2. ZB, S. 66.

0,7 % und betrug im Vergleich 2005 zu 2006 1,2 %. In absoluten Zahlen stieg die Zahl der Leistungsempfänger von 2005 auf 2006 um 1.880 Empfänger an. Nur in einigen Regionen sank die Zahl der Leistungsempfänger (Oberfranken, LVR, Sachsen), Anstiege gab es vor allem in Baden-Württemberg und – weniger deutlich – in Hessen, Niedersachsen und dem LWL.[815] Insgesamt gab es 2006 bundesweit 175.395 Leistungsempfänger stationärer Wohnhilfe.

Auf zweiter Stufe ist die Entwicklung der *Leistungsempfänger* im *ambulanten Bereich* zu betrachten. Auch im ambulant betreuten Wohnen stiegen die Zahlen der Leistungsempfänger des ambulant betreuten Wohnens deutlich an. Erhielten zum 30.6.2003 landesweit noch 10.981 Menschen mit Behinderung Leistungen des ambulant betreuten Wohnens, so waren es zum 31.12.2005 17.622 Leistungsempfänger[816] (+ 62 % im Vergleich zum 30.6.2003), zum 31.12.2006 21.365 Leistungsempfänger (+ 96 % im Vergleich zum 30.6.2003) und zum 31.12.2007 26.409 Leistungsempfänger[817] (+ 140 % im Vergleich zum 30.6.2003).

815 *BAGüS,* Kennzahlenvergleich 2005/2006, S. 27. Es ist bei diesen Zahlen zu berücksichtigen, dass auch Leistungsempfänger unter 18 Jahren und über 65 Jahren in der Statistik aufgeführt sind. Gerade im Vergleich zum Bericht des ZPE ergeben sich daher Unterschiede bei den absoluten und durchschnittlichen Zahlen. Nur Abb. 13 (*BAGüS,* a. a. O., S. 28) führt nach Alter (Erwachsene bzw. Kinder/Jugendliche) aufgeschlüsselte Durchschnittswerte an.

816 *ZPE,* 2. ZB, S. 16.

817 Eigene Angaben der beiden Landschaftsverbände.

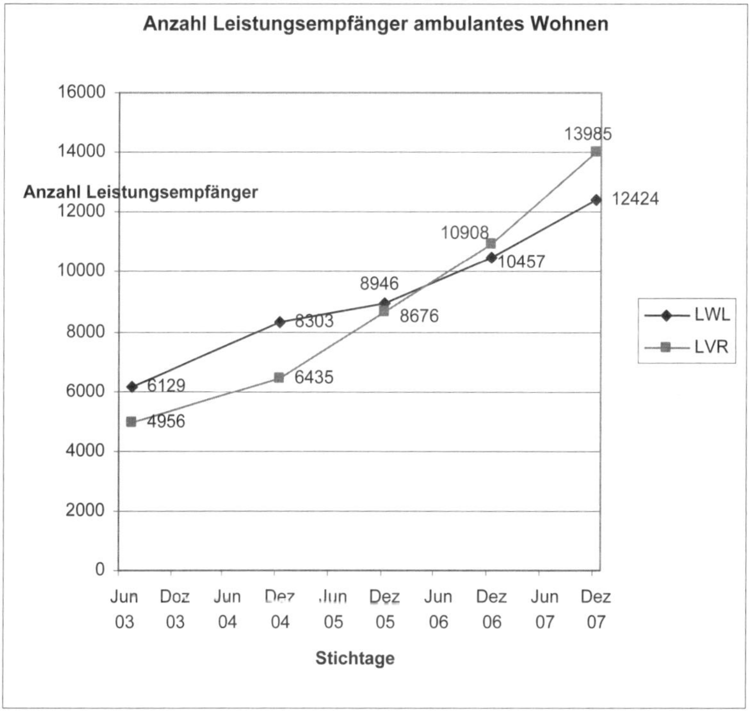

Entwicklung der Leistungsempfänger ambulant nach Landschaftsverbänden zu den Stichtagen 6/03, 12/04, 12/05, 12/06 und 12/07

Die Zunahme der Leistungsempfänger ambulant betreuten Wohnens ist bundesweit zu beobachten. Auch bei den anderen überörtlichen Trägern der Sozialhilfe in der Bundesrepublik kam es zu einem Anstieg der Anzahl der Leistungsempfänger in diesem Bereich.[818] Insgesamt stieg die Zahl der Leistungsempfänger ambulanter Wohnhilfen – soweit Zahlen übermittelt wurden – von 27.431 Leistungsempfängern im Jahr 2002 auf 56.547 Leistungsempfänger im Jahr 2006.[819]

Durch die Zuständigkeitsverlagerung wurde das Ziel des Verordnungsgebers, mehr Anspruchsberechtigten Leistungen des ambulant betreuten Wohnens zu gewähren, gefördert.

818 *BAGüS*, Kennzahlenvergleich 2005/2006, S. 9 und 11 f.
819 *BAGüS*, Kennzahlenvergleich 2005/2006, S. 42.

Berücksichtigt werden muss zudem die Entwicklung der vorgehaltenen *Plätze* im *stationären Bereich,* weil ein Ziel des Verordnungsgebers darin bestand, kostenintensive stationäre Plätze abzubauen. Die Erfolge für diesen Bereich fallen unterschiedlich aus. Im Bereich der stationären Wohnhilfen ist der Anstieg der Platzzahlen langsamer verlaufen als noch vor der Hochzonung von Seiten der Landschaftsverbände vorausgesagt. Die Landschaftsverbände gingen aufgrund ihrer Erkenntnisse der Vorjahre davon aus, dass zusätzlich zu den bestehenden Plätzen aufgrund der steigenden Zahlen der Leistungsberechtigten im stationären Bereich landesweit jährlich über 1.000 Plätze in stationären Einrchtungen neu geschaffen werden müssten.[820] Dieses hätte von Mitte 2003 bis Ende 2007 einen Anstieg von rund 4.500 Plätzen bedeutet. Real sind die Plätze in stationären Wohnheimen von Ende 2004 bis Ende 2007 lediglich um insgesamt 754 Plätze gestiegen, wobei im Zeitraum 1.7.2003 bis 31.12.2004 ein Anstieg um 383, vom 1.1.2005 bis 31.12.2005 ein Anstieg um 216 und vom 1.1.2006 bis 31.12.2006 ein Anstieg um 315 Plätze zu verzeichnen war. Vom 31.12.2006 bis zum 31.12.2007 wurden die Plätze landesweit um 160 reduziert.

---

820 Allein im Gebiet des LVR wurde mit einer jährlichen Steigerung von rund 800 neuen Plätzen im stationären Bereich gerechnet, *LVR,* Drucks. 11/396 LA, S. 1, 7. Der LWL rechnete mit einem jährlichen Anstieg von ca. 400 Plätzen, vgl. LWL, Die Ausführungsverordnung zum Ambulant Betreuten Wohnen (September 2006), S. 15. Die Landtagsmehrheit stellte lediglich fest, dass in NRW jedes Jahr mehrere hundert neue Heimplätze gebaut würden, *LT-Drucks. NRW* 13/2379, S. 1. Die Landesregierung hat die Prognosen der Landschaftsverbände übernommen, weil sie sie im Groben für pausibel hielt, *Kistner,* LT NRW, Ausschussprotokoll 13/899 v. 11.6.2003, S. 4.

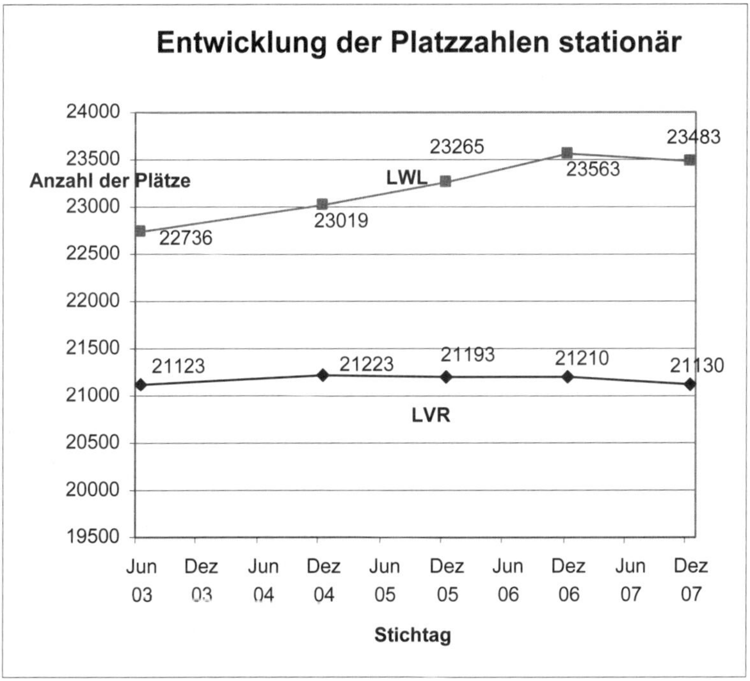

Entwicklung der Plätze in stationären Einrichtungen vom 30.06.2003 bis 31.12.2007

Der Ausbau stationärer Plätze ist damit verhaltener als bei weiter geltender Zuständigkeitsteilung prognostiziert. Erstmals wurden im Jahr 2007 in beiden Landschaftsverbänden Plätze abgebaut. Zum 31.12.2007 wurden NRW-weit 44.613 Plätze für 43.900 Leistungsempfänger vorgehalten.[821] Der nunmehr feststellbare Abbau stationärer Plätze muss weiter voranschreiten. Die Landschaftsverbände haben mit der Landesarbeitsgemeinschaft der Freien Wohlfahrtspflege eine Rahmenvereinbarung getroffen, nach der bis Ende 2008 5 % der seit Ende 2005 bestehenden stationären Wohnheim-

821 Zum 31.12.2005 waren landesweit 44.458 Plätze vorhanden, aber nur 42.884 Leistungsempfänger, s. *ZPE*, 2. ZB, S. 109.

plätze abgebaut werden sollen.[822] Dies wären rund 2240 Plätze, die abgebaut werden müssen. Die Einhaltung dieser Vereinbarung ist fraglich. Die Erfolge auf diesem Gebiet müssen – trotz erster Ansätze – bisher als gering eingestuft werden.

Auch bundesweit ist kein eindeutiger Trend zum Abbau stationärer Plätze ersichtlich. Im Vergleich zum Jahr 2004 änderte sich die durchschnittliche Zahl an Plätzen nur geringfügig. In Baden-Württemberg wurde im Jahr 2006 der Bundesdurchschnitt von 2,57 Plätzen pro 1.000 Einwohner erstmals leicht übertroffen (2,59), die Mehrzahl der bayerischen Bezirke liegt deutlich unter dem Bundesdurchschnitt.[823] Dass es zu einem deutlichen Ausbau oder aber Abbau kam, kann nicht gesagt werden.

Die dargestellten Zahlen sind vor dem Hintergrund der Entwicklung der Bevölkerungszahlen und der Zahl der Menschen mit Behinderung zu betrachten. In den Jahren 2003 bis 2007 sank die Bevölkerungszahl in NRW von 18,075 Millionen auf 18,041 Millionen Einwohner. Für die nächsten Jahre wird ein weiterer Rückgang der Bevölkerungszahlen erwartet. Für 2025 rechnet das Landesamt für Datenverarbeitung und Statistik mit einer Bevölkerungszahl von 17,608 Millionen Einwohnern[824], bis 2050 wird ein Rückgang auf 16,16 Millionen Einwohnern erwartet[825]. Gleichzeitig rechnete der LVR im Jahr 2002 mit einer Verdopplung der Zahl der Menschen mit Behinderung bis zum Jahr 2012.[826] Ein Grund hierfür ist, dass das durchschnittliche Lebensalter der behinderten Menschen ansteigt, weil es aufgrund des medizinischen Fortschrittes zu einer höheren Lebenserwartung

---

822 Punkt 2.2 der »Rahmenzielvereinbarung zwischen der Landesarbeitsgemeinschaft der Freien Wohlfahrtspflege und den Landschaftsverbänden zur Weiterentwicklung der Eingliederungshilfe unter fachlichen und finanziellen Aspekten«, http://www.lwl.org/spur-download/bewo/Rahmenzielvereinbarung.pdf [letzter Abruf: 28.1.2008].

823 *BAGüS,* Kennzahlenvergleich 2005/2006, S. 24.

824 http://www.lds.nrw.de/statistik/datenangebot/analysen/stat_studien/2006/bev_vorausberechnung2006_regional.pdf [letzter Abruf: 4.3.2008].

825 http://www.lds.nrw.de/statistik/datenangebot/daten/b/r311prog.html [letzter Abruf: 4.3.2008].

826 Die BAGüS rechnet in den Jahren 2007 bis 2010 mit einer Steigerung der Fallzahlen stationär und ambulant von insgesamt 17.200 Leistungsempfängern, wobei 12.000 Leistungsempfänger ambulant betreutes Wohnen in Anspruch nähmen, s. *DV,* NDV 2007, 33 (39).

behinderter Menschen kommt.[827] Das höhere Durchschnittsalter spiegelt sich vor allem auch bei den Leistungsempfängern stationären Wohnens wider. Seit 1998 sank bundesweit die Zahl derer, die zwischen 18 und 40 Jahre alt sind. Im Gegenzug erhöhte sich der Anteil der Leistungsempfänger über 40, insbesondere in den Altersgruppen 40 bis 50 und 50 bis 60 Jahre. Das Durchschnittsalter stieg in den Jahren 2000 bis 2006 von 38,8 auf 41,9 Jahre an. Dabei lagen die Steigerungen in den Gebieten des LVR und des LWL mit einer Steigerung von 2,4 bzw. 1,5 Jahren unter dem Bundesdurchschnitt.[828] Die Rückläufigkeit der Leistungsempfänger unter 30 Jahren ist nicht zuletzt darauf zurückzuführen, dass die Träger der Sozialhilfe bereits seit Beginn des 21. Jahrhunderts gerade neue Leistungsberechtigte mit ambulanten Betreuungsangeboten bedienen.

In Zukunft ist mit einer weiteren Steigerung der Leistungsempfänger zu rechnen, wobei das durchschnittliche Alter und damit zumeist auch der Betreuungsaufwand sich erhöhen werden.

bb. Abbau von Angebotsdisparitäten

Eng mit der Entwicklung im Bereich der Umsteuerung in der Leistungsgewährung verbunden ist die Frage danach, ob die Hochzonung geeignet war und weiter sein kann, die *Angebotsdisparitäten,* also den unterschiedlichen Ausbau an ambulanten Betreuungseinrichtungen innerhalb der Körperschaften, abzubauen.

Zum Ende der geteilten Zuständigkeit (30.6.2003) konnten landesweit 42.901 Plätze im stationären Bereich und 10.981 Angebote im ambulant betreuten Wohnen gezählt werden. Die Quote ambulant/stationär betrug 20:80.[829] Die Disparitäten innerhalb des Landes waren groß: Im stationären Bereich verfügten die einzelnen Körperschaften für alle Zielgruppen durchschnittlich über 0,54 bis 5,53 Plätze pro 1.000 Einwohner. Im ambulanten Bereich hingegen verfügten zahlreiche Körperschaften Mitte 2003 für einige Zielgruppen über keine Angebote. So gab es beispielsweise für Menschen mit geistiger Behinderung zum 30.6.2003 in insgesamt fünf der

827 *BT-Drucks.* 16/808, S. 2; *Molsberger,* LT NRW, Ausschussprotokoll 13/648 v. 25.9.2002, S. 8. *DLT,* Weiterentwicklung der Eingliederungshilfe, S. 5.

828 *BAGüS,* Kennzahlenvergleich 2005/2006, S. 34 f.

829 Ungenauigkeiten wegen der Umstellung auf andere Berechnungsmethoden bleiben hier ausnahmsweise unberücksichtigt.

54 Gebietskörperschaften keine Hilfen im ambulant betreuten Wohnen, noch mehr Körperschaften, nämlich 37 von 54, verfügten über keine ambulanten Angebote für Menschen mit körperlicher Behinderung.[830] Für Menschen mit Suchterkrankung verfügten 12 Körperschaften über keine Angebote pro 1000 Einwohner, wobei gleichzeitig festzustellen war, dass für diese Zielgruppe auch im stationären Bereich in fünf Körperschaften keine Plätze vorhanden waren. Anders stellte sich zum 30.6.2003 die Situation für Menschen mit seelischer Behinderung dar. Für diese Zielgruppe hielten alle Gebietskörperschaften Angebote vor.[831] Seit Ende 2005 wird in allen Gebietskörperschaften des LVR und LWL für (fast) jede Zielgruppe ein entsprechendes Angebot an ambulanten und stationären Hilfen vorgehalten.[832]

Auch ist festzustellen, dass sich in einigen Gebietskörperschaften, in denen die Nutzerzahlen unter dem Landesdurchschnitt liegen, zumindest für einen Teil der Leistungsberechtigten die Situation vor Ort verbessert hat. Ein Anstieg ambulanter Leistungsempfängerzahlen ist insbesondere dort festzustellen, wo es zum Ende der geteilten Zuständigkeit keine oder wenige Leistungsempfänger gab. Dieses verwundert nicht, da der Nachholbedarf in den Kommunen mit zunächst unterdurchschnittlichen Werten wesentlich höher ist. Dennoch wurden auch in den Kommunen mit hoher ambulanter Leistungsempfängerquote die Ziele des Verordnungsgebers gefördert, wenn auch prozentual geringer als bei unterdurchschnittlicher Angebotszahl. Es ist außerdem zu beklagen, dass strukturstarke Mitgliedskörperschaften einen verstärkten Ausbau für die unterschiedlichen Zielgruppen erleben.[833]

---

830 *ZPE,* 1. ZB, S. 88 f.

831 *ZPE,* 1. ZB, S. 125 f.

832 *ZPE,* 2. ZB, S. 22. So auch am Ende der wissenschaftlichen Begleitstudie, *ZPE,* Abschlussbericht, S. 15.

833 Vgl. Bericht für den Ausschuss für Arbeit und Soziales des Kreises Gütersloh, Drucks.-Nr. 1921 v. 8.3.2007, S. 5 f.

Insgesamt verbesserte sich das Verhältnis ambulant zu stationär von anfangs ca. 20:80 auf ca. 31:69 zum Stichtag 30.6.2006.[834] Zum Stichtag 31.12.2007 betrug das Verhältnis ambulant zu stationär 38:62.[835]

Körperschaft	gb03a[836] (%)	sb03a (%)	su03a (%)	kb03a (%)	ges03a (%)	gb07a (%)	sb07a (%)	su07 a (%)	Kb07a (%)	ges07 a (%)
Stadt Düsseldorf	94 (0,16)	211 (0,37)	58 (0,10)	34 (0,06)	397 (0,69)	135 (0,23)	508 (0,88)	100 (0,17)	50 (0,09)	793 (1,37)
Stadt Duisburg	39 (0,08)	147 (0,29)	90 (0,18)	0 (0,00)	276 (0,54)	117 (0,24)	376 (0,76)	84 (0,17)	5 (0,01)	582 (1,17)
Stadt Essen	171 (0,29)	158 (0,27)	60 (0,10)	40 (0,07)	429 (0,73)	246 (0,42)	440 (0,76)	123 (0,21)	39 (0,07)	848 (1,46)
Stadt Krefeld	18 (0,08)	60 (0,25)	0 (0,00)	0 (0,00)	78 (0,33)	47 (0,20)	260 (1,10)	44 (0,19)	5 (0,02)	356 (1,50)
Stadt Mönchengladbach	52 (0,20)	57 (0,22)	42 (0,16)	12 (0,05)	163 (0,62)	82 (0,31)	338 (1,30)	93 (0,36)	28 (0,11)	541 (2,08)
Stadt Mülheim	26 (0,15)	48 (0,28)	18 (0,11)	0 (0,00)	92 (0,54)	61 (0,36)	136 (0,80)	63 (0,37)	3 (0,02)	263 (1,55)
Stadt Oberhausen	19 (0,09)	57 (0,26)	18 (0,08)	0 (0,00)	94 (0,43)	55 (0,25)	267 (1,23)	46 (0,21)	8 (0,04)	376 (1,73)
Stadt Remscheid	7 (0,06)	40 (0,34)	0 (0,00)	0 (0,00)	47 (0,40)	33 (0,29)	111 (0,97)	20 (0,17)	2 (0,02)	166 (1,45)
Stadt Solingen	6 (0,04)	57 (0,35)	0 (0,00)	0 (0,00)	63 (0,38)	23 (0,14)	102 (0,63)	4 (0,02)	0 (0,00)	129 (0,79)
Stadt Wuppertal	8 (0,02)	108 (0,30)	42 (0,12)	12 (0,03)	170 (0,47)	59 (0,17)	380 (1,06)	59 (0,17)	19 (0,05)	517 (1,45)
Kreis Kleve	60 (0,20)	65 (0,21)	47 (0,15)	10 (0,03)	182 (0,60)	130 (0,42)	194 (0,63)	81 (0,26)	18 (0,06)	423 (1,37)
Kreis Mettmann	52 (0,10)	165 (0,32)	72 (0,14)	12 (0,02)	301 (0,59)	117 (0,23)	380 (0,76)	129 (0,26)	18 (0,04)	644 (1,28)
Rhein-Kreis-Neuss	24 (0,05)	81 (0,18)	18 (0,04)	0 (0,00)	123 (0,28)	74 (0,17)	191 (0,43)	72 (0,16)	2 (0,00)	339 (0,76)

834 *ZPE,* Projektpapier Nr. 15, S. 41. Bundesweit stieg das Verhältnis ambulant zu stationär von 23,6:76,4 im Jahr 2003 auf 28,9:71,1 im Jahre 2006 (Stichtag 12/06), vgl. *BAGüS,* Kennzahlenvergleich 2005/2006, S. 45. Ende 2006 wurde für den LVR ein Anteil ambulant betreuten Wohnens von 33,6 %, für den LWL von 34,4 % ermittelt, *BAGüS,* a. a. O. Die dort angegebenen Werte für die Jahre 2004 und 2005 weichen von den Angaben des *ZPE,* Projektpapier Nr. 15, S. 41 ab. Hiervon sind insbesondere die Angaben über die Leistungsempfänger stationär betroffen. Für diese Leistungsempfänger weichen die Daten um 200 bis 900 Leistungsempfänger ab. Grund hierfür sind nach Angabe der beiden Landschaftsverbände unterschiedliche Bewertungsparameter bei den Erstellern der Untersuchungen (consens beim Kennzahlenvergleich bzw. ZPE).

835 *ZPE,* Abschlussbericht, S. 224.

836 Erläuterungen: gb = geistig behindert, sb = seelisch behindert, su = Suchterkrankung, kb = körperlich behindert, 03a = Stichtag 30.6.2003, 07a = Stichtag 30.6.2007, % = Leistungsempfänger pro 1.000 Einwohner.

Kreis Viersen	6 (0,02)	88 (0,29)	25 (0,08)	0 (0,00)	119 (0,39)	62 (0,20)	179 (0,59)	27 (0,09)	2 (0,01)	270 (0,89)
Kreis Wesel	18 (0,04)	113 (0,24)	12 (0,03)	0 (0,00)	143 (0,30)	107 (0,23)	248 (0,52)	17 (0,04)	2 (0,00)	374 (0,79)
Stadt Aachen	30 (0,12)	72 (0,28)	42 (0,17)	6 (0,02)	150 (0,59)	38 (0,15)	426 (1,65)	120 (0,47)	6 (0,02)	590 (2,29)
Stadt Bonn	59 (0,19)	163 (0,53)	60 (0,19)	10 (0,03)	292 (0,94)	74 (0,23)	326 (1,04)	61 (0,19)	7 (0,02)	468 (1,49)
Stadt Köln	96 (0,10)	525 (0,54)	99 (0,10)	18 (0,02)	738 (0,76)	189 (0,19)	1145 (1,15)	215 (0,22)	133 (0,13)	1682 (1,70)
Stadt Leverkusen	0 (0,00)	42 (0,26)	42 (0,26)	0 (0,00)	84 (0,52)	11 (0,07)	98 (0,61)	44 (0,27)	2 (0,01)	155 (0,96)
Kreis Aachen	6 (0,02)	57 (0,18)	0 (0,00)	0 (0,00)	63 (0,20)	58 (0,19)	185 (0,60)	25 (0,08)	5 (0,02)	273 (0,88)
Kreis Düren	12 (0,04)	87 (0,32)	18 (0,07)	0 (0,00)	117 (0,43)	34 (0,13)	231 (0,85)	56 (0,21)	1 (0,00)	322 (1,19)
Rhein-Erft-.Kreis	27 (0,06)	117 (0,25)	22 (0,05)	0 (0,00)	166 (0,36)	92 (0,20)	261 (0,56)	39 (0,08)	10 (0,02)	402 (0,87)
Kreis Euskirchen	0 (0,00)	54 (0,28)	24 (0,13)	0 (0,00)	78 (0,41)	25 (0,13)	158 (0,82)	25 (0,13)	0 (0,00)	208 (1,08)
Kreis Heinsberg	39 (0,15)	57 (0,22)	1 (0,00)	0 (0,00)	97 (0,38)	115 (0,45)	406 (1,58)	31 (0,12)	6 (0,02)	558 (2,17)
Oberberg. Kreis	15 (0,05)	66 (0,23)	18 (0,06)	0 (0,00)	99 (0,34)	41 (0,14)	122 (0,42)	52 (0,18)	3 (0,01)	218 (0,76)
Rhein.-Berg.-Kreis	45 (0,16)	102 (0,37)	30 (0,11)	30 (0,11)	207 (0,74)	69 (0,25)	195 (0,70)	52 (0,19)	35 (0,13)	351 (1,26)
Rhein-Sieg-Kreis	46 (0,08)	94 (0,16)	48 (0,08)	0 (0,00)	188 (0,32)	107 (0,18)	224 (0,37)	27 (0,05)	6 (0,01)	364 (0,61)
Stadt Bottrop	32 (0,26)	25 (0,21)	0 (0,00)	0 (0,00)	57 (0,47)	50 (0,42)	86 (0,72)	6 (0,05)	8 (0,07)	150 (1,26)
Stadt Gelsenk.	90 (0,33)	173 (0,63)	44 (0,16)	0 (0,00)	307 (1,12)	138 (0,52)	230 (0,86)	63 (0,24)	6 (0,02)	437 (1,64)
Stadt Münster	33 (0,12)	133 (0,49)	11 (0,04)	0 (0,00)	177 (0,66)	87 (0,32)	416 (1,53)	68 (0,25)	28 (0,10)	599 (2,20)
Kreis Borken	33 (0,09)	43 (0,12)	23 (0,06)	5 (0,01)	104 (0,28)	95 (0,26)	161 (0,44)	68 (0,18)	8 (0,02)	332 (0,90)
Kreis Coesfeld	8 (0,04)	52 (0,24)	11 (0,05)	0 (0,00)	71 (0,32)	49 (0,22)	108 (0,49)	25 (0,11)	4 (0,02)	186 (0,84)
Kreis Recklinghausen	212 (0,32)	331 (0,51)	179 (0,27)	0 (0,00)	722 (1,11)	257 (0,40)	492 (0,77)	222 (0,35)	16 (0,02)	987 (1,54)
Kreis Steinfurt	125 (0,28)	179 (0,41)	36 (0,08)	0 (0,00)	340 (0,77)	182 (0,41)	329 (0,74)	57 (0,13)	29 (0,07)	597 (1,34)
Kreis Warendorf	10 (0,04)	57 (0,20)	0 (0,00)	0 (0,00)	67 (0,24)	50 (0,18)	172 (0,61)	49 (0,17)	8 (0,03)	279 (0,99)
Stadt Bielefeld	197 (0,60)	475 (1,45)	32 (0,32)	0 (0,00)	704 (2,15)	273 (0,84)	632 (1,94)	203 (0,62)	52 (0,16)	1160 (3,57)
Kreis Gütersloh	30 (0,09)	285 (0,81)	60 (0,17)	0 (0,00)	375 (1,07)	114 (0,32)	347 (0,98)	139 (0,39)	15 (0,04)	615 (1,74)
Kreis Herford	33 (0,13)	112 (0,44)	29 (0,11)	0 (0,00)	174 (0,68)	63 (0,25)	167 (0,66)	45 (0,18)	7 (0,07)	282 (1,11)

Kreis Höxter	8 (0,05)	22 (0,14)	0 (0,00)	0 (0,00)	30 (0,19)	36 (0,24)	68 (0,45)	21 (0,14)	3 (0,02)	128 (0,84)
Kreis Lippe	19 (0,05)	70 (0,19)	30 (0,08)	10 (0,03)	129 (0,35)	69 (0,19)	155 (0,43)	113 (0,32)	12 (0,03)	349 (0,97)
Kreis Minden-Lübbecke	97 (0,97)	79 (0,24)	30 (0,09)	10 (0,03)	216 (0,67)	142 (0,44)	143 (0,45)	46 (0,14)	45 (0,14)	376 (1,17)
Kreis Paderborn	10 (0,03)	48 (0,16)	34 (0,12)	0 (0,00)	92 (0,31)	83 (0,28)	207 (0,69)	125 (0,42)	7 (0,02)	422 (1,41)
Stadt Bochum	68 (0,18)	221 (0,57)	42 (0,11)	0 (0,00)	331 (0,85)	120 (0,31)	296 (0,77)	108 (0,28)	11 (0,03)	535 (1,40)
Stadt Dortmund	80 (0,14)	360 (0,61)	120 (0,20)	50 (0,08)	610 (1,03)	142 (0,24)	572 (0,97)	175 (0,30)	64 (0,11)	953 (1,62)
Stadt Hagen	19 (0,09)	64 (0,32)	24 (0,12)	0 (0,00)	107 (0,53)	49 (0,25)	126 (0,65)	62 (0,32)	11 (0,06)	248 (1,27)
Stadt Hamm	2 (0,01)	20 (0,11)	9 (0,05)	1 (0,01)	32 (0,17)	52 (0,28)	80 (0,44)	83 (0,45)	0 (0,00)	215 (1,17)
Stadt Herne	0 (0,00)	63 (0,36)	19 (0,11)	0 (0,00)	82 (0,47)	43 (0,25)	99 (0,59)	28 (0,17)	8 (0,05)	178 (1,05)
Ennepe-Ruhr-Kreis	43 (0,12)	108 (0,31)	0 (0,00)	4 (0,04)	155 (0,45)	83 (0,24)	267 (0,79)	102 (0,30)	17 (0,05)	469 (1,38)
Hochsauerlandkreis	0 (0,00)	140 (0,50)	17 (0,17)	7 (0,03)	164 (0,59)	49 (0,18)	194 (0,71)	58 (0,21)	16 (0,06)	317 (1,15)
Märkischer Kreis	116 (0,26)	148 (0,33)	0 (0,00)	0 (0,00)	264 (0,58)	171 (0,39)	293 (0,66)	40 (0,09)	7 (0,02)	511 (1,15)
Kreis Olpe	21 (0,15)	48 (0,34)	0 (0,00)	0 (0,00)	69 (0,49)	42 (0,30)	74 (0,52)	12 (0,08)	4 (0,03)	132 (0,93)
Kreis Siegen-Wittgenstein	0 (0,00)	120 (0,41)	0 (0,00)	0 (0,00)	120 (0,41)	40 (0,14)	191 (0,66)	32 (0,11)	5 (0,02)	268 (0,93)
Kreis Soest	171 (0,55)	198 (064)	16 (0,05)	0 (0,00)	385 (1,25)	92 (0,30)	269 (0,87)	52 (0,17)	2 (0,01)	415 (1,35)
Kreis Unna	81 (0,07)	94 (0,22)	16 (0,04)	0 (0,00)	141 (0,33)	86 (0,20)	149 (0,53)	38 (0,09)	6 (0,01)	279 (0,66)
LVR	975 (0,10)	2891 (0,30)	906 (0,09)	184 (0,02)	4956 (0,52)	2201 (0,23)	7887 (0,82)	1710 (0,18)	415 (0,04)	12213 (1,27)
LWL	1488 (0,18)	3668 (0,43)	782 (0,09)	87 (0,01)	6025 (0,71)	2668 (0,32)	6348 (0,75)	2054 (0,24)	402 (0,05)	11472 (1,36)
Gesamt	2463 (0,14)	6559 (0,36)	1688 (0,09)	271 (0,01)	10981 (0,61)	4869 (0,27)	14235 (0,79)	3764 (0,21)	817 (0,05)	23685 (1,32)

cc. Kostenentwicklung

Das zweite Hauptziel des Verordnungsgebers war und ist eine Stagnation oder Verringerung der aufzubringenden Kosten für die wohnbezogenen Hilfen.

Seit der Zusammenführung der Zuständigkeit in einer Hand verlangsamte sich die Kostenentwicklung. So betrugen die Kosten der stationären Eingliederungshilfe im Gebiet des LVR im Jahr 2004 ca. 893,675 Millionen

Euro, im Jahr 2005 900,553 Millionen Euro (+0,76 %), im Jahr 2006 911,093 Millionen Euro[837] (+ 1,3 %) und im Jahr 2007 910,448 Millionen Euro. Im Gebiet des LWL beliefen sich die Kosten auf 714,312 Millionen Euro im Jahr 2004, 718,234 Millionen Euro im Jahr 2005 (+0,55 %)[838], im Jahr 2006 auf 755,306 Millionen Euro[839] (+ 5,2 %) und im Jahr 2007 auf 776,247 Millionen Euro[840] (+3%). Nach Schätzungen des LVR wären die Kosten jährlich um rund 40 Millionen Euro gestiegen, wäre es nicht zur »Zuständigkeit aus einer Hand« gekommen.[841] Ein leichter Kostenrückgang ist auch bei den durchschnittlichen Fallkosten festzustellen. Betrugen die Fallkosten im Jahr 2004 durchschnittlich noch 41.096 Euro für den LVR bzw. 36.541 Euro für den LWL, so sank dieser Aufwand im Jahr 2005 auf 39.291 Euro für den LVR (- 4,59 %) und auf 35.734 Euro für den LWL (- 2,26 %). [842] Im Jahr 2006 betrugen die durchschnittlichen Fallkosten im LWL 37.867 Euro, im Jahr 2007 38.990 Euro im LWL.[843]

Anders die Entwicklung bei den Kosten des ambulant betreuten Wohnens.[844] Betrugen die durchschnittlichen Fallkosten 2004 im Gebiet des LVR pro Fall noch 5.333 Euro, erhöhte sich dieser Betrag 2005 auf 6.640 Euro (+ ca. 25 %), im Jahr 2006 auf 7.178 Euro (+ ca. 8 %) und im Jahr 2007 auf 8.696 Euro (+ ca. 20 %). Im LWL-Gebiet stiegen die Kosten von 6.261 Euro im Jahr 2004 auf 7.776 Euro im Jahr 2005 (+ 24,2 %), 7.934

---

837 Dieser Wert ist für einen Vergleich mit den Ausgaben der Vorjahre nur bedingt heranziehbar, da der LVR im Jahr 2006 auf das NKF umgestellt hat; s. auch *ZPE,* Abschlussbericht, S. 214.

838 *ZPE,* 2. ZB, S. 137. Bei den Kosten des LVR sind die Leistungen der Hilfen zum Lebensunterhalt mit eingerechnet. Beim LWL 2005 sind auch 72 Leistungsempfänger unter 18 Jahren eingerechnet.

839 Zusammen mit den Kosten Grundsicherung auf 773,659 Millionen Euro.

840 Zusammen mit den Kosten Grundsicherung auf 803,079 Millionen Euro.

841 *LVR,* Berichtsvorlage 11/396 LA, S. 6. Gemeint ist damit nicht, dass man die Summe jährlich einsparen könne, sondern nur, dass man bei einem Fortlaufen geteilter Zuständigkeit die Summe X aufbringen muss, bei Zuständigkeiten aus einer Hand Summe Y. Die Differenz beträgt dann jährlich 40 Millionen Euro bzw. in zehn Jahren 400 Millionen, *Heuser,* LT NRW, Ausschussprotokoll 13/648 v. 25.9.2002, S. 27. Die Schätzungen erweisen sich, vergleicht man die prognostizierten Zahlen für die Jahre 2004 und 2005 mit den tatsächlich angefallenen Kosten, als verlässlich.

842 *ZPE,* 2. ZB, S. 137. Zu berücksichtigen ist, dass bei den Werten des LVR die Leistungen zur Hilfe zum Lebensunterhalt eingeschlossen sind. Beim Wert 2005 für den LWL sind auch die Kosten für 72 Leistungsempfänger/innen »unter 18« enthalten. Zur Aussagekraft und Genauigkeit der Werte s. den Hinweis a. a. O.

843 Vom LVR lagen für die Jahre 2006 und 2007 nur die absoluten Zahlen vor.

844 S. hierzu auch die Erläuterungen des *ZPE,* Aschlussbericht, S. 216 f.

Euro Ende 2006 (+ 2 % im Vergleich zu 2005) und 8.356 Euro Ende 2007 (+ 5.3 % im Vergleich zu 2006).[845] Der Gesamtaufwand stieg im Bereich des LVR von 37,265 Millionen Euro auf 64,104 Millionen Euro im Jahr 2005 (+ 41,86 %), auf 87,641 Millionen Euro im Jahr 2006 (+ 30,6 % im Vergleich zu 2005) und auf 121,598 Millionen Euro im Jahr 2007 (+ 40 % im Vergleich zu 2006). Im Gebiet des LWL stiegen die Gesamtaufwendungen von 60,229 Millionen Euro (2004) auf 75,344 Millionen Euro (2005) (+ ca. 25 %), 82,965 Millionen Euro im Jahr 2006[846] (+ ca. 10 %) und 103,819 Millionen Euro im Jahr 2007 (+ ca. 25 %).[847]

Der Kostenanstieg im ambulant betreuten Wohnen hängt neben dem Anstieg der Leistungsempfänger in diesem Bereich vor allem mit der Höhe der bewilligten Fachleistungsstunden zusammen.[848] Diese betrug im Mittelwert zum 31.12.2007 im Gebiet des LWL 3,16 (zum 31.12.2005 2,65, zum 31.12.2006 noch 2,82[849]), wobei die bewilligten Fachleistungsstunden für Menschen mit geistiger Behinderung bei 3,45, bei Menschen mit körperlicher Behinderung bei 3,83, bei seelisch Behinderten bei 2,68 und bei suchtkranken Menschen bei 2,67 lagen.[850] Die bewilligten Fachleistungsstunden differieren je nach Körperschaft und Zielgruppe. So wurden im Kreis Siegen-Wittgenstein für Menschen mit körperlicher Behinderung durchschnittlich 15,60 Fachleistungsstunden gewährt, im Kreis Paderborn für die gleiche Zielgruppe durchschnittlich 1,42.[851] Innerhalb der einzelnen Kreise und kreisfreien Städte kommt es zu unterschiedlicher Gewähr. Ob bei einer hohen Fachleistungsstundengewährung noch eine günstigere Aufgabenwahrnehmung möglich ist, kann bezweifelt werden.

Im Gebiet des LVR wurden zum 31.12.2007 durchschnittlich 3,45 Fachleistungsstunden gewährt[852], nachdem zum 31.12.2006 noch 3,51 Fachleistungsstunden gewährt wurden[853]. Gerade im Bereich der Menschen mit

845 Im Bundesdurchschnitt wurde ein Netto-Kostenbetrag von 7.330 Euro pro Leistungsempfänger ermittelt. Diese Berechnung hat die Angaben von sechs Trägern zugrunde gelegt, s. *BAGüS*, Kennzahlenvergleich 2005/2006, S. 47.

846 Zusammen mit der Hilfe zum Lebensunterhalt auf 82,965 Millionen Euro.

847 Tabelle für beide Landschaftsverbände in: *ZPE*, Abschlussbericht, S. 216 f. mit weiteren Erläuterungen auch zu den Diferenzen in den Zwischenberichten.

848 *ZPE*, Abschlussbericht, S. 216.

849 *ZPE*, Abschlussbericht, S. 139.

850 *ZPE*, Abschlussbericht, S. 139.

851 *ZPE*, Abschlussbericht, S. 142.

852 *ZPE*, Abschlussbericht, S. 139.

853 *ZPE*, Projektpapier Nr. 15, S. 22 f.

geistiger Behinderung ist die bewilligte Anzahl angestiegen (4,37 Ende 2005 zu 4,51 Ende 2007). Bei den Zielgruppen Menschen mit seelischer Behinderung (3,35 im Jahr 2005, 3,22 im Jahr 2007) und Suchterkrankung (3,28 im Jahre 2005, 2,99 im Jahr 2007) wurde die Anzahl der Fachleistungsstunden reduziert.[854] Auch im Gebiet des LVR unterscheidet sich die durchschnittliche Bewilligung der Fachleistungsstunden von Körperschaft zu Körperschaft und von Zielgruppe zu Zielgruppe. Sie bewegt sich zwischen 5,89 Fachleistungsstunden für Menschen mit körperlicher Behinderung im Kreis Mettmann bis hin zu 2,00 Fachleistungsstunden für Menschen mit körperlicher Behinderung im Rhein-Neuss Kreis und im Kreis Düren.[855]

Bei den Landschaftsverbänden besteht danach eine unterschiedliche Entwicklung in Bezug auf die gewährten Fachleistungsstunden: im LWL steigt sie, im LVR sinkt sie. Insbesondere bei Menschen mit einer körperlichen oder geistigen Behinderung liegen die durchschnittlich gewährten Leistungen über dem Durchschnitt. Diese Tendenz wird sich verstärken, wenn mehr Menschen mit körperlicher oder geistiger Behinderung aus dem stationären Wohnen in ambulante Wohnangebote überführt werden.[856] Überwiegend ist davon auszugehen, dass die Kosten für das ambulante Angebot weiterhin niedriger sind als die Unterbringung im Wohnheim. Die Kosten für das stationäre Wohnen werden bei fortschreitender Reambulantisierung und einer geringen Gewährung stationärer Hilfen für Neufälle einen geringeren Anstieg erfahren als bislang.

dd. Zwischenergebnis

Die Hochzonung hat sowohl im Bereich der Umsteuerung in der Leistungsgewährung (ambulant vor stationär) als auch bei der Kostenentwicklung die vom Gesetzgeber formulierten Ziele gefördert, auch wenn dieses nicht auf alle Ziele gleichzeitig und gleichermaßen zutrifft. So wurde eine Reduzierung stationärer Plätze bislang nicht umfassend realisiert.

Die Umsteuerung in der Leistungsgewährung – mehr Hilfe in Form von ambulant betreutem Wohnen anstelle des stationären Wohnens – scheint auch in Zukunft weiter gefördert zu werden. Zumindest arbeiten die Landschaftsverbände weiter darauf hin, möglichst viele Leistungsberechtigte in ambulant betreuten Wohnformen unterzubringen, wie beispielsweise die

---

854 *ZPE,* Projektpapier Nr. 15, S. 6 und Tabelle S. 22.
855 *ZPE,* Abschlussbericht, S. 140.
856 So auch *BAGüS,* Kennzahlenvergleich 2005/2006, S. 36 und 80 f.

Bewilligungspraxis des LWL im ersten Halbjahr 2007 verdeutlicht. Von den 2800 im ersten Halbjahr 2007 zu beratenden Einzelsituationen (2.113 Neufälle und 687 laufende Fälle) erhielten 647 Antragsteller stationäre und 1.940 Leistungsberechtigte ambulante Hilfen.

Eine erneute Hochzonung kann daher zur Erreichung der verordnungsgeberischen Ziele als geeignet angesehen werden.

c. *Erforderlichkeit*

Die erneute Hochzonung des ambulant betreuten Wohnens für Menschen mit Behinderung auf die beiden Landschaftsverbände müsste auch erforderlich sein. Es dürfte demnach kein anderes, weniger einschneidendes, aber gleich wirksames Mittel zur Erreichung der Zwecke geben.

Wie bereits oben dargestellt, scheiden eine Verpflichtung zur kommunalen Zusammenarbeit, eine Befristung der Hochzonung oder eine Kompetenzregulierung als milderes Mittel aus.

Bei der vorliegenden Aufgabe der wohnbezogenen Hilfen besteht alternativ daher zunächst die Möglichkeit, den Zuständigkeitsdualismus (ambulante Wohnhilfen = örtliche Träger, stationäre Wohnhilfen = überörtlicher Träger) aufrecht zu halten. Ein Eingriff in die Garantie der kommunalen Selbstverwaltung läge in diesem Fall nicht vor, weil das ambulant betreute Wohnen auf der Ebene der örtlichen, das stationäre Wohnen auf überörtlicher Ebene wahrgenommen würde. Eine solche geteilte Zuständigkeit für einzelne Aufgaben der Eingliederungshilfe ist indes gesetzgeberisch nicht gewollt. Zwar bindet § 97 Abs. 2 S. 2 SGB XII den Landesgesetzgeber nicht, dennoch hält es auch der Gesetzgeber – genauso wie die Fachverbände[857] – für fachlich geboten, die Aufgaben in einer Hand gebündelt wahrzunehmen, um Synergieeffekte bestmöglich zu realisieren. Gegen die Wiederbelebung des Zuständigkeitsdualismus als gleich wirksames Mittel spricht, dass bei einem erneuten Auseinanderfallen der Zuständigkeiten die Gefahr besteht, dass wiederum verstärkt eine Zuweisung stationärer Wohnhilfen erfolgt, weil diese nicht von den örtlichen Trägern alleine[858], sondern über die

857 *DV*, NDV 2007, 245 (245 und 249).

858 Im Gebiet des LVR förderte der LVR die Einrichtung von Plätzen im Ambulant Betreuten Wohnen mit einem freiwilligen Förderprogramm. Angelehnt an das aus den stationären Einrichtungen bekannte Konzept der Platzzahlen wurde dabei jährlich ein Kontingent an Plätzen im Betreuten Wohnen mit dem Personalschlüssel von 1:12, in Ausnahmefällen auch 1:6 rheinlandweit unter denjenigen freien Trägern

Landschaftsverbandsumlage von allen Mitgliedern des jeweiligen Landschaftsverbands getragen werden müssten. Der Anreiz, vor Ort eine Verstetigung bzw. einen weiteren Ausbau ambulant betreuten Wohnens voranzutreiben, würde abgemildert. Hierdurch könnten sich die ersten Teilerfolge der Zeit von 2003 bis 2010 wieder verschlechtern. Es entspräche daher weder dem Interesse des Gesetzgebers noch den fachlichen Anforderungen an die wohnbezogenen Hilfen für Menschen mit Behinderung, wenn die Zuständigkeiten nach Beendigung der Befristung wieder – wie zuvor – verteilt würden. Es scheitert demnach beim Wiederauflebenlassen des Zuständigkeitsdualismus an der gleichen Wirksamkeit des Mittels.

Fördert eine geteilte Zuständigkeit nicht die gesetzgeberischen und verordnungsgeberischen Ziele, kommt als weitere Möglichkeit zur Zielförderung eine Herabzonung der stationären Wohnhilfen auf die Kreise und kreisfreien Städte in Betracht. Aus Sicht der Kreise und kreisfreien Städte ist eine solche Herabzonung ein milderes Mittel als ein erneuter Aufgabenentzug. Zwar müssen die örtlichen Träger bei einer Herabzonung die Kosten der stationären Hilfe tragen, doch ist die Belastung insoweit abgemildert, als durch die Herabzonung auch ein Großteil der zu zahlenden Landschaftsumlage bei den Kommunen verbliebe.

Fraglich ist indes, ob die Zwecke, die der Verordnungsgeber mit der Zuständigkeit aus einer Hand verfolgt, hierdurch gleich wirksam gefördert würden. In der damaligen Diskussion um die Hochzonung bezweifelten sowohl das zuständige Ministerium als auch die Landtagsmehrheit und die Landschaftsverbände, dass eine qualitativ gleichwertige Aufgabenwahrnehmung auf der Ebene der Kreise und kreisfreien Städte realisierbar sei. Nach Ansicht der damaligen Mehrheit war die örtliche Ebene aufgrund mangelnder Verwaltungskraft nicht in der Lage, die Zwecke des Disparitätenabbaus und der Kostensenkung effektiv zu fördern. Dem traten die kommunalen Spitzenverbände entgegen. Nach deren Ansicht waren Kreise und kreisfreie Städte sehr wohl in der Lage, das ambulant betreute Wohnen weiter auszubauen und somit dem rasanten Kostenanstieg entgegenzutreten. Die bisherige Praxis, Menschen mit Behinderung in stationären Einrichtungen zu betreuen, habe an den mangelnden Anreizen (Eigen- im Gegensatz

verteilt, die vorher einen entsprechenden Antrag gestellt hatten. Der LVR übernahm jeweils 75 % der entstehenden Personalkosten zusätzlich zu einem festen Pauschalbetrag pro Platz und Jahr. Die restlichen 25 % der Personalkosten mussten von den jeweiligen örtlichen Sozialhilfeträgern getragen werden. S. dazu *ZPE,* 1. ZB, S. 70 f.

zur gemeinsamen Finanzierung) für die örtlichen Träger gelegen. Diesen Bedenken könne durch eine Zuständigkeit aus einer Hand auf örtlicher Ebene Rechnung getragen werden, weil in einem solchen Fall die Finanzverantwortung vollständig auf Ebene der örtlichen Träger läge.

Ob die Kreise und kreisfreien Städte nach Beendigung der ersten befristeten Hochzonung tatsächlich zu einer umfassenden Aufgabenwahrnehmung in der Lage wären, ist nicht mit abschließender Sicherheit zu beantworten. Vor der Zuständigkeitsänderung gab es nur rund 11.000 Leistungsempfänger ambulant betreuter Wohnhilfe. Mitte 2007 waren es mehr als doppelt so viele. Hinzu käme noch die Zuständigkeit für weitere rund 43.000 Leistungsempfänger stationärer Wohnheimplätze. Ob die Planung und Hilfegewährung durch die örtliche Ebene ebenso wie auf der Ebene der Landschaftsverbände erfüllt werden kann, ist zweifelhaft. Davon wäre nur auszugehen, wenn das Personal der Landschaftsverbände der Aufgabe folgen würde, also mit auf die Kommunen überginge. Alleine mit dem vorhandenen Personal eine steigende Anzahl an Hilfeempfängern zu bescheiden und zu versorgen, erscheint nicht ohne eine gewisse Übergangszeit, in denen die personellen, aber auch organisatorischen Veränderungen umgesetzt werden müssten, leistbar.[859]

Dass grundsätzlich eine Wahrnehmung der Aufgabe aus Sicht der Fach- und Verwaltungskompetenz auf unterer Ebene möglich ist, verdeutlicht die Lage in Baden-Württemberg, wo im Rahmen des Verwaltungsstrukturreformgesetzes die Zuständigkeiten auf die Land- und Stadtkreise heruntergezont wurden.[860] Im Rahmen einer Evaluation der Erfolge dieser Herabzonung äußerten sowohl der baden-württembergische Städtetag als auch der Landkreistag des Landes, dass eine ausreichende Fach- und Verwaltungskompetenz vorliege. Durch die gebündelte Zuständigkeit sei es zu Synergieeffekten gekommen, integrierte Verwaltungsentscheidungen seien ermöglicht worden.[861] Gerade in den Anfangszeiten seien aber personelle und organisatorische Umstrukturierungen notwendig gewesen, die teilweise noch fortdauerten.[862] Dieses sieht auch die Liga der Freien Wohlfahrtspflege so. Es

859 So auch Bericht für den Ausschuss für Arbeit und Soziales des Kreises Gütersloh, Drucks.-Nr. 1921 v. 8.3.2007, S. 10 f.

860 S. o. S. 22 f. Für eine solche Maßnahme in NRW schon *Hesse,* RVR-NRW, S. 174.

861 *LT-Drucks. BW* 14/1740, S. 37. Auch Innenminister *Rech* bewertet die jetzige Lage positiv, *LT-Drucks. BW* 14/964, S. 30 f.

862 *LT-Drucks. BW* 14/1740, S. 37.

komme – auch zwei Jahre nach der Verlagerung – immer noch zu Defiziten, die durch die Umstellung der Trägerschaften bedingt seien. Gleichzeitig sei aber zu erkennen, dass alle Kommunen sich (erstmalig) mit der Lebenssituation behinderter Menschen intensiv beschäftigten.[863]

Ob eine langsamere Kostensteigerung auch bei einer gebündelten Aufgabenwahrnehmung auf der örtlichen Ebene eintritt, kann nicht mit Sicherheit gesagt werden, ist aber nicht auszuschließen. Für eine Verlangsamung der Kostenentwicklung spricht, dass die Kreise und kreisfreien Städte bei einer gebündelten Zuständigkeit auch die Finanzverantwortung sowohl für die stationären als auch die ambulanten Leistungen zu tragen hätten. In diesem Fall wird es den Kommunen ein Anliegen sein, ihre eigenen Kosten möglichst gering zu halten, was vor allem bei einem stärkeren Ausbau ambulanter Wohnformen und einer vermehrten Gewährung ambulanter Hilfeformen realisiert werden könnte. Diese Kostenersparnis bezieht sich ausschließlich auf die Durchschnittsfallkosten, nicht hingegen auf die gesamt zu tragenden Lasten. Diese werden weiterhin steigen, da die Fallzahlen insgesamt weiter ansteigen werden. Einsparungen an sich sind nicht realisierbar, nur ein drastischer Kostenanstieg kann durch die Umsteuerung der Leistungsgewährung erreicht werden. Einspareffekte von 20 %, wie bei der Strukturreform in Baden-Württemberg für die Umsetzung der Reformen mit Ausnahme der Sozialreform vorgegeben, sind in der Behindertenhilfe nicht realisierbar.[864]

Fraglich ist aber, ob eine gebündelte Wahrnehmung auf örtlicher Ebene auch das Ziel besser fördert, Angebotsdisparitäten zu beheben. Die Erfahrungen, die durch die Herabzonung in Baden-Württemberg gemacht wurden, sind uneinheitlich. So ist aus Sicht der kommunalen Spitzenverbände eine Verbesserung der Strukturen eingetreten. Während in den Jahren bis 2005, in denen die Landeswohlfahrtsverbände gebündelt für die Eingliederungshilfe zuständig waren, nur langsam Angebote ausgebaut wurden[865], erfolgte seit 2005 nach Angabe der Verbandsvertreter ein schnellerer Ausbau. Das zuständige Ministerium sieht jedoch deutliche Unterschiede. Nicht in allen Regionen sei die Umsteuerung auf mehr ambulant betreute Wohnformen

863 Vorlage des Caritasverbands der Diözese Rottenburg-Stuttgart v. 5.7.07, S. 1.

864 Statement der Liga der Freien Wohlfahrtspflege in Baden-Württemberg zur Anhörung der Landtagsfraktionen von SPD und Grünen, S. 2.

865 Eine spätere Umsteuerungswirkung der Wahrnehmung auf der Ebene der Landeswohlfahrtsverbände konstatieren auch *Schädler/Stamm,* IH-NRW – Projektpapier – 3/06, S. 2.

erfolgt.[866] Strukturstarke Regionen und solche Körperschaften, die auch zuvor schon über ein großes Angebot an ambulanten Wohneinrichtungen verfügt hätten, hätten dieses weiter ausgebaut. Bei einigen Stadt- und Landkreisen habe demgegenüber kein Umdenkprozess stattgefunden, insbesondere nicht bei solchen Kreisen, in denen oder in deren Nähe ein stark ausgebautes stationäres Angebot zur Verfügung gestanden habe. Außerdem sähen die Verantwortlichen einzelner Kommunen, dass eine ambulante Leistung nicht immer kostengünstiger sei, was insbesondere für die Zielgruppe der körperlich behinderten Menschen zutreffe. Zudem müsse berücksichtigt werden, dass im Zuge der Herabzonung rund die Hälfte der Mitarbeiter der damaligen Landeswohlfahrtsverbände der Aufgabe gefolgt ist und nunmehr in den Stadt- und Landkreisen tätig sei. Anderenfalls wäre eine vollständige Aufgabenwahrnehmung von allen Hilfeangeboten aus einer Hand personell nicht realisierbar gewesen. Kritisch ist auch der Standpunkt der Liga der Freien Wohlfahrtspflege. Neben den Umstellungsproblemen sei vor allem zu bemängeln, dass es keine Mindeststandards für die Hilfen gebe. Die Verantwortung liege fast ausschließlich bei den Stadt- und Landkreisen. Es könne aber nicht gewährleistet werden, dass das Angebot in Stuttgart ebenso umfassend und passgenau vorhanden sei wie in Oberschwaben. Die Entwicklungen in den 44 Stadt- und Landkreisen drohten vielmehr auseinander zu driften, weil eine übergreifende Verständigung und Koordination von zentralen Fragen (Sozialplanung, Hilfeplanung, Standards) fehle.[867] Die Gewähr einheitlicher Rahmenbedingungen sei auf überörtlicher Ebene besser realisierbar.[868] Ziel müsse aber sein, dass unabhängig vom Ort vergleichbarer Bedarf vergleichbare Hilfen nach sich ziehe.[869]

866 Dieses belegt auch der Kennzahlenvergleich 2005/2006. In diesem Zeitraum stieg die Ambulantisierungsquote in Baden-Württemberg von 23,6 % auf 23,7 %. Im Vergleich zum Jahr 2004, als die Landeswohlfahrtsverbände einheitlich zuständig waren, betrug die Quote nur 22,4 %. Ein positiver Effekt ist demnach bislang nur im Verhältnis 2004 zu 2005 feststellbar; s. *BAGüS,* Kennzahlenvergleich 2005/2006, S. 45.

867 Hierdurch komme es zu konkret benennbaren Verschlechterungen und Verunsicherungen für die Hilfebedürftigen einher, vgl. Vorlage des Caritasverbands der Diözese Rottenburg-Stuttgart v. 5.7.07, S. 1. Diese Bedenken teilen *Schädler/Stamm,* IH-NRW – Projektspapier – 3/06, S. 6 f. nicht, mahnen aber an, die Entwicklung genau zu beobachten.

868 Statement der Liga der Freien Wohlfahrtspflege in Baden-Württemberg zur Anhörung der Landtagsfraktionen von SPD und Grünen, S. 2.

869 Statement der Liga der Freien Wohlfahrtspflege in Baden-Württemberg zur Anhörung der Landtagsfraktionen von SPD und Grünen, S. 3.

Wenn es dem Gesetzgeber hauptsächlich um die Kostenverlangsamung geht, ist es daher nicht auszuschließen, dass diese Reduzierung auch auf der Ebene der Kreise und kreisfreien Städten realisierbar wäre, und die Hochzonung demnach nicht erforderlich ist.[870] Geht es hauptsächlich um den Abbau von Angebotsdisparitäten, einen flächendeckenden und bedarfsgerechten Ausbau ambulanter Hilfen, so kann eine Hochzonung als erforderlich angesehen werden.

Es ist jedoch vertretbar, wenn der Gesetz- bzw. Verordnungsgeber im vorliegenden Fall davon ausgeht, dass eine Herabzonung kein gleich wirksames Mittel darstellt.

d. Angemessenheit / Verhältnismäßigkeit i. e. S.

Schließlich ist fraglich, ob eine erneute Hochzonung angemessen sein kann. Für eine Aufgabenwahrnehmung auf Ebene der Kreise und kreisfreien Städte spricht, dass auf dieser Ebene die Ortsnähe, der im Rahmen der Angemessenheit eine wichtige Rolle zukommt[871], größer ist. Eine für die Bürger zeitsparende und gleichzeitig mit wenig Fahrtaufwand verbundene Aufgabenerledigung ist besser im örtlichen Bereich realisierbar.[872] Gerade im Bereich der Betreuung behinderter Menschen ist es im Interesse der Betroffenen, die notwendige Hilfe möglichst wohnortsnah zu erhalten. Hierzu gehört auch die Leistungsgewährung durch eine ortsnahe Verwaltung.[873] Insbesondere für ambulante Hilfen gilt, dass diese nur gemeindenah sinnvoll gewährt werden können.[874] Diese Einschätzung deckt sich auch mit den Befürchtungen und negativen Beurteilungen, die die Träger und Interessenvertreter sowie die Planungsverantwortlichen im Rahmen der Begleitstudie des ZPE geäußert haben: diejenigen Befragten, die der Zuständigkeitsverlagerung ablehnend gegenüberstehen, sehen einen Hauptkritik-

---

870 In einem solchen Fall ist fraglich, ob der Entzug des stationären Wohnens mit der Selbstverwaltungsgarantie der Landschaftsverbände in Einklang zu bringen ist.

871 So auch *Schieferstein,* überörtliche Sozialhilfeaufgaben, S. 118; *DV,* Vorschläge zur Weiterentwicklung, S. 67; *Niemeier,* Landschaftsverbände und Funktionalreform, S. 31.

872 Die Projektgruppe »Landschaftsverbände« kam bereits 1982 zu dem Ergebnis, die Gewährung stationärer und teilstationärer Hilfen zur Pflege von Behinderten auf die örtlichen Träger der Sozialhilfe zu übertragen; die Aufgabe sei eine »eindeutig o r t s b e z o g e n e Aufgabe«. Allein wegen des Fehlens einer notwendigen Delegationsnorm im BSHG sei eine Verlagerung nicht möglich gewesen.

873 *Hörauf/Rost,* Neuordnung, S. 21.

874 *Schädler,* Stagnation, S. 45.

punkt in der mangelnden Nähe zu den Betroffenen.[875] Auch die Befragten, die zurückhaltend oder differenziert auf die Kompetenzverlagerung geantwortet haben, sehen die mangelnde Ortsnähe als Kritikpunkt.[876]

Diese negativen Effekte in Bezug auf die Ortsnähe haben die Landschaftsverbände durch die Entwicklung verschiedener Verfahren allerdings abgemildert. Der **LWL** will eine möglichst große Ortsnähe durch die Sitzungen einer so genannten Clearing-Stelle erreichen. Diese Stellen setzen sich aus fünf Mitgliedern (je ein Vertreter des LWL, der stationären Hilfen, der ambulanten Hilfen, des örtlichen Sozialhilfeträgers sowie eines vom Betroffenen gewünschten Fachdienstes) zusammen und tagen in den jeweiligen Kreisen und kreisfreien Städten, also vor Ort.[877] Der Hilfesuchende soll zu dem ihn betreffenden Tagesordnungspunkt ebenfalls geladen werden. Am Ende der Beratungen steht die Entscheidung über die dem Betroffenen zu gewährenden Hilfen.[878] Der **LVR** veranstaltet zeitnah zur Antragstellung und entsprechend dem regionalen Bedarf Hilfeplankonferenzen, die nach Zielgruppen differenziert durchgeführt werden. Die Hilfeplankonferenzen tagen mindestens einmal im Monat, teilweise aber auch vierzehntägig.[879] An diesen Konferenzen sind der Anbieter, die Kommune und der LVR beteiligt. Außerdem stellt der LVR Mittel zur Verfügung, mit denen in den Mitgliedskörperschaften Koordinations-, Kooperations- und Beratungsstellen (KoKoBes) eingerichtet werden können.[880] Überraschend ist die Erkenntnis, dass rund ¾ aller befragten Betroffenen nicht an den Hilfeplankonferenzen teilnahmen. Dieses wurde von einigen damit begründet, dass sie Ängste vor einer solchen Konferenz hätten; 16 Befragte gaben an, zu den Hilfeplankonferenzen nicht oder zu spät eingeladen worden zu sein,

875 *ZPE,* 1. ZB, S. 52 f.

876 *ZPE,* 1. ZB, S. 53 für die, die sich zurückhaltend zur Verlagerung äußerten, bzw. S. 55 für die, die die Verlagerung differenziert betrachten.

877 Im ersten Halbjahr 2007 wurden in allen LWL-Körperschaften insgesamt 208 Clearingstellensitzungen abgehalten, bei denen jeweils durchschnittlich 9,09 Fälle besprochen und entschieden wurden.

878 *MAGS,* Selbständiges Wohnen, S. 12.

879 Vgl. auch *ZPE,* 2. ZB, S. 166 f.

880 Diese KoKoBes haben als Aufgabe, Beratungsangebote für Menschen mit geistiger Behinderung zu unterbreiten und die Arbeit der Hilfeplankonferenzen vor Ort zu unterstützen. Die hierfür zur Verfügung gestellten Mittel für die Einrichtung und Unterhaltung betrugen im Jahre 2004 knapp 1,9 Mio. Euro, 2005 3,12 Mio. Euro und seit 2006 jährlich 4,032 Mio. Euro, s. *LVR,* Vorlage 11/619 LA, Anl., S. 2 f.

der überwiegende Teil aber wollte bewusst nicht an der Hilfeplankonferenz teilnehmen.[881]

Trotz der verschiedenen Modelle der Landschaftsverbände, mit denen eine möglichst große Ortnähe erreicht werden soll, spricht der Aspekt der Ortsnähe weiterhin für eine Aufgabenwahrnehmung auf örtlicher Ebene.[882] Auf örtlicher Ebene kann ein ständiger Kontakt der Betroffenen zur Verwaltung in ihrem eigenen Kreis bzw. ihrer eigenen kreisfreien Stadt schneller und einfacher ermöglicht werden.

Sodann ist fraglich, ob die Aspekte der Sachnähe sowie Fach- und Verwaltungskompetenz die Entscheidung für eine Aufgabenwahrnehmung auf der Ebene der Landschaftsverbände angemessen erscheinen lassen. Für die Aufgabenwahrnehmung auf örtlicher Ebene spricht zunächst, dass die Kreise und kreisfreien Städte bis zum Jahr 2003 über eine ausreichende Verwaltungskompetenz verfügten, um ihrer Zuständigkeit im Bereich des ambulant betreuten Wohnens nachzukommen. Zweifel an einer ausreichenden Verwaltungskraft zum Ende der ersten befristeten Hochzonung (also 2010) könnten sich daraus ergeben, dass die Zahl der Leistungsempfänger des ambulant betreuten Wohnens sich verdoppelte und die Kommunen Stellen in der Verwaltung abgebaut haben. Gleichzeitig aber verbesserte sich einerseits die finanzielle Situation der Kommunen, andererseits ist noch nicht absehbar, inwieweit die Aufgabe der Sozialhilfegewährung im Bereich des SGB II nach dem Urteil des Bundesverfassungsgerichts[883] organisiert wird, sodass Personal, das momentan in diesem Bereich gebunden ist, für andere Aufgaben z. B. die Hilfen des ambulant betreuten Wohnens zur Verfügung stehen könnte. Auch die Sachnähe spricht nicht gegen die Wahrnehmung auf örtlicher Ebene. Geht man von einer rein lokalen Betrachtungsweise der Aufgabenwahrnehmung aus, so wird man sagen können, dass der örtliche Träger in seinem eigenen Gebiet besser überblicken kann, welche Angebote erforderlich sind und an welchen Stellen sie fehlen. Die Kenntnis ist auf der örtlichen Ebene vorhanden[884], nicht hingegen flächen-

---

881 *ZPE,* 2. ZB, S. 173.

882 Diesen Aspekt hebt auch die Liga der Freien Wohlfahrtsverbände in Baden-Württemberg deutlich hervor, s. Statement der Liga der Freien Wohlfahrtpflege in Baden-Württemberg zur Anhörung der Landtagsfraktionen von SPD und Grünen, S. 3.

883 *BVerfG,* Urt. v. 20.12.2007 – 2 BvR 2433, 2434/04 (»ArGen«) –, in: DVBl. 2008, 173 ff.

884 *Hörauf/Rost,* Neuordnung, S. 21.

deckend auf Seiten der Landschaftsverbände[885]. Diese Betrachtungsweise setzt aber voraus, dass der örtliche Träger in der Lage ist, für alle Zielgruppen ein entsprechendes Angebot vorzuhalten oder zu errichten. Demgegenüber liegt eine höhere Sachkenntnis bei den Landschaftsverbänden, wenn man das Angebot und den Bedarf an weiteren Plätzen landesweit betrachtet. Für die höheren Gemeindeverbände ist es in ihrem größeren Verwaltungsraum einfacher, einen Überblick über alle wohnbezogenen und ergänzenden Angebote der Eingliederungshilfe zu gewinnen, so dass es leichter zu einer bedarfsgerechteren Auswahl der Hilfen für die Antragssteller kommt. Außerdem wird eine einheitliche Steuerungsmöglichkeit der Aufgabenwahrnehmung eher bei einer nur geringen Zahl an zuständigen Stellen erreicht. Weiter spricht für eine gebündelte Zuständigkeit auf überörtlicher Ebene, dass einige Behinderungsarten nur selten auftreten und es für die einzelne Kommune nicht leistbar ist, für alle Behinderungsarten Angebote vorzuhalten.[886] Es stellt in den Fällen, in denen nur eine geringe Fallzahl vorliegt, einen erheblichen finanziellen Aufwand dar, wenn eine einzelne Kommune ein hoch spezialisiertes – und damit teures – Angebot vorhalten müsste. Die Verwaltungskompetenz der örtlichen Ebene kann in einem solchen Fall in Zweifel gezogen werden, weil eine mangelnde Verwaltungskraft insbesondere dann vorliegt, »wenn für die Durchführung der Hilfe besonderes Fachpersonal notwendig ist, das auf örtlicher Ebene in der Regel nicht vorgehalten werden kann«.[887, 888] Aufgrund der bisher schon bei den überörtlichen Trägern angesiedelten Aufgaben der Sozialhilfe verfügen die Landschaftsverbände über ein spezialisiertes Personal. Außerdem haben die Landschaftsverbände während der befristeten Hochzonung auch im Bereich des ambulant betreuten Wohnens eine ausreichende Fachkompetenz erhalten, wenn sie nicht ohnehin schon vor der Verlagerung vorhanden war.

Das Bemühen um eine möglichst sach- und fachgerechte Entscheidung im Einzelfall wird durch die verschiedenen, von den Landschaftsverbänden angewandten Modelle, die die Entscheidung noch ziel- und bedarfsgenauer gestalten sollen, unterstrichen. Der **LWL** verfolgt über zwei Teilschritte das Ziel, für die Betroffenen eine möglichst passgenaue Lösung zu finden. Das

885 *Schwarte,* Thesenpapier Werkstattgespräch MASQT, S. 1.

886 *Schieferstein,* Überörtliche Sozialhilfeaufgaben, S. 130.

887 *DV,* Vorschläge zur Weiterentwicklung, S. 68.

888 Dass die Kreise und kreisfreien Städte nicht über eine ausreichende Personalstruktur verfügen, vertreten u. a. *Burgi/Ruhland,* Regionale Selbstverwaltung, S. 275.

Verfahren unterteilt sich in einen schriftlichen Erhebungsbogen und in die Arbeit der Clearing-Stellen. Dabei dienen die Basiserhebungsbögen zur Vorerhebung und werden im weiteren Verfahren als Mindestgrundlage zur Sachverhaltsermittlung herangezogen. Sie werden vom Hilfesuchenden gemeinsam mit einem Fachdienst ausgefüllt, zu dem nicht nur Einrichtungen und Dienste, sondern auch örtliche Gesundheits- und Sozialämter gehören. Sodann werden die Unterlagen von regional zuständigen Hilfeplanenden in der Clearing-Stelle zusammengefasst. Der **LVR** versucht eine möglichst passgenaue Lösung und Einstufung der Hilfeleistungen mit dem sog. Metzler-Verfahren[889] zu erreichen, das mit dem IBRP-Verfahren[890] verbunden wird und zusätzlich die Erfahrungen des für das Land Rheinland-Pfalz entwickelten Hilfeplanverfahrens berücksichtigt[891]. In diesem Verfahren werden durch einen ausführlichen Fragebogen die Hilfebedarfe und Wünsche des Betroffenen mit Hilfe einer Vertrauensperson ermittelt. Sodann wird ein individueller Hilfeplan erstellt, der in der Hilfeplankonferenz erörtert wird und dessen Umsetzungsmöglichkeiten in der Hilfeplankonferenz abgestimmt werden. Nach deren Ergebnis wird eine Entscheidung über die Bewilligung von Hilfen getroffen.

Dass die Landschaftsverbände mit ihren Verfahren auch den Wünschen und Belangen der Leistungsempfänger gerecht werden, belegt die Begleitstudie. Die Zufriedenheit der Leistungsberechtigten wird überwiegend positiv bewertet. So wurde in vier Modellregionen untersucht, ob die Leistungsberechtigten in den Hilfeplanverfahren alles Wichtige zur Sache und Person mitteilen konnten und ob die Hilfeplaner die Anliegen der Menschen mit Behinderung verstanden haben. Beide Untersuchungsgegenstände wurden von einer großen Mehrheit[892] (ca. 75 %) positiv beantwortet. Die Zahl

---

889 Verfahren zur Ermittlung des Hilfebedarfs von Menschen mit Behinderungen. Beim sog. Metzler-Verfahren (genauer HBM-Verfahren: Hilfebedarfe von Menschen mit Behinderungen) werden Hilfebedarfsgruppen gebildet. Es werden hierbei die drei Kategorien körperlich, seelisch und geistig behindert unterschieden. Jede dieser drei Hilfebedarfsgruppen wird in fünf Stufen je nach Schwere der Behinderung unterteilt; vgl. *MAGS,* Selbständiges Wohnen, S. 28.

890 **I**ntegrierter **B**ehandlungs- und **R**eha**p**lan. Es ist ein personenkonzentrierter Ansatz der Aktion Psychisch Kranker e.V. zur individuellen Hilfeplanung. Hilfebedarfe und -wünsche werden hierbei in einem Hilfeplangespräch zwischen Hilfesuchendem und einem Dachdienst ermittelt und anschließend in einer Hilfeplankonferenz beraten; vgl. *MAGS,* Selbständiges Wohnen, S. 28.

891 *LVR,* Individuelles Hilfeplanverfahren, S. 17.

892 Die Angaben beziehen sich hier auf die Modellregion Essen. Die Ergebnisse sind jedoch bis auf die absoluten Zahlen auf die andere Modellregion des LVR (Rheinisch-Bergischer Kreis) übertragbar.

derer, die gar nichts oder nur teilweise zu ihrer Situation und dem, was ihnen wichtig war, sagen konnten oder sich nicht von den Hilfeplanern verstanden fühlten, war gering.[893] Die Zufriedenheit der Leistungsberechtigten kann überwiegend als positiv bewertet werden, 76,1 % sind mit dem Ergebnis der Hilfeplanung zufrieden, nur knapp 2 % sind gar nicht zufrieden.[894] Aus Sicht der Betroffenen haben sich subjektiv demnach keine Nachteile aus der Zuständigkeit bei den Landschaftsverbänden ergeben. Die dargestellten Strukturen und Entwicklungen sprechen für eine hohe Sachnähe, Fach- und Verwaltungskompetenz der Landschaftsverbände. Bei Fortführung der entwickelten Modelle (Clearingstellen bzw. Hilfeplankonferenzen) ist von einer weiterhin hohen Sachnähe, Fach- und Verwaltungskompetenz auszugehen.

Als sehr wichtig für die Beurteilung der Angemessenheit der Hochzonung ist der Maßstab der Herstellung gleichwertiger Lebensverhältnisse anzusehen, der sich im vorliegenden Fall in einem flächendeckenden Ausbau ambulanter Angebote niederschlägt. Wie bereits oben[895] dargestellt, sind die Disparitäten im Bereich des ambulanten Wohnens zwischen den einzelnen Körperschaften abgebaut sowie das Verhältnis ambulant/stationär in den Kreisen und kreisfreien Städten zugunsten der ambulanten Wohnformen verbessert worden. In allen Gebietskörperschaften bestehen inzwischen Angebote für die verschiedenen Behinderungsarten. Erst seit der Zuständigkeit aus einer Hand ist es zu einem deutlichen Ausbau ambulanter Angebote gekommen. Die Entwicklungen haben sich verstetigt und bewegen sich auf hohem Niveau. Dass es zu einer Verlangsamung dieser Umsteuerung kommt, ist momentan nicht ersichtlich.

Ob diese Entwicklung auch dann anhalten wird, wenn die Zuständigkeit für das ambulant betreute Wohnen auf der Ebene der Kreise und kreisfreien Städte verbleibt, ist zweifelhaft, da durch die geteilten Zuständigkeiten die zuvor bereits vorherrschenden mangelnden Anreize nicht abgebaut werden. Nur bei einer Zuständigkeit aus einer Hand für ambulante und stationäre Wohnhilfen könnte man von einer gleichwertigen Lage wie durch eine Hochzonung sprechen.

893 *ZPE,* 2. ZB, S. 171 f.
894 *ZPE,* 2. ZB, S. 173.
895 S. 163 ff.

Aus Sicht des Abbaus von Angebotsdisparitäten (Herstellung gleichwertiger Lebensverhältnisse) ist eine erneute Hochzonung als angemessen zu bewerten.

In Bezug auf die Maßstäbe der Wirtschaftlichkeit und Sparsamkeit haben die beiden Landschaftsverbände seit der Zuständigkeitskonzentration bewiesen, dass eine wirtschaftliche und sparsame Aufgabenerfüllung für alle wohnbezogenen Hilfen auf ihrer Ebene möglich ist. Der fortdauernde Ausbau des ambulant betreuten Wohnens deutet ebenfalls auf eine weiterhin wirtschaftliche und sparsame Wahrnehmung der Aufgabe der wohnbezogenen Hilfen hin. Es ist aber zu berücksichtigen, dass nicht in jedem Falle ein ambulantes Angebot kostengünstiger ist. Je nach Betreuungsbedarf können bei manchen Zielgruppen stationäre Hilfen günstiger als ambulante sein.[896] Die Kosten hängen nämlich ganz entscheidend von den gewährten Fachleistungsstunden ab. Ein Vergleich von stationärem und ambulantem Wohnen ist dabei aber nur bedingt möglich.[897] Die Begleitstudie des ZPE stellte fest[898]: »Die hier dargestellten Zahlen zu den Kosten vermitteln auf den ersten Blick den Eindruck, dass ambulante im Vergleich zu stationären Hilfen grundsätzlich kostengünstiger seien. Vor dem Hintergrund der derzeitigen Praxis in Nordrhein-Westfalen, die in der Regel davon ausgeht, dass ›ambulant‹ weniger und ›stationär‹ viel Unterstützungsbedarf bedeutet, ist diese Gegenüberstellung schlüssig. Wenn die Leistung des ambulant betreuten Wohnens im Rahmen der Eingliederungshilfe jedoch auch für Menschen mit höherem Hilfebedarf eine Alternative zu stationärer Unterbringung darstellen soll, ist dieser Grundsatz[899] nur begrenzt aufstellbar. Im Einzelfall muss somit ein ambulantes Hilfearrangement durchaus nicht immer die kostengünstigere Lösung darstellen. Im Bereich der Menschen mit körperlicher Behinderung liegen derartige Erfahrungen im Rahmen der Individuellen Schwerstbehinderten Betreuung (ISB) bereits vor.«

Es darf nicht unterschlagen werden, dass die durchschnittlichen Fallkosten im ambulanten Bereich seit der Zuständigkeit aus einer Hand gestiegen sind. Gleichzeitig sind die Kosten für stationäre Leistungen pro Fall

---

896 *ZPE,* NetOH II, S. 18; so auch *Schädler,* Stagnation, S. 176; ähnlich *Schnüll,* in: MAGS, Behinderte Menschen in NRW, S. 129 (159).

897 *ZPE,* 2. ZB, S. 10.

898 *ZPE,* 2. ZB, S. 139.

899 Gemeint ist der Grundsatz, dass ambulante Hilfen stets kostengünstiger sind als stationäre.

gesunken.[900] Die stärkere Gewährung ambulanter Hilfen wird auch weiterhin dem Gedanken einer wirtschaftlichen und sparsamen Aufgabenwahrnehmung zur Geltung verhelfen, wobei einschränkend berücksichtigt werden muss, dass nicht alle Zielgruppen mit ambulanten Hilfen kostengünstiger versorgt werden können. Nur bei einheitlicher Aufgaben- und Finanzverantwortung kann das Ziel einer kostengünstigen Erledigung der Aufgabe realisiert werden.

Im Rahmen des Maßstabs der Bürgernähe/Partizipation ist insbesondere der Untermaßstab der Transparenz der Verwaltung zu berücksichtigen.[901] § 97 Abs. 2 S. 2 SGB XII formuliert, dass die Hilfen möglichst aus einer Hand zu erfolgen haben, es also nur einen sachlich zuständigen Träger der Aufgaben geben soll. Unter Verzicht auf eine Differenzierung zwischen ambulanten, teilstationären und stationären Leistungen soll die genannte Vorschrift zu einer höheren Transparenz beitragen.[902] Durch die Zusammenlegung der Zuständigkeiten für die wohnbezogenen Hilfen ist dieser Aspekt umfassend verwirklicht. 90 % der Leistungsberechtigten wissen, an wen sie sich bei eventuell auftretenden Problemen wenden können, um die Schwierigkeiten mit den Unterstützungsleistungen zu beheben.[903] Dieser Aspekt spricht aber weder für die eine, noch für die andere Ebene. Wichtig ist ausschließlich, dass erkennbar ist, wer für den Betroffenen als Ansprechpartner zur Verfügung steht. Dieses können für alle wohnbezogenen Hilfen die Kreise und kreisfreien Städte sein, genauso gut aber auch die Landschaftsverbände.

e. Zwischenergebnis

Somit kann als Zwischenergebnis festgehalten werden, dass je nach Art und Gewichtung der gesetzgeberischen Ziele die dargestellten Maßstäbe für eine Aufgabenwahrnehmung auf beiden Ebenen sprechen können. Zieht man man die 2003 angeführten Ziele des Verordnungsgebers auch bei einer erneuten Hochzonung (bzw. der Verlängerung der Befristung) als Maßstab heran, so ist festzustellen, dass eine kostengünstige Aufgabenwahrnehmung für die Zuständigkeit der Landschaftsverbände, eine orts- und sachnahe

900 Siehe dazu schon oben S. 177 ff.

901 Bei *Wagener,* Neubau, S. 286, nimmt der Maßstab als Drittgenannter eine sehr wichtige Rolle ein.

902 *BT-Drucks.* 15/1514, S. 67.

903 *ZPE,* 2. ZB, S. 173.

Aufgabenwahrnehmung für eine Aufgabenträgerschaft der Kreise und kreisfreien Städte spricht.

3. Ergebnis

Legt man die gewonnenen Erkenntnisse zugrunde und vergegenwärtig man sich noch einmal den Überprüfungsmaßstab des Gerichts, so ist festzuhalten, dass eine Entscheidung des Gesetzgebers, die Aufgabe des ambulant betreuten Wohnens für Menschen mit Behinderung auf die Landschaftsverbände hochzuzonen, nicht eindeutig widerlegbar oder offensichtlich fehlsam ist. Ein nicht zu rechtfertigender Verstoß gegen die Garantie der kommunalen Selbstverwaltung ist demnach nicht festzumachen. Ob die Aufgabe sinnvoll bei den Landschaftsverbänden angesiedelt ist, hätte ein Gericht nicht zu überprüfen. Dieses ist eine rein politisch zu entscheidende Frage.

D. Weitere Entwicklung und Schlussbetrachtung

Einigkeit besteht bei allen Beteiligten, dass die Eingliederungshilfe fachlich weiterentwickelt werden muss, nicht zuletzt auch durch die Zuständigkeit aus einer Hand.

Über die Frage, auf welcher Ebene diese Zuständigkeit angesiedelt sein soll, besteht keine Einigkeit. Bundesweit sind beide Modelle – Aufgabenzuständigkeit vollständig auf Ebene der Kreise und kreisfreien Städte bzw. Aufgabenzuständigkeit vollständig auf einer höheren Ebene (regionale Gemeindeverbände) – erprobt und weisen unterschiedliche Erfolge auf.

Für beide Ebenen sprechen verschiedene Argumente. *Lemke* hat bereits in den 50iger Jahren angemahnt, dass bei der Verteilung öffentlicher Aufgaben einem Aufgabenträger höherer Ordnung eine Aufgabe nur dann zuzuteilen ist, wenn sie von dem Aufgabenträger einer unteren Verwaltungsstufe nicht ebenso gut und sparsam erfüllt werden kann. Für die Wahrnehmung auf unterer Ebene spreche die erste Vermutung, da in größerer Nähe zum Verwaltungsobjekt erfahrungsgemäß billiger verwaltet werde, insbesondere, wenn die Verantwortung für die Entscheidung durch eigene Kostentragung auch zur finanziellen Selbstverwaltung werde.[904] Auch die Provinzialverwaltung Westfalens hat kurz nach dem Zweiten Weltkrieg zugegeben, dass bei der Prüfung, wo Aufgaben wahrgenommen werden sollen, »vorab zu

904 *Lemke,* Maßnahmen und Möglichkeiten, S. 5.

prüfen sei, ob Aufgaben den Kreisen zurückübertragen werden können. Dies fordert schon der Grundsatz, daß keine Aufgaben weiträumig zu verwalten sind, die in der räumlich engeren Verwaltungsstufe ebenso gut behandelt werden können.«[905]

Schwierigkeiten bestehen bei einer Aufgabenwahrnehmung auf unterer Ebene insofern, als die Finanzierung der Aufgabenwahrnehmung sowohl für die Kreise als auch die kreisfreien Städte erträglich sein muss. Dieses wird aus der Sicht der kreisfreien Städte nur dann der Fall sein, wenn ein gerechtes finanzielles Ausgleichssystem geschaffen wird.[906, 907]

905 *Verwaltung des Provinzialverbandes Westfalen,* Materialien, S. 30; darauf weist auch *Becker,* DÖV 1986, 779 (781), hin.

906 *Schieferstein,* Überörtliche Sozialhilfeaufgaben, S. 140; *DV,* Vorschläge zur Weiterentwicklung, S. 66.

907 Zu den finanzrechtlichen Folgen s. *Henneke,* Der Landkreis 2006, 499 ff., insbes. 506 f.

Zusammenfassung in Leitsätzen

1. Angetrieben durch die schwierige Haushaltssituation in den Ländern, das Bestreben, die Verwaltung bürger- und wirtschaftsfreundlicher zu machen und in der Hoffnung, der Abwendung vom politischen System entgegentreten zu können, betreiben alle Gliedstaaten mehr oder weniger umfangreiche Maßnahmen zur Verwaltungsmodernisierung. Die Maßnahmen betreffen nicht nur die Ebenen der Kreise und kreisangehörigen Gemeinden, sondern auch – soweit vorhanden – zumindest in Teilen die höheren Gemeindeverbände und ihre Mitgliedskörperschaften. (S. 9 ff.)

2. Unterstützt werden die Länder bei ihren Bemühungen auch vom Bund. Dieser ermöglicht ihnen landesspezifisch von bislang starren Regelungen durch eigene Bestimmungen abzuweichen.

Auch auf eigenen Feldern wird der Bund aktiv. Er richtete einen Normenkontrollrat (NKR) ein, der die Bürokratiekosten, die durch gesetzlich auferlegte Informationspflichten entstehen, messen und Vorschläge zur Verringerung machen soll. Die zusätzlich vorgenommenen Rechtsbereinigungen des Bundesrechts sorgen für weniger Normen, führen indes nicht zu einer die Ziele des NKRs unterstützenden Entlastung der Wirtschaft. (S. 15 ff.)

3. Art. 28 Abs. 2 S. 2 garantiert auch den Gemeindeverbänden den Schutz der kommunalen Selbstverwaltung. Der Begriff des Gemeindeverbandes ist in fast allen Facetten umstritten. Eindeutig ist nur, dass sich der Gemeindeverband aus Gemeinden und/oder Gemeindeverbänden zusammensetzen und oberhalb der Gemeindeebene stehen muss. (S. 39 f.)

4. Nach hier vertretener Auffassung bedarf es zusätzlich zur unter 3. genannten Forderung eines umfassenden Aufgabenbestandes, nicht aber eines universellen. Außerdem muss der Gemeindeverband demokratisch legitimiert sein. Einer unmittelbar demokratischen Legitimation bedarf es nicht, vielmehr genügt eine mittelbare. (S. 46; 48)

5. Die Kreise sind der Prototyp des Gemeindeverbandes, obwohl in ihm die Kreisbürgerinnen und Kreisbürger zusammengeschlossen sind, weshalb die Kreise auch als »unechte« Gemeindeverbände bezeichnet werden. (S. 49)

6. Die Landschaftsverbände sind Gemeindeverbände i. S. d. Art. 28 Abs. 2 S. 2 GG. (S. 50)

Nach dem Verfassungsgerichtshof des Landes NRW sind die Landschaftsverbände auch Gemeindeverbände i. S. d. Art. 78 LV. (S. 68 f.)

7. Nach hier vertretener Auffassung sind die Landschaftsverbände keine Gemeindeverbände i. S. d. Art. 78 LV NRW. Insoweit muss der fehlende Schutz der Landschaftsverbände nach der nordrhein-westfälischen Landesverfassung mit dem Gehalt des Art. 28 Abs. 2 S. 2 GG aufgefüllt werden. (S. 72 ff.)

8. Institutionell geschützt sind sowohl nach dem Grundgesetz als auch nach der Landesverfassung nur die Kreise. Den Landschaftsverbänden kommt ein solcher Schutz weder nach Art. 28 Abs. 2 S. 2 GG, noch nach Art. 78 LV zu. (S. 51 ff.)

9. Die objektive Rechtsinstitutionsgarantie verpflichtet den Gesetzgeber, den Kreisen einen umfangreichen Aufgabenbestand zuzuweisen, der die unmittelbare demokratische Legitimation (Art. 28 Abs. 2 S. 2 GG) rechtfertigt. Den Landschaftsverbänden wird nach Art. 28 Abs. 2 S. 2 GG nur die eigenverantwortliche Aufgabenwahrnehmung gewährleistet. (S. 54 ff.)

10. Nach überzeugender Auffassung kommt den Kreisen gemäß Art. 78 Abs. 2 LV Allzuständigkeit in Bezug auf die Aufgaben im Kreisgebiet zu. (S. 76 ff.)

11. Änderungen der Aufgabenzuständigkeiten kann nur der Landesgesetz- bzw. Verordnungsgeber vornehmen. (S. 89 ff.)

12. Der Entzug einer gemeindlichen wahrgenommenen Aufgabe muss den im Rastede-Beschluss aufgestellten Anforderungen genügen. Ein Entzug ist demnach nicht gerechtfertigt, wenn es dem Gesetzgeber allein um Verwaltungsvereinfachung oder Zuständigkeitskonzentration – etwa im Interesse der Übersichtlichkeit der öffentlichen Verwaltung – geht, oder er aus Gründen der Wirtschaftlichkeit und Sparsamkeit der öffentlichen Verwaltung insgesamt eine »Hochzonung« vornimmt. Gründe der Wirtschaftlichkeit und Sparsamkeit rechtfertigen eine Kompetenzverlagerung nicht schon aus sich heraus, sondern erst dann, wenn ein Belassen der Aufgabe bei den Gemeinden zu einem unverhältnismäßigen Kostenanstieg führen würde. (S. 94 f.)

13. Ob der Entzug einer kreiskommunal wahrgenommenen Aufgabe einen Eingriff in das Selbstverwaltungsrecht der Kreise darstellt, ist differenziert zu betrachten:

Art. 28 Abs. 2 S. 2 GG gewährt nur einen Mindestbestand an Aufgaben, wobei eine genaue Quantifizierung nicht möglich ist. Es müssen den

Kreisen aber so viele Aufgaben, die sie eigenverantwortlich wahrnehmen können, zugewiesen werden, die die unmittelbar demokratische Legitimation rechtfertigen. Vor Erreichen dieses Mindestbestandes soll nach Ansicht der BVerfG kein Eingriff in die kreislichen Zuständigkeiten vorliegen. Anderes gilt für Art. 78 LV: Dort ist ein Entzug einer kreiskommunal wahrgenommenen Aufgabe – wie auch schon mehrfach vom Verfassungsgerichtshof des Landes vorgenommen – stets an Art. 78 LV zu messen. (S. 95 ff.)

14. Die Verlagerung einer von den Kreisen und kreisfreien Städten wahrgenommenen Aufgabe auf einen höheren Kommunalverband stellt keinen so schweren Eingriff dar wie die Verlagerung auf eine staatliche Stelle. Insoweit sind an die Rechtfertigung des Eingriffs geringere Anforderungen zu stellen. (S. 100 ff.)

15. Die Art der Aufgabe hat ebenfalls Einfluss auf die Anforderungen, die an eine Rechtfertigung zu stellen sind. Die strengsten Anforderungen sind an einen Entzug einer freiwilligen Selbstverwaltungsangelegenheit zu stellen, gefolgt von den pflichtigen Selbstverwaltungsangelegenheiten und den Pflichtaufgaben zur Erfüllung nach Weisung. Art. 78 LV entfaltet keinen Schutz beim Entzug bundesunmittelbarer Auftragsangelegenheiten. (S. 102 f.)

16. Vor einem Aufgabenentzug sind auch die Landschaftsverbände durch Art. 78 LV geschützt. Da aber für diese Art der Gemeindeverbände keine unmittelbar demokratische Legitimation vorgeschrieben ist, ist ihnen eine Aufgabe leichter zu entziehen als den Kreisen. (S. 103 ff.)

17. Vor dem Entzug einer Aufgabe sind die betroffenen Körperschaften anzuhören. Sind allgemeine Belange der Gemeinden und Gemeindeverbände betroffen, erfolgt die Anhörung der Kommunen durch die Anhörung der kommunalen Spitzenverbände. (S. 105 f.)

18. Aus dem Wesen der Selbstverwaltung und dem ihm immanenten Sozialstaats-, Rechtsstaats- und Demokratieprinzip sowie der Zielvorgabe der Herstellung gleichwertiger Lebensbedingungen ergeben sich materielle Vorgaben für die verfassungsrechtliche Rechtfertigung einer Kompetenzverlagerung. (S. 107)

19. Das Demokratieprinzip verlangt vom Gesetz-/Verordnungsgeber, die Aspekte der Bürger- und Ortsnähe sowie die regionale Bedeutung der Aufgabe zu berücksichtigen. (S. 107 ff.)

20. Aus dem Sozialstaatsprinzip ergeben sich als abwägungsrelevante Maßstäbe die Sachnähe, die Fach- und Verwaltungskompetenz sowie die Herstellung gleichwertiger Lebensverhältnisse. (S. 114 ff.)

21. Schließlich sind die Aspekte der Wirtschaftlichkeit und Sparsamkeit der Aufgabenwahrnehmung in die Abwägung einzustellen. (S. 120 ff.)

22. Die Wertigkeit der einzelnen Maßstäbe ist immer anhand der jeweiligen Aufgabe, die verlagert werden soll, zu bewerten. (S. 131 f.)

23. Die gerichtliche Überprüfbarkeit ist differenziert zu beurteilen: Die formellen Voraussetzungen unterliegen einer vollständigen gerichtlichen Kontrolle. Ebenso unterliegen die Motive des Gesetzgebers einer Überprüfung dahingehend, ob der Gesetzgeber dem öffentlichen Wohl dienen wollte. Weiterhin ist voll überprüfbar, ob die für die Abwägung wesentlichen Fakten zutreffend und vertretbar ermittelt wurden. Enthält eine Entscheidung prognostische Elemente, so kann das Gericht einen Verfassungsverstoß nur dann feststellen, wenn die zugrunde liegenden Erkenntnisse eindeutig widerlegbar oder offensichtlich fehlsam sind. Bei der Überprüfung ist stets auf den Zeitpunkt des Erlasses des Gesetzes/der Verordnung abzustellen. Später eintretende Änderungen der Umstände bleiben bei der Bewertung außen vor. (S. 133 ff.)

24. Entschließt sich der Gesetzgeber, nach Ablauf der zeitlichen Befristung erneut eine Änderung der Zuständigkeiten vorzunehmen, so stellt dieses einen neuerlichen Eingriff in die Garantie der kommunalen Selbstverwaltung dar, der wiederum an den herausgearbeiteten Maßstäben zu messen ist. (S. 151 f.)

25. Beim ambulant betreuten Wohnen für Menschen mit Behinderung als Teil der Sozialhilfe (Eingliederungshilfe) handelt es sich um eine pflichtige Selbstverwaltungsangelegenheit. (S. 152 f.)

26. Der Eingliederungshilfe liegt historisch ein Zuständigkeitsdualismus zugrunde, der auch im SGB XII dem Grunde nach angelegt ist. § 97 Abs. 2 S. 2 SGB XII steht einer geteilten Zuständigkeit grundsätzlich nicht entgegen. Die Norm stellt nur einen Programmsatz, aber keinen bindenden Grundsatz dar. (S. 143 ff.)

27. Der Verordnungsgeber wollte durch die Zuständigkeit aus einer Hand örtliche Versorgungslücken (Disparitäten) aufheben, eine flächendeckende und bedarfsgerechte Angebotsstruktur für behinderte Menschen entwickeln, den behinderten Menschen damit die soziale Integration und ein selbst-

bestimmtes Leben in ihrer Heimatgemeinde ermöglichen und letztlich dem deutlichen Anstieg der Fälle und der Kosten im stationären Bereich entgegenwirken. (S. 154)

28. Im Zeitraum der ersten Befristung verbesserte sich das Verhältnis der Leistungsempfänger »ambulant zu stationär« von ca. 20:80 auf 38:62 (31.12.07). Gleichzeitig verlangsamte sich der Ausbau stationärer Plätze. Die durchschnittlichen Fallkosten stiegen im ambulant betreuten Wohnen an, im stationären Bereich sanken sie. (S. 155 ff. bzw. 167 ff.)

29. In allen Kreisen und kreisfreien Städten wird inzwischen ambulant betreutes Wohnen angeboten und praktiziert, und zwar für alle Zielgruppen. (S. 163 ff.)

30. Für eine erneute Hochzonung kann angeführt werden, dass die Verwaltungskompetenz auf der Ebene der Landschaftsverbände als hoch eingestuft werden muss. Außerdem verfügt die Ebene der beiden höheren Gemeindeverbände über einen größeren Überblick über alle Einrichtungen und Angebote und somit über eine größere Steuerungsmöglichkeit. Gegen eine erneute Hochzonung spricht, dass die Wahrnehmung auf überörtlicher Ebene – trotz der Bemühungen der Landschaftsverbände – nicht in gleichem Maße ortsnah ist wie auf der Ebene der Kreise und kreisfreien Städte. Auch die Kenntnisse vor Ort sind bei den Kreisen und kreisfreien Städten höher als bei den Landschaftsverbänden. (S. 176 ff.)

31. Letztlich wird man eine eindeutige Widerlegbarkeit oder offensichtliche Fehlsamkeit einer erneuten Hochzonung nicht feststellen können. Der Entscheidungsspielraum des Gesetz- und Verordnungsgebers ist groß. (S. 184)

Literaturverzeichnis

Achterberg, Norbert / *Püttner,* Günter / *Würtenberger,* Thomas (Hrsg.), Besonderes Verwaltungsrecht, Ein Lehr- und Handbuch, Bd. II (Kommunal-, Haushalts-, Abgaben-, Ordnungs-, Sozial-, Dienstrecht), 2. Auflage, Heidelberg 2000.

Ahlers, Heidrun, Beteiligungsrechte im Verwaltungsverfahren unter Berücksichtigung der Grundrechte sowie der kommunalen Selbstverwaltungsgarantie, Osnabrück 1984, Diss. Univ. Osnabrück 1984.

Andriske, Wolfgang, Aufgabenneuverteilung im Kreis, Grundlagen, Methoden und Wege einer Funktionalreform in Nordrhein-Westfalen, Siegburg 1978.

von Arnim, Hans Herbert, Ist »der rationale Staat« möglich?, in: von Arnim / Lüder, Wirtschaftlichkeit in Staat und Verwaltung, S. 67 ff.

von Arnim, Hans Herbert, Wirtschaftlichkeit als Rechtsprinzip, Berlin 1988.

von Arnim, Hans Herbert / *Lüder,* Klaus, Wirtschaftlichkeit in Staat und Verwaltung, Vorträge und Diskussionsbeiträge der 60. Staatswissenschaftlichen Fortbildungstagung 1992 der Hochschule für Verwaltungswissenschaften Speyer, Berlin 1993.

Augsberg, Ino / *Augsberg,* Steffen, Prognostische Elemente in der Rechtsprechung des Bundesverfassungsgerichts, VerwArch. 98 (2007), S. 290 ff.

von Bahlen, Manfred, Kommentierung zur Landschaftsverbandsordnung, in: Held u. a., Kommunalverfassungsrecht.

Becker, Erich, Die Selbstverwaltung als verfassungsrechtliche Grundlage der kommunalen Ordnung in Bund und Ländern, in: Peters, HdbKWP, S. 113 ff.

Becker, Erich, Kommunale Selbstverwaltung, in: Bettermann/ Nipperdey, Grundrechte IV/2, S. 673 ff.

Becker, Ernst, Die Landschaftsverbände Rheinland und Westfalen-Lippe und ihre Aufgaben nach den Reformen, DÖV 1986, S. 779 ff.

Beckmann, Martin, Die Wahrnehmung von Ausgleichs- und Ergänzungsaufgaben durch die Kreise und ihre Finanzierung über die Kreisumlage, DVBl. 1990, S. 1193 ff

Benda, Ernst, Gesetze mit Verfallsdatum, NJW 1996, S. 2282 ff.

Berkenhoff, Die Ausgleichsaufgabe des Landkreises, Gemeindehaushalt 1959, S. 141 ff.

Berlit, Uwe-Dietmar, Vorrangige Sozialleistungszweige, in: Rothkegel, Sozialhilferecht, S. 31 ff.

Bertrams, Michael (Hrsg.), Verfassungsgerichtsbarkeit in Nordrhein-Westfalen, Festschrift zum 50-jährigen Bestehen des Verfassungsgerichtshofs für das Land Nordrhein-Westfalen, Stuttgart u. a. 2002.

Bettermann, Karl August / *Nipperdey,* Hans Carl, Die Grundrechte, Handbuch der Theorie und Praxis der Grundrechte, Bd. IV/2, 2. Auflage, Berlin 1972.

Beutling, Alexander, Die Ergänzungs- und Ausgleichsaufgaben der Kreise – Im Spannungsverhältnis gemeindlicher und kreislicher Eigenverantwortlichkeit –, Aachen 2002, zugl. Diss. Univ. Bonn 2002.

Biehl, Dieter, Dezentralisierung als Chance für größere Effizienz und mehr soziale Gerechtigkeit, in: Schuster, Dezentralisierung des politischen Handelns (II), S. 84 ff.

Birkenfeld-Pfeiffer, Daniela / *Gern,* Alfons, Kommunalrecht Hessen, 4. Auflage, Baden-Baden 2005.

Bischoff, Diether, Kommunale Neugliederung und Selbstverwaltungsgarantie, Grundzüge der Rechtsprechung des Verfassungsgerichtshofes zur kommunalen Gebietsreform im Lande Nordrhein-Westfalen, Siegburg 1972.

Bitter, Manfred, Regionale Bündelungsbehörden: Notwendige staatliche Repräsentanz in der Fläche – Beitrag zur Reformdiskussion in Rheinland-Pfalz, DÖV 1997, S. 855 ff.

Bleckmann, Albert, Begründung und Anwendungsbereich des Verhältnismäßigkeitsprinzips, JuS 1994, S. 177 ff.

Blümel, Willi, Gemeinden und Kreise vor den öffentlichen Aufgaben der Gegenwart, VVDStRL 36 (1977), S. 171 ff.

Böckenförde, Ernst-Wolfgang, Demokratie als Verfassungsprinzip, in: Isensee / Kirchhof, Handbuch des Staatsrechts, Bd. I, S. 887 ff.

Bogumil, Jörg (Hrsg.), Modernisierung in den Landesverwaltungen, polis Nr. 42/ 1999, Fernuniversität Hagen, Hagen 1999.

Bogumil, Jörg / *Ebinger,* Falk, Die große Verwaltungsstrukturreform in Baden-Württemberg – Erste Umsetzungsanalyse und Überlegungen zur Übertragbarkeit der Ergebnisse auf NRW, Ibbenbüren 2005.

Bogumil, Jörg / *Reichard,* Christoph / *Siebart,* Patricia, Gutachten zur Verwaltungsstrukturreform in NRW, Ibbenbüren 2004.

Böhret, Carl, Stadtforschung und Stadtplanung, Opladen 1977.

Böttcher, Reinhard / *Hueck,* Götz / *Jähnke,* Burkhard, Festschrift für Walter Odersky zum 65. Geburtstag am 17.7.1996, Berlin 1996.

Bovenschulte, Andreas, Gemeindeverbände als Organisationsform kommunaler Selbstverwaltung, Baden-Baden 2000, zugl. Diss. Univ. Bremen 1999.

Bradl, Christian, Anfänge der Anstaltsfürsorge für Menschen mit geistiger Behinderung (»Idiotenanstaltswesen«) , Ein Beitrag zur Sozial- und Ideengeschichte des Behindertenbetreuungswesens am Beispiel des Rheinlands im 19. Jahrhundert, Frankfurt/Main 1991, zugl. Diss. Univ. Köln 1989.

Braun, Klaus, Kommentar zur Verfassung des Landes Baden-Württemberg, Stuttgart / München / Hannover 1984.

Brohm, Winfried, Zur Einführung: Strukturprobleme der planenden Verwaltung, JuS 1977, S. 500 ff.

Bröhmer, Jürgen, Transparenz als Verfassungsprinzip, Grundgesetz und Europäische Union, Tübingen 2004.

Buchner, Werner, Deregulierung, Verwaltungsvereinfachung und Verfahrensbeschleunigung – Ausgangslage, Ziele und Grenzen einer grundlegenden Modernisierung der öffentlichen Verwaltung (mit besonderem Bezug zur Umweltverwaltung), in: Böttcher / Hueck / Jähnke, Festschrift Odersky, S. 183 ff.

Bückmann, Walter, Verfassungsfragen bei den Reformen im örtlichen Bereich, Berlin 1972.

Bückmann, Walter, Ziele, Mittel und Methoden der Verwaltungsreform, StGR 1975, S. 50 ff.

Bull, Hans Peter, Kommunale Selbstverwaltung heute – Idee, Ideologie und Wirklichkeit. – Zugleich eine Anmerkung zur juristischen Methodenlehre –, DVBl. 2008, S. 1 ff.

Bundesarbeitsgemeinschaft der überörtlichen Träger der Sozialhilfe, Wohnformen für Behinderte und sachliche Zuständigkeit nach dem Bundessozialhilfegesetz, Münster 1997.

Bundesarbeitsgemeinschaft der überörtlichen Träger der Sozialhilfe, Kennzahlenvergleich der überörtlichen Träger der Sozialhilfe 2005/2006, Münster 2008.

Burgi, Martin, Die Landschaftsverbände am Beginn einer neuen Verwaltungsreform, NWVBl. 2004, S. 131 ff.

Burgi, Martin, Kommunalrecht (§ 2), in: Dietlein / Burgi / Hellermann, Öffentliches Recht in NRW.

Burgi, Martin, Kommunalrecht, München 2006.

Burgi, Martin, Künftige Aufgaben der Kommunen im sozialen Bundesstaat, DVBl. 2007, S. 70 ff.

Burgi, Martin, Selbstverwaltung angesichts von Europäisierung und Ökonomisierung, 2. Bericht, VVDStRL 62 (2002), S. 405 ff.

Burgi, Martin, Verwaltungsorganisation und Verwaltungsmodernisierung in Nordrhein-Westfalen, NWVBl. 2001, S. 1 ff.

Burgi, Martin / *Ruhland,* Bettina, Regionale Selbstverwaltung durch die Landschaftsverbände in Nordrhein-Westfalen im Spiegel von Rechtsprechung und Rechtsliteratur. Dokumentation der verfassungs-, europa-, und verwaltungsrechtlichen Grundlage, Frankfurt a. M. u. a. 2003.

Cantner, Walter, Verfassungsrecht der Landkreise, in: Peters, HdbKWP, S. 406 ff.

Chanos, Antonis, Möglichkeiten und Grenzen der Befristung parlamentarischer Gesetzgebung, Berlin 1999.

Clemens, Thomas, Kommunale Selbstverwaltung und institutionelle Garantie: Neue verfassungsrechtliche Vorgaben durch das BVerfG, NVwZ 1990, S. 834 ff.

Clerico, Laura, Die Struktur der Verhältnismäßigkeit, Baden-Baden 2001, zugl. Diss. Univ. Kiel 2000.

Conradis, Wolfgang, Eingliederungshilfe für behinderte Menschen, in: Rothkegel, Sozialhilferecht, S. 442 ff.

Conrady, Horst, Preußische Provinzialverbände und Landschaftsverbände in Nordrhein-Westfalen, Die Entwicklung landschaftlicher Selbstverwaltung und deren Stellung in der Verwaltungsreform, Hildesheim 1975, zugl. Diss. Univ. Münster 1974.

Czybulka, Detlef, Die Legitimation der öffentlichen Verwaltung unter Berücksichtigung ihrer Organisation sowie der Entstehungsgeschichte zum Grundgesetz, Heidelberg 1989.

Dästner, Christian, Verfassung des Landes Nordrhein-Westfalen, 2. Auflage, Stuttgart 2002.

Dehe, Hans Günther, Der Landkreis im Wandel. Zur Neuordnung des Kommunalverfassungsrechts in Rheinland-Pfalz im Anschluß an die Gebietsreform, DVBl. 1975, S. 20 ff.

Derlien, Hans-Ulrich, Theoretische und methodische Probleme der Beurteilung organisatorischer Effizienz der öffentlichen Verwaltung, Die Verwaltung 7 (1974), S. 1 ff.

Deutscher Landkreistag, Erläuterung der Grundsätze zur Funktionalreform, Der Landkreis 1974, S. 219 ff.

Deutscher Landkreistag, Grundsätze zur Kreisentwicklung, Der Landkreis 1967, Beilage zu Heft 7/1967.

Deutscher Landkreistag, Weiterentwicklung der Eingliederungshilfe für behinderte Menschen, Bd. 64 der Veröffentlichungen des Vereins für Geschichte der Deutschen Landkreise e. V., Berlin 2007.

Deutscher Verein für öffentliche und private Fürsorge, Entwicklung der Fallzahlen in der Eingliederungshilfe, NDV 2007, S. 33 ff.

Deutscher Verein für öffentliche und private Fürsorge, Vorschläge zur Weiterentwicklung der Sozialhilfe, Frankfurt/Main 1976.

Deutsches Institut für Urbanistik, Funktionalreform in Nordrhein-Westfalen, Tagungsbericht, Berlin 1977.

Dietlein, Johannes, Verfassungsrecht (§ 1), in: Dietlein / Burgi / Hellermann, Öffentliches Recht in NRW.

Dietlein, Johannes / *Burgi,* Martin / *Hellermann,* Johannes, Öffentliches Recht in Nordrhein-Westfalen, Verfassungsrecht, Kommunalrecht, Polizei- und Ordnungsrecht, Öffentliches Baurecht, 2. Auflage, München 2007.

Dietlein, Johannes / *Lotz,* Markus, Ergänzungs- und Ausgleichsaufgaben in NRW – ein Dogma ohne Grundlage!, in: Ennuschat u. a., Gedächtnisschrift Tettinger, S. 215 ff.

Dittmann, Armin, Kommunalverbandsrecht, in: Achterberg / Püttner / Würtenberger, Bes. VerwR, Bd. 2, § 18

von Doemming, Klaus-Berto / *Füsslein,* Rudolf Werner / *Matz,* Werner, Entstehungsgeschichte der Artikel des Grundgesetzes im Auftrage der Abwicklungsstelle des Parlamentarischen Rates und des Bundesministers des Innern auf Grund der Verhandlungen des Parlamentarischen Rates, JöR 1 (n. F.), S. 253 ff.

Dolzer, Rudolf / *Vogel,* Klaus / *Graßhof,* Karin, Bonner Kommentar zum Grundgesetz, Loseblatt, Stand: September 2007.

Dreier, Horst (Hrsg.), GG, Grundgesetz Kommentar, Bd. II, Artikel 20-82, 2. Auflage, Tübingen 2006; Bd. III, Artikel 83 – 146, 3. Auflage, Tübingen 2000.

Dreier, Horst, Kommentierung zu Art. 28, in: Dreier (Hrsg.), Grundgesetz.

Ehlers, Dirk, Anmerkung zum Urteil des VerfGHNRW, Urt. v. 26.6.2001 – VerfGH 28/00 und 30/00 (»Straßenbau«) –, in DVBl. 2001, S. 1595 ff. (Straßenbau-Entscheidung), DVBl. 2001, S. 1601 ff.

Ehlers, Dirk, Die Ergänzungs- und Ausgleichsaufgaben der Kreise und ihre Finanzierung, DVBl. 1997, S. 225 ff.

Ehlers, Dirk, Die verfassungsrechtliche Garantie der kommunalen Selbstverwaltung, DVBl. 2000, S. 1301 ff.

Ehlers, Dirk, Die verfassungsrechtliche Garantie der kommunalen Selbstverwaltung, in: Ehlers / Krebs, Grundfragen des Verwaltungsrechts und des Kommunalrechts, S. 59 ff.

Ehlers, Dirk / *Krebs,* Walter, Grundfragen des Verwaltungsrechts und des Kommunalrechts, Symposion aus Anlaß der Emeritierung von Prof. Dr. Hans-Uwe Erichsen am 5. Mai 2000 in Münster, Berlin / New York 2000.

Elleringmann, Rudolf, Begriff und Wesen der körperschaftlichen Selbstverwaltung, Eine die gebietskörperschaftliche Selbstverwaltung besonders berücksichtigende theoretische Grundlegung, Berlin 1936.

Elleringmann, Rudolf, Grundlagen der Kommunalverfassung und der Kommunalaufsicht, Stuttgart 1957.

Ellwein, Thomas, Gesetzes- und Verordnungsvereinfachung in Nordrhein-Westfalen, DVBl. 1984, S. 255 ff.

Ellwein, Thomas / *Hesse,* Joachim Jens, Staatsreform in Deutschland – das Beispiel Hessen – Konzept für eine Regierungs- und Verwaltungsreform, Wiesbaden 1997.

Ennuschat, Jörg / *Geerlings,* Jörg / *Mann,* Thomas / *Pielow,* Johann-Christian / *Stern,* Klaus, Wirtschaft und Gesellschaft im Staat der Gegenwart, Gedächtnisschrift für Peter J. Tettinger, Köln/München 2007.

Erbguth, Wilfried, Rechtsstaatsprinzip und kommunales Selbstverwaltungsrecht – aktuelle Problemlagen, Jura 1988, S. 561 ff.

Erichsen, Hans-Uwe, Kommunalrecht des Landes Nordrhein-Westfalen, 2. Auflage, Siegburg 1997.

Erichsen, Uwe, Die Landschaftsverbände, – Regionale Selbstverwaltung im Wandel der Zeit –, NWVBl. 1995, S. 1 ff.

Ernst, Paul Christoph, Verfassungsrechtliche und sonstige rechtliche Vorgaben der Kreisentwicklungsplanung, Ein Beitrag zum Verhältnis von Kreisentwicklungsplanung, Bauleitplanung und Regionalplanung, Köln u. a. 1979.

Falk, Matthias, Die kommunalen Aufgaben unter dem Grundgesetz, Eine Untersuchung der rechtlichen Stellung der Aufgaben der kommunalen Körperschaften in der Staatsorganisation der Bundesrepublik Deutschland, Baden-Baden 2006, zugl. Diss. Univ. Frankfurt/Oder 2006.

Fichtner, Otto / *Wenzel,* Gerd, Kommentar zur Grundsicherung, SGB XII – Sozialhilfe, Asylbewerberleistungsgesetz, SGB II – Grundsicherung für Arbeitssuchende (Auszug), Bundeskindergeldgesetz (Auszug), 3. Auflage, München 2005.

Fleck, Hans-Joachim, Kommentierung zu Art. 78 LV, in: Geller / Kleinrahm / Fleck, LV.

Fliedner, Ortlieb, Entbürokratisierung durch Rechtsbereinigungsgesetze?, ZG 2006, S. 397 ff.

Flierl, Hans, Freie und öffentliche Wohlfahrtspflege, Aufbau, Finanzierung, Geschichte, Verbände, 2. Auflage, München 1992.

Frank, Götz / *Langrehr,* Heinrich-Wilhelm, Die Gemeinde, Verfassung, Planung, Wirtschaft und das kommunale Selbstverwaltungsrecht, Festschrift zum 70. Geburtstag von Heiko Faber, Tübingen 2007.

Frank, Werner, Sozialhilfe, in: Verein für die Geschichte der Deutschen Landkreise, Der Kreis IVb, S. 1 ff.

Franßen, Everhardt / *Redeker,* Konrad / *Schlichter,* Otto / *Wilke,* Dieter, Bürger – Richter – Staat, Festschrift für Horst Sendler, Präsident des Bundesverwaltungsgerichts zum Abschied aus seinem Amt, München 1991.

Frenz, Walter, Gemeindliche Selbstverwaltungsgarantie und Verhältnismäßigkeit, Die Verwaltung 28 (1995), S. 33 ff.

Freudenberg, Dierk, Mittelbare und unmittelbare Wahl in Kreisen und höheren Gemeindeverbänden, Göttingen 1970.

Frey, René, Begründung einer stärkeren Dezentralisierung politischer Entscheidungen aus der ökonomischen Theorie des Föderalismus, in: Schuster, Dezentralisierung des politischen Handelns (I), S. 24 ff.

Frick, Frank / *Brinkmann,* Henrik / *Ernst,* Tobias, Das Standard-Kosten-Modell, Ein neuer Ansatz für effektiven Bürokratieabbau, ZG 2006, S. 28 ff.

Friesenhahn, Ernst, Die Verfassungsrechtliche Garantie der kommunalen Selbstverwaltung in der Bundesrepublik Deutschland und im Land Nordrhein-Westfalen und die Rechtsprechung der Verfassungsgerichte, in: Saladin / Wildhaber, Gedenkschrift Imboden, S. 115 ff.

Gebhardt, Ihno, Das kommunale Selbstverwaltungsrecht, Verfassungsrechtliche Maßstäbe und verfassungsgerichtliche Maßstabsbildung für kommunale Gebietsreformen, staatliche Aufgabenverlagerungen und Ausgestaltungen des kommunalen Finanzausgleichs, Baden-Baden 2007, zugl. Diss. Univ. Potsdam 2005/2006.

Geller, Georg / *Kleinrahm,* Kurt / *Fleck,* Hans-Joachim, Die Verfassung des Landes Nordrhein-Westfalen, Kommentar, 2. Auflage, Göttingen 1963.

Gern, Alfons, Deutsches Kommunalrecht, 2. Auflage, Baden-Baden 1997.

Gern, Alfons, Güterabwägung als Auslegungsprinzip des öffentlichen Rechts, DÖV 1986, S. 462 ff.

Gern, Alfons, Kommunalrecht Baden-Württemberg, 8. Auflage, Baden-Baden 2001.

Gierke, Otto, Das deutsche Genossenschaftsrecht, Zweiter Band. Geschichte des deutschen Körperschaftsbegriffs, Berlin 1873.

Giese, Friedrich, Zur Frage des Fortbestandes eines Provinzialverbandes Westfalen innerhalb des Landes Nordrhein-Westfalen, Mainz 1950.

Göbel, Markus / *Lauen,* Guido, Die Modernisierung der modernen Verwaltung, Ein mikropolitisches Organisationsspiel im mittleren Management, Die Verwaltung 35 (2002), S. 263 ff.

Gönnenwein, Otto, Gemeinderecht, Tübingen 1963.

Görisch, Christoph, Landschaftsverbandliche Aufgaben(wahrnehmung) im Lichte des kommunalen Selbstverwaltungsrechts, NWVBl. 2002, S. 418 ff.

Gramke, Jürgen, Bürgernahe Verwaltung, in: Strutz, HdVO, S. 82 ff.

Grzeszick, Bernd, Kommentierung zu Art. 20, Abschnitt VII, Art. 20 und die allgemeine Rechtsstaatlichkeit, in: Maunz / Dürig, Grundgesetz, Bd. III.

Gröbner, Peter, Die Ausgleichsfunktion und Ausgleichsaufgabe der Landkreise, BayBgm. 1961, S. 149 ff.

Gröpl, Christoph, Haushaltsrecht und Reform, Dogmatik und Möglichkeiten der Fortentwicklung der Haushaltswirtschaft durch Flexibilisierung, Dezentralisierung, Budgetierung, Ökonomisierung und Fremdfinanzierung, Tübingen 2001.

Grupp, Klaus, Die »Grundsätze der Wirtschaftlichkeit und Sparsamkeit« im Haushaltsrecht – Zugleich eine Stellungnahme zu Bianca Fischers Beitrag »Abschied von der ›Sparsamkeit‹?« in JZ 1982, 6 ff., JZ 1982, S. 231 ff.

Gutsfeld, Max, Höhere Kommunalverbände in der Bundesrepublik Deutschland, Struktur, Aufgaben- und Finanzverbund mit kreisfreien Städten und Kreisen, Münster u. a. 1999.

Hacker, Horst, Der Landkreis im Zwiespalt der Begriffe, DÖV 1955, S. 236 ff.

Hambusch, Lutz, Die Begriffe »Gemeindeverband« und »Zweckverband« im Kommunalrecht Nordrhein-Westfalens, DVBl. 1968, S. 836 ff.

Hauck, Karl / *Noftz,* Wolfgang, Kommentar zum SGB XII, Loseblatt, Stand: November 2006.

Held, Friedrich Wilhelm / *Becker,* Ernst / *Decker,* Heinrich / *Kirchhof,* Roland / *Krämer,* Franz / *Wansleben,* Rudolf, Kommunalverfassungsrecht Nordrhein-Westfalen, Bd. II, Stand: Januar 2007, Wiesbaden.

Hendler, Reinhard, Selbstverwaltung als Ordnungsprinzip, Zur politischen Willensbildung und Entscheidung im demokratischen Verfassungsstaat der Industriegesellschaft, Köln u. a. 1984.

Henneke, Hans-Günter, Anmerkungen zum Urteil des OVG Rheinland Pfalz, Urt v. 21.5.1993 – 10 C 10178/92.OVG –, in: DVBl. 1993, S. 900 ff.

Henneke, Hans-Günter, Aufgaben der Kreise zwischen Gemeinden und Land, Der Landkreis 2002, S. 127 ff.

Henneke, Hans-Günter, Aufgabenzuständigkeit im kreisangehörigen Raum. Zur Frage der Wahrnehmungsbefugnis von Ausgleichs- und Ergänzungsaufgaben durch die Kreise nach dem Rastede-Beschluß, Heidelberg 1992.

Henneke, Hans-Günter, Die Einrichtung und Förderung öffentlicher Bibliotheken – eine Kreisaufgabe?, SächsVBl. 1995, S. 25 ff.

Henneke, Hans-Günter, Die Kommunen in der Föderalismusreform, DVBl. 2006, 867 ff.

Henneke, Hans-Günter, Finanzierungsfragen bei der Übertragung von Aufgaben der Eingliederungshilfe für behinderte Menschen auf die Landkreise und kreisfreien Städte, Der Landkreis 2006, S. 499 ff.

Henneke, Hans-Günter, Kommunale Verwaltungsstrukturen der Zukunft, Neue Anforderungen aus demographischem Wandel, öffentlicher Finanzkrise, eGovernment und Europakompatibilität, Stuttgart u. a. 2006.

Henneke, Hans-Günter, Optimale Aufgabenerfüllung im Kreisgebiet?, Professorengespräch 1998 des Deutschen Landkreistages am 19. und 20. März 1998 im Landkreis Oberhavel, Stuttgart u. a. 1998.

Henneke, Hans-Günter, Sind Gemeindeverbände dem aufgabenumverteilenden Gesetzgeber schutzlos ausgeliefert?, DÖV 2002, S. 463 ff.

Henneke, Hans-Günter, Verfassungsrechtlicher Schutz der Gemeindeverbände vor gesetzlichem Aufgabenentzug im dualistischen und monistischen Aufgabenmodell. Zur Entscheidung des Verfassungsgerichtshofs Nordrhein-Westfalen vom 26. Juni 2001, ZG 2002, S. 72 ff.

Henneke, Hans-Günter, Von Rastede über Eichenau in die Irre?, Ausgleich des Leistungsfähigkeitsgefälles im kreisangehörigen Raum durch die Kreise verboten?, Der Landkreis 1993, S. 253 ff.

Henneke, Hans-Günter / *Maurer,* Hartmut / *Schoch,* Friedrich, Die Kreise im Bundesstaat, Baden-Baden 1994.

Henneke, Hans-Günter / *Meyer,* Hubert, Kommunale Selbstverwaltung zwischen Bewahrung, Bewährung und Entwicklung, Festgabe für Gernot Schlebusch zum 65. Geburtstag, Stuttgart u. a. 2006.

Henrich, Franz Walter, Kommunale Beteiligung in der Raumordnung und Landesplanung, Band I. Verfassungsrechtliche und rahmenrechtliche Grundlagen, Münster 1981.

Hesse, Joachim Jens, Regierungs- und Verwaltungsreform als gesamtstaatliche Aufgabe, in: Henneke, Kommunale Verwaltungsstrukturen der Zukunft, S. 141 ff.

Hesse, Joachim Jens, Regierungs- und Verwaltungsreform in Baden-Württemberg, Stuttgart 2002.

Hesse, Joachim Jens, Regierungs- und Verwaltungsreform in Nordrhein-Westfalen, Brüggen 1999.

Heusch, Andreas, Der Grundsatz der Verhältnismäßigkeit im Staatsorganisationsrecht, Berlin 2003, zugl. Diss. Univ. Halle-Wittenberg 2002.

Hill, Hermann, Integration von Sonderbehörden in die allgemeine Verwaltung, in: v. Oertzen, Rechtsstaatliche Verwaltung im Aufbau II, S. 25 ff.

Hlépas, Nikolaos-Komnenos, Unterschiedliche rechtliche Behandlung von Großgemeinden und Kleingemeinden, Frankfurt a. M. u. a. 1990, zugl. Diss. Univ. Bremen 1989.

Hoffmann-Riem, Wolfgang, Bürgernahe Verwaltung?, Analysen über das Verhältnis von Bürger und Verwaltung, Neuwied / Darmstadt 1980.

Hoffmann-Riem, Wolfgang, Effizienz als Herausforderung an das Verwaltungsrecht, Einleitende Problemskizze, in: Hoffmann-Riem / Schmidt-Aßmann, Effizienz, S. 11 ff.

Hoffmann-Riem, Wolfgang / *Schmidt-Aßmann,* Eberhard, Effizienz als Herausforderung an das Verwaltungsrecht, Baden-Baden 1998.

Hofmann, Ekkehard, Abwägung im Recht, Chancen und Grenzen numerischer Verfahren im Öffentlichen Recht, Tübingen 2007.

Hofmann-Hoeppel, Jochen, Die (finanz-)verfassungsrechtliche Problematik des BSHG-Vollzugs durch kommunale Gebietskörperschaften, dargestellt am Beispiel der Rechtslage im Freistaat Bayern und in Nordrhein-Westfalen, Berlin 1992, zugl. Diss. Univ. Würzburg 1991.

Hohm, Karl-Heinz, Kommentierung zu § 97 SGB XII, in: Schellhorn / Schellhorn / Hohm, SGB XII – Sozialhilfe.

Hohmeier, Jürgen, Von der Anstalt zum Betreuten Einzelwohnen: Leben und Wohnen von Menschen mit einer geistigen Behinderung, in: Mair/Hohmeier, Wohnen und soziale Arbeit, S. 129 ff.

Holzinger, Ivo W., Mittelstädte in der Reform, Würzburg 1974.

Hoppe, Werner, Das Abwägungsgebot (§ 1 Abs. 7 BauGB), in: Hoppe / Bönker / Grotefels, Öffentliches Baurecht, § 5.

Hoppe, Werner, Die Begriffe Gebietskörperschaft und Gemeindeverband und der Rechtscharakter der nordrhein-westfälischen Landschaftsverbände, Münster 1958, zugl. Diss. Univ. Münster, 1958.

Hoppe, Werner / *Bönker,* Christian / *Grotefels,* Susan, Öffentliches Baurecht, Bauplanungsrecht mit seinen Bezügen zum Raumordnungsrecht, Bauordnungsrecht, 3. Auflage, München 2004.

Hoppe, Werner / *Rengeling,* Hans-Werner, Rechtsschutz bei der kommunalen Gebietsreform, verfassungsrechtliche Maßstäbe zur Überprüfung von Neugliederungsgesetzen, Frankfurt (Main) 1973.

Hörauf, Bertram / *Rost,* Dirk, Neuordnung sozialer Aufgaben durch Zusammenführung von Aufgaben- und Finanzverantwortung für die Behindertenhilfe bei Städten und Gemeinden, Wiesbaden 1999.

Hörster, Ansgar, Die Wahrnehmung der Sozialhilfeaufgaben im kreisangehörigen Raum in Nordrhein-Westfalen, Stuttgart 2002, Bd. 42 der Schriftenreihe des Freiherr-vom-Stein-Instituts, zugl. Diss. Univ. Münster 2002.

Hörster, Ansgar, Höhere Kommunalverbände, in: Mann / Püttner, HdbKWP Bd. 1, S. 901 ff.

Hotzan, Ulf, Die Aufgaben des überörtlichen Trägers der Sozialhilfe, Praktikerbuch zu § 100 Abs. 1 Nr. 1 BSHG, 2. Auflage, Stuttgart u. a. 1995.

Hubmann, Heinrich, Wertung und Abwägung im Recht, Köln u. a 1977.

Igl, Gerhard / *Welti,* Felix, Sozialrecht, Ein Studienbuch, 8. Auflage, Neuwied 2007.

Innenministerium des Landes Nordrhein-Westfalen, Verwaltungsmodernisierung in Nordrhein-Westfalen – Erster Zwischenbericht zu Verwaltungsstrukturreform, Bürokratieabbau und Binnenmodernisierung, Düsseldorf, Stand: 1. Juni 2006.

Ipsen, Jörn, Die (verfassungs-)rechtliche Stellung der Landkreise im Verwaltungsgefüge der Bundesrepublik Deutschland, in: Meyer / Wallerath, Gemeinden und Kreise in der Region, S. 17 ff.

Ipsen, Jörn, Neuordnung der staatlichen Verwaltung in Niedersachsen, in: Oebbecke u. a., Zwischen kommunaler Kooperation und Verwaltungsreform, S. 37 ff.

Ipsen, Jörn, Schutzbereich der Selbstverwaltungsgarantie und Einwirkungsmöglichkeiten des Gesetzgebers, ZG 1994, S. 194 ff.

Isensee, Josef, Subsidiaritätsprinzip und Verfassungsrecht. Eine Studie über das Regulativ des Verhältnisses von Staat und Gesellschaft, 2. Auflage mit Nachtrag: Die Zeitperspektive 2001, Subsidiarität – das Prinzip und seine Prämissen, Berlin 2001, zugl. Diss. Univ. Erlangen-Nürnberg 1968.

Isensee, Josef / *Kirchhof,* Paul (Hrsg.), Handbuch des Staatsrechts, Bd. I, Grundlagen von Staat und Verfassung, Heidelberg 1987.

Jakobs, Michael Ch., Der Grundsatz der Verhältnismäßigkeit, mit einer exemplarischen Darstellung seiner Geltung im Atomrecht, Köln 1985, zugl. Diss. Univ. Osnabrück 1984.

Jakoubek, Alfred / *Ruder,* Tim, Kommunalisierung der staatlichen Landräte in Hessen: eine epochale Reform, Der Landkreis 2005, S. 532 ff.

Jann, Werner/ *Bogumil,* Jörg u. a., Status-Report Verwaltungsreform. Eine Zwischenbilanz nach zehn Jahren, Berlin 2004.

Jarass, Hans Dieter, Kommentierung zu Art. 125a GG, in: Jarass / Pieroth, Grundgesetz.

Jarass, Hans Dieter, Vorb. vor Art. 1 GG, in: Jarass / Pieroth, Grundgesetz.

Jarass, Hans Dieter / *Pieroth,* Bodo, GG, Grundgesetz für die Bundesrepublik Deutschland, Kommentar, 9. Auflage, München 2007.

Karpen, Ulrich, Öffentliche Verwaltung im Rechtsstaat: Serviceeinrichtung für den Bürger, in: v. Oertzen, Rechtsstaatliche Verwaltung im Aufbau I, S. 23 ff.

Kaufmann, Franz-Xaver / *Schäfer,* Peter, »Bürgernähe« – Anmerkungen zu einem politischen Postulat, Der Städtetag 1978, S. 632 ff.

Kemmer, Klaus, Die Leistungsnormen des BSHG und die gemeindliche Selbstverwaltungsgarantie. Verfassungsrechtliche Untersuchung für das Bundesland Bayern, Würzburg 1982, zugl. Diss. Univ. Würzburg 1982.

Kenntner, Markus, Zehn Jahre nach »Rastede« – Zur dogmatischen Konzeption der kommunalen Selbstverwaltung im Grundgesetz –, DÖV 1998, S. 701 ff.

Kesper, Irene, Reform des Föderalismus in der Bundesrepublik Deutschland – Die geplanten Änderungen im Überblick, NdsVBl. 2006, S. 145 ff.

Kibele, Karlheinz, Die »Zaunlösung« – Glanz und Elend einer Reformidee, VBlBW 2005, S. 14 ff.

Kirchhof, Roland, Kreisordnung für das Land Nordrhein-Westfalen, Kommentar, Wiesbaden 1984.

Klein, Eckart, Die Kompetenz- und Rechtskompensation, Überlegungen zu einer Argumentationsfigur, DVBl. 1981, S. 661 ff.

Klöck, Oliver, Rechtsschutz für Kirchturmpolitik? Kommunale Aufgabenwahrnehmung und Wahrung kommunalen Vermögens in regionalen Verbänden und Institutionen – Überlegungen zur geplanten Verwaltungsstrukturreform in NRW, NWVBl. 2000, S. 45 ff.

Kluth, Winfried, § 94 (Die kommunale Selbstverwaltung und ihre verfassungsrechtliche Garantie), in: Wolff / Bachof / Stober, VerwR, Bd. 3, S. 635 ff.

Kneip, Hans-Otto, Abgrenzung und Koordination von Staats- und Kommunalverwaltung auf Kreisebene in Hessen, VerwArch 91 (2000), S. 566 ff.

Knemeyer, Franz-Ludwig, Die verfassungsrechtliche Gewährleistung des Selbstverwaltungsrechts der Gemeinden und Landkreise, in: v. Mutius, FG von Unruh, S. 209 ff.

Knemeyer, Franz-Ludwig, Kommunale Neugliederung vor den Landesverfassungsgerichten, in: Starck/Stern, Landesverfassungsgerichtsbarkeit, Bd. 3, S. 143 ff.

König, Klaus, Neue Verwaltung oder Verwaltungsmodernisierung: Verwaltungspolitik in den 90er Jahren, DÖV 1995, S. 349 ff.

König, Klaus / *Siedentopf,* Heinrich (Hrsg.), Öffentliche Verwaltung in Deutschland, 2. Auflage, Baden-Baden 1997.

König, Michael, Kodifikation des Landesorganisationsrechts, dargestellt am Beispiel Thüringen, Baden-Baden 2000, zugl. Diss. Univ. Jena 1999.

König, Michael, Kodifizierung von Leitlinien der Verwaltungsmodernisierung, VerwArch 96 (2005), S. 44 ff.

Konrad, Rudolf, Entwicklung der Sozialhilfeausgaben für Menschen mit Behinderungen – Der Bundesgesetzgeber muss tätig werden!, NDV 2003, S. 121 ff. (= Heft April 2003, S. 1 ff.).

Köstering, Heinz, Das Konzept der Funktionalreform in Nordrhein-Westfalen, in: difu, Funktionalreform in Nordrhein-Westfalen, S. 147 ff.

Köstering, Heinz, Gemeinde- und Kreisaufgabe im kreisangehörigen Raum, in: Püttner, HdbkWP, Bd. 3, S. 39 ff.

Köttgen, Arnold, Gemeindeverfassungsrecht in Nordrhein-Westfalen und Niedersachsen, in: Peters, HdbKWP, S. 360 ff.

Köttgen, Arnold, Wesen und Rechtsform der Gemeinden und Gemeindeverbände, in: Peters, HdbKWP, S. 185 ff.

Krabs, Otto, Der Standort der kommunalen Selbstverwaltung in der Funktionalreform, gemeinsame und unterschiedliche Auffassungen von Kreisen und Gemeinden, Köln 1977.

Kratzenberg, Rüdiger, Hilfe für Bieter und Anbieter, Präqualifikation für Bauunternehmen in Deutschland, Stadt und Gemeinde INTERAKTIV 2006, S. 283 ff.

Kreibohm, Henning / *Schön,* Petra, Vortrag am FSI: Der Nationale Normenkontrollrat, der Bürokratieabbau und die Kommunen, EILDIENST LKT NRW 2008, S. 61 ff.

Krömer, Wilhelm, Verwaltungsvereinfachung in der Modellregion Ostwestfalen-Lippe, in: Oebbecke u. a., Zwischen kommunaler Kooperation und Verwaltungsreform, S. 25 ff.

Kronisch, Joachim, Aufgabenverlagerung und gemeindliche Aufgabengarantie, Baden-Baden 1993, zugl. Diss. Univ. Osnabrück 1992.

Kruse, Wilfried, Die kommunale Funktionalreform in Nordrhein-Westfalen, Köln 1978.

Kühne, Jörg-Detlef, Zur Kernbereichsermittlung bei der kommunalen Selbstverwaltungsgarantie, in: Frank / Langrehr, Festschrift Faber, S. 35 ff.

Lademacher, Horst, Von den Provinzialständen zum Landschaftsverband, Zur Geschichte der landschaftlichen Selbstverwaltung der Rheinlande, Köln 1973.

Landkreistag Nordrhein-Westfalen, Ausbau des ambulant betreuten Wohnens für Menschen mit Behinderung, EILDIENST LKT NRW 2002, S. 92 ff.

Landschaftsverband Rheinland, Individuelles Hilfeplanverfahren des Landschaftsverbandes Rheinland, Handbuch, Köln, ohne Erscheinungsdatum.

Landschaftsverband Rheinland / Landschaftsverband Westfalen-Lippe, Eingliederungshilfe heute, Entwicklung und Perspektive. Eine Information der Landschaftsverbände Rheinland und Westfalen-Lippe, Münster, ohne Erscheinungsdatum.

Laux, Eberhard, Die administrative Funktion des Kreises, in: Verein für die Geschichte des Deutschen Landkreistages e.V., Der Kreis, Bd. 1, S. 93 ff.

Laux, Eberhard, Kriterien für eine Kommunalreform, in: v. Oertzen, Rechtsstaatliche Verwaltung im Aufbau I, S. 53 ff.

Laux, Eberhard, Probleme der Verwaltungsmodernisierung, in: Morlok/Windisch/Miller, Rechts- und Organisationsprobleme, S. 48 ff.

Lechleitner, Marc, Die Erforderlichkeitsklausel des Art. 72 Abs. 2 GG, Jura 2004, S. 746 ff.

Leibholz, Gerhard, Das Prinzip der Selbstverwaltung und der Art. 28 Abs. 2 Grundgesetz, DVBl. 1973, S. 715 ff.

Leiers, Rolf, Die Verfassungs- und Aufgabenstruktur der preußischen Provinzialverbände im Verhältnis zu den Landschaftsverbänden von Nordrhein-Westfalen, Diss. Univ. Münster 1966.

Leisner, Walter, Der Abwägungsstaat, Verhältnismäßigkeit als Gerechtigkeit?, Berlin 1997.

Leisner, Walter, Effizienz als Rechtsprinzip, Tübingen 1971.

Lemke, Helmut, Bericht des Innenministers Dr. Lemke über Maßnahmen und Möglichkeiten einer Verwaltungsreform im Lande Schleswig-Holstein, vom 1. August 1958, an den Ausschuß für Innere Verwaltung des Schleswig-Holsteinischen Landtages, ohne Ortsangabe 1958.

Lerche, Peter, Verfassungsfragen um Sozialhilfe und Jugendwohlfahrt, Rechtsgutachten zur Verfassungsmäßigkeit des Bundessozialhilfegesetzes vom 30. Juni 1961 (BGBl. I S. 815) und des Bundesgesetzes vom 11. August 1961 (BGBl. I S. 1193/1206) zur Änderung und Ergänzung des Reichsjugendwohlfahrtsgesetzes, Berlin 1963.

Lerche, Peter, Zur Verfassungsposition der Landkreise, DÖV 1969, S. 46 ff.

Lindner, Josef Franz, Die Deregulierungskommission der Bayerischen Staatsregierung – Mandat, Methode, Empfehlungen, BayVBl. 2004, S. 225 ff.

Litzenburger, Wolfgang, Die kommunale Verfassungsbeschwerde in Bund und Ländern, Mainz 1985, zugl. Diss. Univ. Kiel 1984.

Löcher, Jens, Eingliederungshilfe für behinderte Menschen unter Geltung des SGB XII, ZfS 2005, S. 326 ff.

Loschelder, Wilhelm / *Salzwedel,* Jürgen, Verfassungs- und Verwaltungsrecht des Landes Nordrhein-Westfalen. Eine systematische Darstellung, Köln / Berlin 1964.

Löwer, Wolfgang, Kommentierung zu Art. 28 GG, in: v. Münch / Kunig, Grundgesetz, Bd. II.

Löwer, Wolfgang / *Tettinger,* Peter J., Kommentar zur Verfassung des Landes Nordrhein-Westfalen, Stuttgart u. a. 2002.

Lübke, Gerhard, Die regionale Selbstverwaltung in Deutschland (insbesondere die provinziellen, landschaftlichen Gemeindeverbände), Vergangenheit – Gegenwart – Zukunft, Diss. Univ. Göttingen 1959.

Lusche, Ute, Die Selbstverwaltungsaufgaben der Landkreise, Stuttgart u. a. 1998, zugl. Diss. Univ. Freiburg 1998.

Luthe, Ernst-Wilhelm, Kommentierung zu § 3 SGB XII, in: Hauck/Noftz, SGB XII.

Mair, Helmut / *Hohmeier,* Jürgen, Wohnen und soziale Arbeit, Zwischen Unterbringung und Eingliederung, Opladen 1993.

von Mangoldt, Hermann / *Klein,* Friedrich / *Starck,* Christian, GG Kommentar, Bd. 2, Art. 20-82, 5. Auflage, München 2005.

Mann, Thomas / *Püttner,* Günter, Handbuch der kommunalen Wissenschaft und Praxis, Grundlagen und Kommunalverfassung, Bd. 1, 3. Auflage, Berlin / Heidelberg / New York 2007.

Mariß, Christel, Modernisierung der Landesverwaltung in Nordrhein-Westfalen, in: Bogumil u. a., Modernisierung der Landesverwaltungen, S. 61 ff.

Martin, Dieter, Formen und Funktionen eines Gemeindeverbandes auf der Mittelstufe der Verwaltung, Bamberg 1971, zugl. Diss. Univ. Regensburg 1971.

Mattenklodt, Herbert-Fritz, Gebiets- und Verwaltungsreform in Nordrhein-Westfalen, Ein Zwischenbericht zum Abschluß des ersten kommunalen Neugliederungsprogramms, Münster 1969.

Mattenklodt, Herbert-Fritz, Ist die Bildung von Regionalkreisen verfassungsrechtlich zulässig?, Ein Diskussionsbeitrag zu den Vorschlägen für eine Gebietsreform in Nordrhein-Westfalen, KommPolBl. 1969, S. 10 f.

Maunz, Theodor / *Dürig,* Günter, Grundgesetz, Kommentar, Bd. IV – Art. 28-69, Loseblattsammlung, München, Stand Oktober 1996; Bd. V – Art. 70 bis 99, Stand: 2006; Bd. VI – Art. 100-146, Stand: März 2006.

Maunz, Theodor/ *Scholz,* Rupert, Kommentierung zu Art. 28 GG, in: Maunz/ Dürig, Grundgesetz, Bd. IV.

Maurer, Hartmut, Die Finanzgarantie der Landkreise zwischen Bund und Ländern, in: Henneke / Maurer / Schoch, Die Kreise im Bundesstaat, S. 139 ff.

Maurer, Hartmut, Verfassungsrechtliche Grundlagen der kommunalen Selbstverwaltung, in: Schoch (Hrsg.), Selbstverwaltung der Kreise in Deutschland, S. 1 ff.

Menzel, Jörg / *Böser,* Bernhard / *Hartmann,* Silke, »Ein Jahr Verwaltungsreform« – das Landratsamt als effiziente und schlanke Verwaltung, Landkreis Nachrichten Baden-Württemberg, Heft 1 2006, S. 29 ff.

Meyer, Hans, Liegt die Zukunft Mecklenburg-Vorpommerns im 19. Jahrhundert?, Zum Neugliederungsurteil des Landesverfassungsgerichts, NVwZ 2008, S. 24 ff.

Meyer, Hubert, Die Entwicklung der Kreisverfassungssysteme, in: Mann / Püttner, HdbKWP, Bd. 1, S. 661 ff.

Meyer, Hubert, Regionalkreisbildung: Länder zu Landkreisen? – Anmerkungen zur Regionalkreisdiskussion aus Anlass der Verabschiedung des Verwaltungsmodernisierungsgesetzes in Mecklenburg-Vorpommern, DÖV 2006, S. 929 ff.

Meyer, Hubert / *Wallerath,* Maximilian, Gemeinden und Kreise in der Region, Stuttgart u. a. 2004.

Meyer-Schwickerath, Klaus, Die höheren Gemeindeverbände in Norddeutschland, in: Püttner, HdbKWP, Bd. 2, S. 452 ff.

Ministerium für Arbeit, Gesundheit und Soziales des Landes Nordrhein-Westfalen, Behinderte Menschen in Nordrhein-Westfalen, Wissenschaftliches Gutachten zur Lebenssituation von behinderten Menschen und zur Behindertenpolitik in NRW, Düsseldorf 1993.

Ministerium für Arbeit, Gesundheit und Soziales des Landes Nordrhein-Westfalen, Selbständiges Wohnen behinderter Menschen, Individuelle Hilfen aus einer Hand: Ziele, Ideen, Beteiligte, ohne Ortsangabe und Erscheinungsdatum.

Morlok, Martin / *Windisch,* Rupert / *Miller,* Manfred, Rechts- und Organisationsprobleme der Verwaltungsmodernisierung, Berlin 1997.

Müller-Tochtermann, Helmut, Die wichtigsten dogmatischen Grundsätze des Bundessozialhilfegesetzes, JuS 1962, S. 449 ff.

von Münch, Ingo / *Kunig,* Philip, Grundgesetz-Kommentar, Bd. 2 (Art. 21 bis Art. 69), 4./5. Auflage, München 2001; Bd. 3 (Art. 70 bis Art. 146), 4./5.Auflage, München 2003.

Münder, Johannes / *Armborst,* Christian, Sozialgesetzbuch XII, Sozialhilfe, Lehr- und Praxiskommentar, 8. Auflage, Baden-Baden 2008.

von Mutius, Albert, Kommunalrecht, München 1996.

von Mutius, Albert, Örtliche Aufgabenerfüllung. Traditionelles, funktionales oder neues Selbstverwaltungsverständnis?, in v. Mutius (Hrsg.), Festgabe von Unruh, S. 227 ff.

von Mutius, Albert, Sind weitere rechtliche Maßnahmen zu empfehlen, um den notwendigen Handlungs- und Entfaltungsspielraum der kommunalen Selbstverwaltung zu gewährleisten?, Gutachten E zum 53. Deutschen Juristentag Berlin 1980, München 1980.

von Mutius, Albert / *Prosi,* Gerhard / *Janus,* Reinhold, Selbstverwaltung im Staat der Industriegesellschaft, Festgabe zum 70. Geburtstag von Georg Christoph von Unruh, Heidelberg 1983.

Naunin, Helmut, Entstehung und Sinn der Landschaftsverbandsordnung in Nordrhein-Westfalen mit einem Anhang von Dokumenten, Münster 1963.

Naunin, Helmut, Landschaftliche Selbstverwaltung, Wiederaufbau in Westfalen 1945-1951, Dortmund 1952.

Neumaier, Sylvia, Ein Jahr Verwaltungsreform – eine Zwischenbilanz im Landkreis Heidenheim, Landkreis Nachrichten Baden-Württemberg, Heft 1 2006, S. 33 f.

Niemeier, Hans-Gerhart, Landschaftsverbände und Funktionalreform, Gutachten, ohne Ortsangabe 1975.

Nierhaus, Michael, Kommentierung zu Art. 28 GG, in: Sachs, Grundgesetz.

Nierhaus, Michael, Zur Hochzonung der Flächennutzungsplanung auf die Ämter im Lande Brandenburg – ein neues Rastede?, in: Stern / Grupp, Gedächtnisschrift Burmeister, S. 245 ff.

Noe, Torsten, Modernisierung der Landesverwaltung in Bayern, in: Bogumil u. a., Modernisierung der Landesverwaltungen, S. 14 ff.

NordWest Consult, Initiative »Wirtschaftsnahe Verwaltung Ostwestfalen-Lippe« – Pilotmessung nach dem Standardkostenmodell zum Umfang der administrativen Belastung bei öffentlicher Ausschreibung gemäß § 8 VOB/A ohne und mit Präqualifizierung.

Oebbecke, Janbernd, Die Einheit der Verwaltung als Rechtsproblem, DVBl. 1987, S. 866 ff.

Oebbecke, Janbernd, Gemeindeverbandsrecht Nordrhein-Westfalen, Köln u. a. 1984, Bd. 4 der Schriftenreihe des Freiherr-vom-Stein-Instituts.

Oebbecke, Janbernd, Kommunale Gemeinschaftsarbeit, in: Mann / Püttner, HdbKWP, Bd. 1, S. 843 ff.

Oebbecke, Janbernd, Überlegungen zur Größe von Verwaltungseinheiten – Eine Skizze –, in: Henneke (Hrsg.), Optimale Aufgabenerfüllung im Kreisgebiet?, S. 47 ff.

Oebbecke, Janbernd, Zweckverbandsbildung und Selbstverwaltungsgarantie, Köln 1982, Bd. 1 der Schriftenreihe des Freiherr-vom-Stein-Instituts.

Oebbecke, Janbernd / *Ehlers,* Dirk / *Klein,* Martin / *Diemert,* Dörte, Zwischen kommunaler Kooperation und Verwaltungsreform, Fachtagung aus Anlass des 25-jährigen Bestehens des Freiherr-vom-Stein-Instituts am 12. Mai 2006 in Münster, Stuttgart 2006, zugl. Bd. 58 der Schriftenreihe des Freiherr-vom-Stein-Instituts.

Oertzen, Hans Joachim von (Hrsg.), Rechtsstaatliche Verwaltung im Aufbau I – Kreisreform und Ämterverfassung –, Baden-Baden 1992.

Oertzen, Hans Joachim von (Hrsg.), Rechtsstaatliche Verwaltung im Aufbau II – Sonderbehörden und Einheit der Verwaltung –, Baden-Baden 1993.

Oeter, Stefan, Kommentierung zu Art. 72 GG, in: v. Mangoldt / Klein / Starck, Grundgesetz, Bd. 2.

Pagenkopf, Hans, Kommunalrecht, Band I, Verfassungsrecht, 2. Auflage, Köln u. a. 1975.

Papier, Hans-Jürgen, Interkommunaler Kompetenzkonflikt, DVBl. 1984, S. 453 ff.

Pappermann, Ernst, Verwaltungsverbund im kreisangehörigen Raum, Zur Funktionalreform in Nordrhein-Westfalen nach dem »Zuständigkeitsbericht Kreise/Gemeinde« der Projektgruppe des Innenministers, DÖV 1975, S. 181 ff.

Pappermann, Ernst / *Roters*, Wolfgang / *Vesper*, Emil, Maßstäbe für die Funktionalreform im Kreis, Exemplarische Erläuterung am Beispiel Nordrhein-Westfalens, Köln 1976.

Paziorek, Peter, Mittelbare und unmittelbare Wahl der Landschaftsversammlung in Nordrhein-Westfalen, Recklinghausen 1983, zugl. Diss. Univ. Bielefeld 1982.

Peters, Hans, Handbuch der Kommunalen Wissenschaft und Praxis, Bd. 1, 1. Auflage, Berlin / Göttingen / Heidelberg 1956.

Peters, Hans, Zentralisation und Dezentralisation, zugleich ein Betrag zur Kommunalpolitik im Rahmen der Staats- und Verwaltungslehre, Berlin 1928.

Pickenäcker, Birgit Anne, Bezirksregierungen in NRW, Entwicklung – Transformation – Perspektive, Ibbenbüren 2007.

Pieroth, Bodo, Kommentierung zu Art. 28, in: Jarass / Pieroth, Grundgesetz.

Pipkke, Wolfgang / *Gourmelon*, Andreas / *Meixner*, Hanns-Eberhard / *Mersmann*, Birgit, Organisation, Köln 2005.

Pünder, Hermann, Haushaltsrecht im Umbruch – eine Untersuchung der Erfordernisse einer sowohl demokratisch legitimierten als auch effektiven und effizienten Haushaltswirtschaft am Beispiel der Kommunalverwaltung, Stuttgart 2003, Bd. 43 der Schriftenreihe des Freiherr-vom-Stein-Instituts.

Püttner, Günter, Das System der kommunalen Aufgaben, in: Püttner, HdbKWP, Bd. 3, S. 3 ff.

Püttner, Günter, Der Standort der kommunalen Selbstverwaltung in der Funktionalreform, gemeinsame und unterschiedliche Auffassungen von Kreisen und Gemeinden, aus verfassungsrechtlicher und organisatorischer Sicht, in: Krabs, Standort der kommunalen Selbstverwaltung in der Funktionalreform, S. 36 ff.

Püttner, Günter, Handbuch der kommunalen Wissenschaft und Praxis, Bände 1 (Grundlagen), 2. Auflage, Berlin / Heidelberg / New York 1981; 2 (Kommunalverfassung), Berlin / Heidelberg / New York 1982, und 3 (Kommunale Aufgaben und Instrumente der Aufgabenerfüllung), 2. Auflage, Berlin / Heidelberg / New York 1983.

Püttner, Günter, Stellung und Aufgaben der Kreise nach der Gebietsreform, EILDIENST LKT NRW 1975, S. 226 ff.

Rabe, Jörg E., Kommentierung zu § 97 SGB XII, in: Fichtner / Wenzel, Kommentar zur Grundsicherung, S. 765 ff.

Rasch, Ernst, Kritische Bemerkungen zu dem Entwurf eines Gesetzes zur Erleichterung der Verwaltungsreform in den Ländern (BT-Drucks. 7/273), DVBl. 1973, S. 916 ff.

Rech, Heribert, »Schlank, stark, bürgernah« – ein Jahr nach Umsetzung der Verwaltungsstrukturreform, Landkreis Nachrichten Baden-Württemberg, Heft 1 2006, S. 6 ff.

Rehn, Erich, Funktionalreform auf der Kreisebene und im kreisangehörigen Raum, in: difu, Funktionalreform in Nordrhein-Westfalen, S. 227 ff.

Reichard, Christoph, Verwaltungsmodernisierung in den Bundesländern, in: Jann / Bogumil u. a., Status-Report Verwaltungsreform, S. 87 ff.

Reichard, Christoph / *Siebart,* Patricia, Teilbetrachtung zur Wirtschaftlichkeit der Handlungsoptionen, in: Bogumil / Reichard / Siebart, Gutachten zur Verwaltungsstrukturreform in NRW, S. 175 ff.

Rengeling, Hans-Werner, Formen interkommunaler Zusammenarbeit, in: Püttner, HdbKWP, Bd. 2, S. 385 ff.

Richter, Gerd-Jürgen, Verfassungsprobleme der kommunalen Funktionalreform – zur dogmatischen Einordnung des Art. 28 Abs. 2 Grundgesetz –, Köln 1977.

Riotte, Wolfgang / *Waldecker,* K., Zur Einordnung der Pflichtaufgaben zur Erfüllung nach Weisung in den Zuständigkeitskatalog des § 73 Abs. 1 VwGO, NWVBl. 1995, 401 ff.

Ronneberger, Franz, Verwaltung und Öffentlichkeit, Eine sozialwissenschaftliche Untersuchung über Verwaltungsreform und soziales Verhalten in Nordrhein-Westfalen, Essen 1970.

Rosin, Heinrich, Das Recht der Oeffentlichen Genossenschaft, Eine verwaltungsrechtliche Monographie, Freiburg i. B. 1886.

Roßnagel, Alexander / *Knopp,* Michael, Mobilisierte Verwaltung: Perspektiven und rechtlicher Gestaltungsbedarf, DÖV 2006, S. 982 ff.

Roters, Wolfgang, Die mittlere Verwaltungsebene in der Reform, Funktionsverlagerungen zwischen Landes- und Kommunalpolitik, in: Verein für Verwaltungsreform und Verwaltungsforschung, Studien zur Funktionalreform, S. 7 ff.

Roters, Wolfgang, Kommunale Mitwirkung an höherstufigen Entscheidungsprozessen. Zur künftigen Rolle der kommunalen Selbstverwaltung im politisch-administrativen System der Bundesrepublik Deutschland, Köln u. a. 1975.

Roters, Wolfgang / *Ballke,* Wolfgang, Funktionalreform in der mittleren Verwaltungsebene, Köln 1978.

Rothkegel, Ralf (Hrsg.), Sozialhilferecht, Existenzsicherung, Grundsicherung, 1. Auflage, Baden-Baden 2005.

Rothkegel, Ralf, Der Bedarfsdeckungsgrundsatz, in: Rothkegel, Sozialhilferecht, S. 53 ff.

Rüfner, Wolfgang, Sozialhilferecht, in: Achterberg / Püttner / Würtenberger, Bes. VerwR, Bd. II, § 9

Ruge, Kay, Verwaltungsreformen in den Bundesländern – ein Überblick, in: Henneke, Kommunale Verwaltungsstrukturen der Zukunft, S. 91 ff.

Ruge, Kay, Verwaltungsreformen in den Bundesländern, Der Landkreis 2005, S. 514 ff.

Ruge, Kay, Verwaltungsreformen in den Bundesländern, ZG 2006, S. 129 ff.

Sachs, Michael (Hrsg.), Grundgesetz, Kommentar, 4. Auflage, München, 2007.

Sachs, Michael, Kommentierung zu Art. 20 GG, in: Sachs, Grundgesetz.

Sachße, Christoph / *Tennstedt,* Florian, Geschichte der Armenfürsorge in Deutschland, Bd. 2, Fürsorge und Wohlfahrtspflege 1871 bis 1929, Stuttgart u. a. 1988.

Sachverständigenkommission für die staatliche und regionale Neugliederung des Landes Nordrhein-Westfalen, Die kommunale und staatliche Neugliederung des Landes Nordrhein-Westfalen, Abschnitt C, Die staatliche und regionale Neugliederung des Landes Nordrhein-Westfalen, Gutachten, erstattet am 8. April 1968, Köln 1968.

Saladin, Peter / *Wildhaber,* Luzius, Der Staat als Aufgabe, Gedenkschrift für Max Imboden, Basel / Stuttgart 1972.

Salzwedel, Jürgen, Kommunalrecht, in: Loschelder / Salzwedel, Verfassungs- und Verwaltungsrecht des Landes NRW, S. 217 ff.

Schädler, Johannes, Stagnation oder Entwicklung in der Behindertenhilfe?, Chancen eines Paradigmenwechsels unter Bedingungen institutioneller Beharrlichkeit, Hamburg 2003.

Schädler, Johannes / *Stamm,* Christof, Die Auflösung der Landeswohlfahrtsverbände Baden und Württemberg-Hohenzollern und die Aufgabenübertragung auf Stadt- und Landkreise – Abriss und vorläufige Thesen, IH_NRW – Projektpapier – 3/06.

Schäfer, Peter, Zentralisation und Dezentralisation, Eine verwaltungswissenschaftliche Studie zur Kompetenzverteilung im politisch-administrativen System der Bundesrepublik Deutschland, empirisch illustriert am Beispiel der Funktionalreform in Nordrhein-Westfalen, Berlin 1982.

Schellhorm, Walter, Einführung, in: Schellhorn / Schellhorn / Hohm, SGB XII-Kommentar.

Schellhorm, Walter, Kommentierung zu § 53 SGB XII, in: Schellhorn / Schellhorn / Hohm, SGB XII-Kommentar.

Schellhorn, Walter / *Jirasek,* Hans / *Seipp,* Paul, Das Bundessozialhilfegesetz, Ein Kommentar für Ausbildung, Praxis und Wissenschaft, 13, Auflage, Neuwied 1988.

Schellhorn, Walter / *Schellhorn,* Helmut / *Hohm,* Karl-Heinz, SGB XII – Sozialhilfe, Ein Kommentar für Ausbildung, Praxis und Wissenschaft, 17. Auflage, München 2006.

Schenk, Wolfgang, Verwaltungsorganisation, -aufgaben und -zuständigkeiten in Baden-Württemberg 2005, VBlBW 2006, S. 228 ff.

Scherer, Joachim, »Öffentlichkeitsarbeit« der Verwaltung und Informationsfreiheit des Bürgers, in: Hoffmann-Riem, Bürgernahe Verwaltung?, S. 313 ff.

Scherzberg, Arno, Die Öffentlichkeit der Verwaltung, Baden-Baden 2000.

Schieferstein, Bernd, Die Wahrnehmung überörtlicher Sozialhilfeaufgaben durch höhere Kommunalverbände – am Beispiel des Landeswohlfahrtsverbandes Hessen, Frankfurt am Main u. a. 1992, zugl. Diss. Univ. Frankfurt 1992.

Schink, Alexander, Die Kreisumlage, DVBl. 2003, S. 417 ff.

Schink, Alexander, Gesetzliche Kreiszuständigkeiten und Subsidiaritätsprinzip, in: Schmidt-Jortzig / Schink, Subsidiaritätsprinzip und Kommunalordnung, S. 25 ff.

Schink, Alexander, Integration von Sonderbehörden am Beispiel der Umweltverwaltung, in: Oebbecke u. a., Zwischen kommunaler Kooperation und Verwaltungsreform, S. 109 ff.

Schink, Alexander, Kommunale Selbstverwaltung im kreisangehörigen Raum – Verfassungsrechtliche Determinanten für die Zuständigkeitsdisposition zwischen Kreisen und kreisangehörigen Gemeinden, VerwArch 81 (1990), S. 385 ff.

Schlink, Bernhard, Abwägung im Verfassungsrecht, Berlin 1976, zugl. Diss. Univ. Heidelberg 1975.

Schmidt, Jürgen, Wirtschaftlichkeit in der öffentlichen Verwaltung, 7. Auflage, Berlin 2006.

Schmidt, Walter, Die »institutionelle Garantie« der kommunalen Selbstverwaltung und das Grundgesetz. Zur Kritik der tradierten Auslegung des Art. 28 Abs. 2 GG, in: Frank / Langrehr, Festschrift Faber, S. 17 ff.

Schmidt-Aßmann, Eberhard, Besonderes Verwaltungsrecht, 13. Auflage, Berlin 2006.

Schmidt-Aßmann, Eberhard, Effizienz als Herausforderung an das Verwaltungsrecht – Perspektiven der verwaltungsrechtlichen Systembildung –, in: Hoffmann-Riem / Schmidt-Aßmann, Effizienz, S. 245 ff.

Schmidt-Aßmann, Eberhard, Kommunale Selbstverwaltung »nach Rastede« – Funktion und Dogmatik des Art. 28 Abs. 2 GG in der neueren Rechtsprechung –, in: Franßen, Festschrift Sendler, S. 121 ff.

Schmidt-Aßmann, Eberhard, Perspektiven der Selbstverwaltung der Landkreise, DVBl. 1995, S. 533 ff.

Schmidt-Aßmann, Eberhard, Verwaltungslegitimation als Rechtsbegriff, AöR 116 (1991), S. 328 ff.

Schmidt-Aßmann, Eberhard, Verwaltungsorganisationsrecht als Steuerungsressource, in: Schmidt-Aßmann / Hoffmann-Riem, Verwaltungsorganisationsrecht als Steuerungsressource, S. 9 ff.

Schmidt-Aßmann, Eberhard / *Hoffmann-Riem,* Wolfgang, Verwaltungsorganisationsrecht als Steuerungsressource, Baden-Baden 1997.

Schmidt-Aßmann, Eberhard / *Röhl,* Hans Christian, Kommunalrecht, in: Schmidt-Aßmann, Besonderes Verwaltungsrecht, S. 1 ff.

Schmidt-Eichstaedt, Gerd, Die Rechtsqualität der Kommunalaufgaben, in: Püttner, HdbKWP, Bd. 3, S. 9 ff.

Schmidt-Jortzig, Edzard, Gemeinde- und Kreisaufgaben – Funktionsordnung des Kommunalbereichs nach »Rastede« –, DÖV 1993, S. 973 ff.

Schmidt-Jortzig, Edzard, Kommunalrecht, Stuttgart u. a. 1982.

Schmidt-Jortzig, Edzard, Verfassungsmäßige und soziologische Legitimation gemeindlicher Selbstverwaltung im modernen Industriestaat, DVBl. 1980, S. 1 ff.

Schmidt-Jortzig, Edzard / *Schink,* Alexander, Subsidiaritätsprinzip und Kommunalordnung, Köln u. a. 1982, Bd. 2 der Schriftenreihe des Freiherr-vom-Stein-Instituts.

Schmidt-Jortzig, Edzard / *Wolffgang,* Michael, Strukturen einer Einbeziehung kreisangehöriger Gemeinden in den Vollzug von Kreiszuständigkeiten (dargestellt am Beispiel der Sozialhilfeverwaltung), VerwArch 75 (1984), S. 107 ff.

Schnapp, Friedrich E., Zuständigkeitsverteilung zwischen Kreis und kreisangehöriger Gemeinde, Frankfurt a. M. 1973.

Schneider, Bernd Jürgen, Was steht den Kreisen wirklich zu?, StGR 1999, Heft 3/1999, S. 6 ff.

Schneider, Harald, Die Güterabwägung des Bundesverfassungsgerichts bei Grundrechtskonflikten, Empirische Studie zu Methode und Kritik eines Konfliktlösungsmodells, Baden-Baden 1978.

Schnüll, Annette, Wohnen, Leben in selbstgewählten Wohnformen, in: Ministerium für Arbeit, Gesundheit und Soziales des Landes Nordrhein-Westfalen, Behinderte Menschen in Nordrhein-Westfalen, S. 129 ff.

Schnur, Roman, Grundgesetz, Landesverfassung und »höhere Gemeindeverbände«, DÖV 1965, S. 114 ff.

Schoch, Dietrich, Kommentierung zu § 97 SGB XII, in: Münder / Armborst, Sozialgesetzbuch XII (LPK).

Schoch, Friedrich, Aufgaben und Funktionen der Landkreise – Funktionsgefährdungen im kreisangehörigen Raum und Aufgabenverlust in der Region, DVBl. 1995, S. 1047 ff.

Schoch, Friedrich, Aufgaben und Funktionen der Landkreise – Funktionsgefährdungen im kreisangehörigen Raum und der Aufgabenverlust in der Region –, in: Schoch, Selbstverwaltung der Kreise in Deutschland, S. 25 ff.

Schoch, Friedrich, Der verfassungsrechtliche Schutz der kommunalen Selbstverwaltung, Jura 2001, S. 121 ff.

Schoch, Friedrich, Die Kreise zwischen örtlicher Verwaltung und Regionalisierungstendenzen, in: Henneke / Maurer / Schoch, Die Kreise im Bundesstaat, S. 9 ff.

Schoch, Friedrich, Selbstverwaltung der Kreise in Deutschland, Bestand und Perspektiven der kreislichen Selbstverwaltung, Köln u. a. 1996.

Schoch, Friedrich, Stand der Dogmatik, in: Henneke / Meyer, Kommunale Selbstverwaltung zwischen Bewahrung, S. 11 ff.

Schoch, Friedrich, Verfassungswidrigkeit des bundesgesetzlichen Durchgriffs auf Kommunen, DVBl. 2007, S. 261 ff.

Schoch, Friedrich, Zur Situation der kommunalen Selbstverwaltung nach der Rastede-Entscheidung des Bundesverfassungsgerichts, VerwArch 81 (1990), S. 18 ff.

Schöne, Friedrich, Zur Terminologie der »Kommunalverbände«. Ein Beitrag zur Klärung der Begriffe und ihrer Namen, AöR 69 (1939), S. 1 ff.

Schoch, Friedrich / *Wieland,* Joachim, Die Verfassungswidrigkeit des § 96 Abs. 1 Satz 1 BSHG, JZ 1995, S. 982 ff.

Schoch, Friedrich / *Wieland,* Joachim, Kommunale Aufgabenträgerschaft nach dem Grundsicherungsgesetz, Verfassungsrechtliche Anforderungen an den bundesgesetzlichen Durchgriff auf die kommunale Ebene, Stuttgart u. a. 2003.

Schulz-Heising, Jochen, Effizienz und Bürgernähe von Behörden, in: Böhret, Stadtforschung und Stadtplanung, S. 155 ff.

Schuster, Franz (Hrsg.), Dezentralisierung des politischen Handelns (I), Ökonomische, politologische und verfassungsrechtliche Ansätze, Ergebnisse eines wissenschaftlichen Kolloquiums, Melle 1979.

Schuster, Franz (Hrsg.), Dezentralisierung des politischen Handelns (II), Konzeption und Positionen, Melle 1979.

Schütte-Leifels, Simone, Die Grundsätze der Sozialhilfe nach der Reform, Bd. 59 der Schriftenreihe des Freiherr-vom-Stein-Instituts, Stuttgart 2007, zugl. Diss. Univ. Münster 2007.

Seele, Günter, Grundlagen, Strukturen und Abgrenzung der Kreisaufgaben, in: DLT, Der Kreis – Ein Handbuch, Band 3, S. 345 ff.

Seele, Günter, Verwaltung des ländlichen Raumes, in: König/Siedentopf, Öffentliche Verwaltung in Deutschland, S. 235 ff.

Siedentopf, Heinrich, Anforderungen an Funktionalreformen, in: difu, Funktionalreform in Nordrhein-Westfalen, S. 7 ff.

Sigmund, Thomas / *Stratmann,* Klaus, Bürokratieabbau droht zum Flop zu werden, Handelsblatt, Ausgabe vom 7.11.2006 (Nr. 215), S. 6.

Soell, Hermann, Gebietsreform im Stadtumland und Verfassungsrecht, Überlegungen zur verfassungskonformen Auslegung des Art. 1 Abs. 2 Ziff. 2 der Bayerischen Gemeindeordnung, BayVBl. 1977, S. 1 ff.

Sommermann, Karl-Peter, Kommentierung zu Art. 20 GG, in: v. Mangoldt / Klein / Starck, Grundgesetz.

Spreng, Rudolf, Kommentierung zu Art. 71 LV, in: Spreng / Birn / Feuchte, LV BW.

Spreng, Rudolf / *Birn,* Willi / *Feuchte,* Paul, Die Verfassung des Landes Baden-Württemberg, Kommentar mit der Einführung in die Entstehung des Landes und der Verfassung sowie dem Text des Grundgesetzes, Stuttgart / Köln 1954.

Staatskanzlei des Landes Nordrhein-Westfalen, Verwaltungsmodernisierung in Nordrhein-Westfalen. Moderne Verwaltung – Konzepte und Meilensteine, Düsseldorf, 4. Auflage 2004.

Stanke, Hans-Ulrich, Sind die Landschaftsverbände in NRW Selbstverwaltungskörperschaften im Sinne des § 78 LV?, Die Selbstverwaltung 1956, S. 145 f.

Starck, Christian / *Stein,* Klaus, Landesverfassungsgerichtsbarkeit, Teilband III, Verfassungsauslegung, Baden-Baden 1983.

Stern, Klaus, Das Staatsrecht der Bundesrepublik Deutschland, Band I, Grundbegriffe und Grundlagen des Staatsrechts, Strukturprinzipien der Verfassung, München 1977.

Stern, Klaus, Die Verfassungsgarantie der kommunalen Selbstverwaltung, in: Püttner, HdbkWP, Band 1, S. 204 ff.

Stern, Klaus, Die verfassungsrechtliche Garantie des Kreises, in: von Unruh / Göb, Der Kreis – Ein Handbuch, Bd. 1, S. 156 ff.

Stern, Klaus, Kommentierung zu Art. 28 GG, in: Dolzer / Vogel / Graßhof, Bonner Kommentar zum Grundgesetz.

Stern, Klaus / *Grupp,* Klaus (Hrsg.), Gedächtnisschrift für Joachim Burmeister, Heidelberg 2005.

Strutz, Hans, Handwörterbuch der Verwaltung und Organisation (HdVO) für Praxis und Ausbildung in der öffentlichen Verwaltung, Köln 1982.

Stüer, Bernhard, Abwägungsgebot, Mehrfachneugliederung und Vertrauensschutz, Das Meerbusch-Urteil des Verfassungsgerichtshofs Nordrhein-Westfalen, DVBl. 1977, S. 1 ff.

Stüer, Bernhard, Funktionalreform und kommunale Selbstverwaltung, Göttingen 1980, zugl. Diss. Univ. Münster 1978.

Stüer, Bernhard, Handbuch des Bau- und Fachplanungsrechts, Planung, Genehmigung, Rechtsschutz, 3. Auflage, München 2005.

Stüer, Bernhard, Verwaltungsreform auf Kreisebene – Effektivitätsgewinn nur bei bürgerschaftlichem Engagement –, DVBl. 2007, S. 1267 ff.

Syrup, Friedrich / *Neuloh,* Otto, Hundert Jahre Staatliche Sozialpolitik 1839-1939, Stuttgart 1957.

Tettinger, Peter J., Die Verfassungsgarantie der kommunalen Selbstverwaltung, in: Mann / Püttner, HdbKWP, Bd. 1, S. 187 ff.

Tettinger, Peter J., in: Bertrams, 50 Jahre Verfassungsgerichtshof NRW, S. 461 ff.

Tettinger, Peter J., Kommentierung zu Art. 28 GG, in: v. Mangoldt / Klein / Starck, Grundgesetz, Bd. 2.

Tettinger, Peter J., Kommentierung zu Art. 78 LV, in: Löwer / Tettinger, LV NRW.

Theisen, Rolf-Dieter, Abschaffung des Widerspruchsverfahrens in NRW, DVP 2008, S. 63 ff.

Tiedeken, Hans, Selbstverwaltung im Kreis: Nur Ausgleichs- und Ergänzungsfunktion?, in: v. Mutius, Festgabe von Unruh, S. 227 ff.

Trumpp, Eberhard, Verwaltungsreform in Baden-Württemberg, in: Henneke / Meyer, Kommunale Selbstverwaltung zwischen Bewahrung, Bewährung und Entwicklung, S. 209 ff.

Trute, Hans-Heinrich, Kommentierung zu Art. 83 GG, in: v. Mangoldt / Klein / Starck, Grundgesetz, Bd. 3.

Uhle, Arnd, Kommentierung zu Art. 125a GG, in: Maunz / Dürig, Grundgesetz, Bd. VI.

Ullrich, Konrad, Die Selbstverwaltungsgarantie – Grenze und Möglichkeit für die Funktionalreform, in: Verein für Verwaltungsreform und Verwaltungsforschung, Studien zur Funktionalreform, S. 61 ff.

von Unruh, Georg Christoph, Der Kreis, Ursprung und Ordnung einer kommunalen Körperschaft, Köln / Berlin 1964.

von Unruh, Georg Christoph, Dezentralisation der Verwaltung des demokratischen Rechtsstaates nach dem Grundgesetz, DÖV 1974, S. 649 ff.

von Unruh, Georg Christoph, Die Einrichtung der kommunalen Selbstverwaltung als staatspolitische Aufgabe – Zur 100jährigen Wiederkehr der Verabschiedung der preußischen Kreisordnung mit der Einführung der Verwaltungsgerichtsbarkeit, in: DLT, Der Kreis im Wandel der Zeiten, S. 210 ff.

von Unruh, Georg Christoph, Gebiet und Gebietskörperschaften als Organisationsgrundlagen nach dem Grundgesetz der Bundesrepublik Deutschland, DVBl. 1975, S. 1 ff.

Verein für die Geschichte der Deutschen Landkreise e.V., Der Kreis, Ein Handbuch, Erster Band, Köln 1972; Dritter Band, Strukturen und Perspektiven der neuen Kreise, Köln / Berlin 1985; Band 4b, Aufgaben der Kreise, Leistungsverwaltung und Daseinsvorsorge, Köln / Berlin 1986.

Verein für Verwaltungsreform und Verwaltungsforschung, Studien zur Funktionalreform, Bonn 1979.

Verwaltung des Provinzialverbandes Westfalen, Materialien zur Neuordnung der provinziellen Selbstverwaltung, Münster 1948.

Vietmeier, Hans, Die staatlichen Aufgaben der Kommunen und ihrer Organe – Auftragsverwaltung und Organleihe in Nordrhein-Westfalen –, Köln u. a., 1992, Bd. 18 der Schriftenreihe des Freiherr-vom-Stein-Instituts, zugl. Diss. Univ. Münster 1991.

Voelzke, Thomas, Kommentierung zu § 53, in: Hauck / Noftz, SGB XII.

Waechter, Kay, Kommunalrecht, Ein Lehrbuch, 3. Auflage, Köln u. a. 1997.

Wagener, Frido, Der Standort der kommunalen Selbstverwaltung in der Funktionalreform, gemeinsame und unterschiedliche Auffassungen von Kreisen und Gemeinden aus verfassungsrechtlicher und organisatorischer Sicht, in: Krabs, Standort der kommunalen Selbstverwaltung in der Funktionalreform, S. 55 ff.

Wagener, Frido, Gemeindeverbandsrecht in Nordrhein-Westfalen, Kommentar zur Landkreisordnung, Amtsordnung, Landschaftsverbandsordnung und zum Gesetz über kommunale Gemeinschaftsarbeit, Köln 1967.

Wagener, Frido, Neubau der Verwaltung, Gliederung der öffentlichen Aufgaben und ihrer Träger nach Effektivität und Integrationswert, 2. Auflage, Berlin 1974.

Wagener, Frido, Zur Zukunft der Selbstverwaltung, Münster 1984.

Wansleben, Rudolf, Kommentierung zu § 1 KrO, in: Held u. a., Kommunalverfassungsrecht.

Weidemann, Holger, Modellkommunen – Neue Wege eines Landesgesetzgebers, VR 2006, S. 298 ff.

Weyer, Willi, Die Funktionalreform – Inhalt – Wege – Ziel –, StGR 1972, S. 301 ff.

Wieland, Joachim, Anmerkung zu BVerwG, Beschl. v. 24.4.1996 – 7 NB 2.95 (OVG Schleswig) –, JZ 1997, S. 357 f.

Wiese, Rolf, Garantie der Gemeindeverbandsebene?, Frankfurt/Main 1972; inhaltlich identisch mit: *Wiese,* Rolf, Die verfassungsrechtliche Gewährleistung von Gemeindeverbänden als Rechtseinrichtung in Nordrhein-Westfalen, Gütersloh 1971, zugl. Diss. Univ. Münster 1970.

Wimmer, Raimund, Ausgleichs- und Ergänzungsaufgaben der Kreise?, NVwZ 1998, S. 28 ff.

Witti, Joseph, Die höheren Gemeindeverbände in Süddeutschland, in: Püttner, HdbKWP, Bd. 2, S. 432 ff.

Wolff, Hans J. / *Bachof,* Otto / *Stober,* Rolf, Verwaltungsrecht, Bd. II, 5. Auflage, München 1987.

Wolff, Hans J. / *Bachof,* Otto / *Stober,* Rolf, Verwaltungsrecht, Bd. III, 5. Auflage, München 2004.

Wolff, Heinrich Amadeus, Kommentierung zu Art. 125a GG, in: v. Mangoldt / Klein / Starck, Grundgesetz, Bd. 3.

Wurzel, Gabriele, Kommunale Zusammenarbeit auf der Ebene der Gemeinden, das Beispiel Rheinland-Pfalz, in: v. Oertzen, Rechtsstaatliche Verwaltung im Aufbau I, S. 97 ff.

Wütz, Bernhard, Die Verwaltungsreform in Baden-Württemberg – ein Zwischenresümee, Landkreis Nachrichten Baden-Württemberg, Heft 1 2006, S. 10 ff.

Zellerhoff, Kathrin, Rechtsgrundlagen regionaler Selbstverwaltung durch Landschaftsverbände, hrsg. vom Landschaftsverband Westfalen-Lippe, Münster 1988.

Zentrum für Planung und Evaluation Sozialer Dienste (ZPE), Netzwerke Offener Hilfen II (NetOH II), Abschlussbericht des Forschungsprojekts, Siegen 2003.

Zentrum für Planung und Evaluation Sozialer Dienste (ZPE), Selbständiges Wohnen behinderter Menschen – individuelle Hilfen aus einer Hand. Erster Zwischenbericht zur wissenschaftlichen Begleitforschung, Siegen, Oktober 2005.

Zentrum für Planung und Evaluation Sozialer Dienste (ZPE), Selbständiges Wohnen behinderter Menschen – individuelle Hilfen aus einer Hand. Zweiter Zwischenbericht (2006) der wissenschaftlichen Begleitforschung, Siegen, Dezember 2006.

Zentrum für Planung und Evaluation Sozialer Dienste (ZPE), Selbständiges Wohnen behinderter Menschen – individuelle Hilfen aus einer Hand. Tabellensatz zu Basisdaten zum Stichtag 30.06.2006, IH-NRW-Projektpapier Nr. 15, Siegen 2006.

Zentrum für Planung und Evaluation Sozialer Dienste (ZPE), Selbständiges Wohnen behinderter Menschen – individuelle Hilfen aus einer Hand. Abschlussbericht, Siegen, 2008.

Ziegler, Josef, Bürgerbeteiligung in der kommunalen Selbstverwaltung. Situation und Überlegungen zur weiteren Entwicklung, Würzburg 1974, zugl. Diss. Univ. Würzburg.

Zurhausen, Guido / *Berndt,* Dieter, Sozialhilfe und Jugendwohlfahrt, in: Loschelder / Salzwedel, Verfassungs- und Verwaltungsrecht des Landes NRW, S. 511 ff.

Sachverzeichnis

Schriftenreihe des Freiherr-vom-Stein-Instituts im Deutschen Gemeindeverlag, Verlag W. Kohlhammer

Band 1 Janbernd *Oebbecke,* Zweckverbandsbildung und Selbstverwaltungsgarantie, 1982, 104 Seiten, kartoniert, € 10,50.
ISBN 3-555-00530-8

Band 2 Edzard *Schmidt-Jortzig* und Alexander *Schink,* Subsidiaritätsprinzip und Kommunalordnung, 1982, 168 Seiten, kartoniert, € 14,50.
ISBN 3-555-00535-9

Band 3 Ingolf *Deubel,* Der kommunale Finanzausgleich in Nordrhein-Westfalen, 1984, 264 Seiten, kartoniert, € 17,90.
ISBN 3-555-00592-8

Band 4 Alexander *Schink,* Rechtsnachfolge bei Zuständigkeitsveränderungen in der öffentlichen Verwaltung, 1984, 340 Seiten, kartoniert, € 18,40.
ISBN 3-555-00593-6

Band 5 Janbernd *Oebbecke,* Gemeindeverbandsrecht Nordrhein-Westfalen, Eine systematische Darstellung, 1984, 168 Seiten, kartoniert, € 15,50.
ISBN 3-555-00623-1

Band 6 Hans Jürgen *Fischedick,* Die Wahl der Benutzungsform kommunaler Einrichtungen, 1986, 121 Seiten, kartoniert, € 15,50.
ISBN 3-555-00689-4

Band 7 Janbernd *Oebbecke,* Weisungs- und unterrichtungsfreie Räume in der Verwaltung, 1986, 324 Seiten, kartoniert, € 19,50.
ISBN 3-555-00693-2

Band 8 Werner *Hauser,* Die Wahl der Organisationsform kommunaler Einrichtungen, Kriterien für die Entscheidung zwischen möglichen Organisationsformen, 1987, 300 Seiten, kartoniert (vergriffen).

Band 9 Elke *Bartels,* Abfallrecht – Eine systematische Darstellung, 1987, 224 Seiten, kartoniert (vergriffen).

Band 10 Ansgar *Müller,* Schulorganisationsrecht Nordrhein-Westfalen – Eine systematische Darstellung, 1988, 174 Seiten, kartoniert, € 23,00.
ISBN 3-555-00766-1

Band 11 Hans-Uwe *Erichsen,* Werner *Hoppe* und Adalbert *Leidinger* (Hrsg.), Kommunalverfassungen in Europa, 1988, 182 Seiten, kartoniert, € 25,50.
ISBN 3-555-00780-7

Band 12 Alexander *Schink,* Naturschutz- und Landschaftspflegerecht Nordrhein-Westfalen, 1989, 563 Seiten, kartoniert (vergriffen).

Band 13 H. Jürgen *Wolff,* Bedarfsgerechte Struktur der Kreiseinnahmen, 1990, 388 Seiten, kartoniert, € 20,35.
ISBN 3-555-00799-8

Band 14 Hans-Uwe *Erichsen,* Die Vertretung der Kommunen in den Mitgliederorganen von juristischen Personen des Privatrechts, 1990, 184 Seiten, kartoniert, € 20,35.
ISBN 3-555-00832-3

Band 15 Paul-Peter *Humpert,* Genehmigungsvorbehalte im Kommunalverfassungsrecht, 1990, 276 Seiten, kartoniert, € 22,90.
ISBN 3-555-00833-1

Band 16 Werner *Hoppe* und Alexander *Schink* (Hrsg.), Kommunale Selbstverwaltung und europäische Integration, 1990, 145 Seiten, kartoniert, € 20,35.
ISBN 3-555-00857-9

Band 17 Werner *Hoppe* / Hans-Uwe *Erichsen* / Adalbert *Leidinger* (Hrsg.), Aktuelle Probleme der kommunalen Selbstverwaltung – 10 Jahre Freiherr-vom-Stein-Institut –, 1991, 210 Seiten, kartoniert, € 20,35.
ISBN 3-555-00910-9

Band 18 Hans *Vietmeier,* Die staatlichen Aufgaben der Kommunen und ihrer Organe – Auftragsverwaltung und Organleihe in Nordrhein-Westfalen – 1992, 378 Seiten, kartoniert, € 25,50.
ISBN 3-555-00913-3

Band 19 Angela *Faber,* Europarechtliche Grenzen kommunaler Wirtschaftsförderung – Die Bedeutung der Art. 92 - 94 EWGV für die kommunale Selbstverwaltung – 1992, 260 Seiten, kartoniert (vergriffen)

Band 20 Werner *Hoppe* und Martin *Schulte,* Rechtsschutz der Länder in Planfeststellungsverfahren des Bundes – Dargestellt am Beispiel des Denkmalschutzes in Nordrhein-Westfalen – 1993, 101 Seiten, kartoniert, € 12,70.
ISBN 3-555-00994-X

Band 21 Jan *Bodanowitz,* Organisationsformen für die kommunale Abwasserbeseitigung, 1993, 196 Seiten, kartoniert, € 20,35.
ISBN 3-555-00995-8

Band 22 Jürgen *Brügge,* Bodendenkmalrecht unter besonderer Berücksichtigung der Paläontologie, 1993, 222 Seiten, kartoniert, € 22,50.
ISBN 3-555-01015-8

Band 23 Ute *Adam,* Veterinärrecht – Eine systematische Darstellung unter besonderer Berücksichtigung der Rechtslage in Nordrhein-Westfalen, 1993, 284 Seiten, kartoniert, € 23,00.
ISBN 3-555-01024-7

Band 24 Werner *Hoppe* / Joachim *Bauer* / Angela *Faber* / Alexander *Schink* (Hrsg.), Rechts- und Anwendungsprobleme der neuen Bauordnung NW, 1996, 170 Seiten, kartoniert, € 15,30.
ISBN 3-555-01095-6

Band 25 Andrea *Krebs,* Rechtliche Grundlagen und Grenzen kommunaler Elektrizitätsversorgung, 1996, 370 Seiten, kartoniert, € 25,50.
ISBN 3-555-01102-2

Band 26 Margit *Twehues,* Rechtsfragen kommunaler Stiftungen, 1996, 366 Seiten, kartoniert, € 23,60.
ISBN 3-555-01107-3

Band 27 Werner *Hoppe* / Joachim *Bauer* / Angela *Faber* / Alexander *Schink* (Hrsg.), Auswirkungen des Kreislaufwirtschafts- und Abfallgesetzes auf die öffentlich-rechtlichen Entsorgungsträger, 1996, 220 Seiten, kartoniert, € 18,00.
ISBN 3-555-01120-0

Band 28 Olaf *Otting,* Neues Steuerungsmodell und rechtliche Betätigungsspielräume der Kommunen, 1997, 333 Seiten, kartoniert, € 22,50.
ISBN 3-555-01134-0

Band 29 Heidrun *Schnell,* Freie Meinungsäußerung und Rederecht der kommunalen Mandatsträger unter verfassungsrechtlichen, kommunalrechtlichen und haftungsrechtlichen Aspekten, 1997, 250 Seiten, kartoniert, € 20,35.
ISBN 3-555-01159-6

Band 30 Janbernd *Oebbecke* / Joachim *Bauer* / Angela *Faber* (Hrsg.), Umweltrecht und Kommunalrecht – Kolloquium aus Anlaß des Ausscheidens von Werner Hoppe als Geschäftsführender Direktor des Freiherr-vom-Stein-Instituts, 1998, 161 Seiten, kartoniert, € 10,20.
ISBN 3-555-01166-9

Band 31 Anke *Freisburger,* Public Private Partnership in der kommunalen Museumsarbeit, 2000, 296 Seiten, kartoniert, € 20,35.
ISBN 3-555-01210-X

Band 32 Janbernd *Oebbecke* / Joachim *Bauer* / Hermann *Pünder* (Hrsg.), Perspektiven der kommunalen Sparkassen – Symposium des Freiherr-vom-Stein-Instituts und des Westfälisch-Lippischen Sparkassen- und Giroverbandes am 24. Februar 2000, 2000, 121 Seiten, kartoniert, € 10,20.
ISBN 3-555-01228-2

Band 33 Holger *Obermann,* Die kommunale Bindung der Sparkassen – Verfassungsrechtliche Möglichkeiten und Grenzen ihrer Ausgestaltung, 2000, 224 Seiten, kartoniert, € 19,40.
ISBN 3-555-01229-0

Band 34 Raphael *Lohmiller,* Kapitalbeteiligungsgesellschaften der Sparkassen – Eine Untersuchung über die Rechtsgrundlagen der Beteiligungsfinanzierung durch kommunale Sparkassen, 2000, 318 Seiten, kartoniert, € 20,20.
ISBN 3-555-01231-2

Band 35 Olaf *Schefzyk,* Der kommunale Beteiligungsbericht - Ein Instrument zur verbesserten Berichterstattung über die Unternehmenstätigkeit der Kommunen, 2000, 391 Seiten, kartoniert, € 21,45.
ISBN 3-555-01234-7

Band 36 Angela *Faber,* Gesellschaftliche Selbstregulierungssysteme im Umweltrecht – unter besonderer Berücksichtigung der Selbstverpflichtungen, 2001, 501 Seiten, kartoniert, € 29,65.
ISBN 3-555-01240-1

Band 37 Klaus *Schulenburg,* Die Kommunalpolitik in den Kreisen Nordrhein-Westfalens: Eine empirische Bestandsaufnahme, 2001, 484 S., kartoniert, € 25,10.
ISBN 3-555-01250-9

Band 38 Janbernd *Oebbecke* / Dirk *Ehlers* / Alexander *Schink* / Hermann *Pünder* (Hrsg.), Kommunalfinanzen, Symposium aus Anlaß des 75. Geburtstages von Adalbert Leidinger am 8. März 2001 in Münster, 2001, 155 S., kartoniert, € 13,75.
ISBN 3-555-01251-7

Band 39 Janbernd *Oebbecke* / Dirk *Ehlers* / Alexander *Schink* / Hermann *Pünder* (Hrsg.), Die nordrhein-westfälische Gemeindeprüfung in der Diskussion / Kolloquium des Freiherr-vom-Stein-Instituts und des Innenministeriums Nordrhein-Westfalen am 2. Februar 2001, 2001, 79 S., kartoniert, € 11,22.
ISBN 3-555-01252-5

Band 40 Peter *Lüttmann,* Aufgaben und Zusammensetzung der Verwaltungsräte der kommunalen Sparkassen, 2002, 407 S., kartoniert, € 24,85.
ISBN 3-555-01274-6

Band 41 Janbernd *Oebbecke* / Dirk *Ehlers* / Alexander *Schink* / Hermann *Pünder* (Hrsg.), Aktuelle Fragen der Sparkassenpolitik / Wissenschaftliches Kolloquium des Freiherr-vom-Stein-Instituts am 8. März 2002 zu Ehren von Herrn Dr. Kuhr anlässlich seines Ausscheidens als Vorsitzender des Kuratoriums des Freiherr-vom-Stein-Instituts, 2002, 70 S., kartoniert, € 7,85.
ISBN 3-555-01278-9

Band 42 Ansgar *Hörster,* Die Wahrnehmung der Sozialhilfeaufgaben im kreisangehörigen Raum in Nordrhein-Westfalen, 2002, 342 S., kartoniert, € 23,85.
ISBN 3-555-01279-7

Band 43 Hermann *Pünder,* Haushaltsrecht im Umbruch – eine Untersuchung der Erfordernisse einer sowohl demokratisch legitimierten als auch effektiven und effizienten Haushaltswirtschaft am Beispiel der Kommunalverwaltung, 2003, 665 S., kartoniert, € 29,85.
ISBN 3-555-01289-4

Band 44 Thomas *Harks*, Kommunale Arbeitsmarktpolitik – Rechtliche Vorgaben und Grenzen, 2003, 295 S., kartoniert, € 19,80.
ISBN 3-555-01302-5

Band 45 Volker *Schepers,* Internet-Banking und sparkassenrechtliches Regionalprinzip, 2003, 275 S., kartoniert, € 19,80.
ISBN 3-555-01308-4

Band 46 Marco *Kulosa,* Die Steuerung wirtschaftlicher Aktivitäten von Kommunen - eine betriebswirtschaftliche Analyse, 2003, 290 S., kartoniert, € 20,20.
ISBN 3-555-01316-5

Band 47 Frank *Placke,* Interkommunale Produktvergleiche als Basis für den kommunalen Finanzausgleich, 2003, 433 S., kartoniert, € 24,60.
ISBN 3-555-01321-1

Band 48 Antje *Wittmann,* Der Sparkassenverbund, 2004, 294 S., kartoniert, € 22,00.
ISBN 3-555-01328-9

Band 49 Barbara *Lübbecke,* Das Kommunalunternehmen - neue Organisationsform im kommunalen Wirtschaftsrecht von Nordrhein-Westfalen, 2004, 343 S., kartoniert, € 24,80.
ISBN 3-555-01329-7

Band 50 Sven Oliver *Hoffmann,* Gewässerschutzrecht Nordrhein-Westfalen - eine systematische Darstellung unter besonderer Berücksichtigung der europarechtlichen und bundesrechtlichen Vorgaben, 2004, 500 S., kartoniert, € 26,80.
ISBN 3-555-01330-0

Band 51 Janbernd *Oebbecke* / Dirk *Ehlers* / Alexander *Schink* / Dörte *Diemert* (Hrsg.), Kommunalverwaltung in der Reform / Wissenschaftliche Fachtagung des Freiherr-vom-Stein-Instituts am 2. Juli 2004 in Münster, 2004, 165 S., kartoniert, € 14,20.
ISBN 3-555-01339-4

Band 52 Hans *Lühmann,* Die Zusammenführung von Arbeitslosen- und Sozialhilfe im Sozialgesetzbuch II (SGB II) - Sozial- und organisationsrechtliche Aspekte des Hartz IV-Gesetzes für die kommunale Sozialpolitik, 2005, 223 S., kartoniert, € 17,80.
ISBN 3-555-01349-1

Band 53 Jörg *Niggemeyer,* Zulässigkeit und Grenzen von Sparkassenfusionen - eine Untersuchung am Beispiel von Zusammenschlüssen nordrhein-westfälischer Sparkassen, 2005, 476 S., kartoniert, € 26,80.
ISBN 3-555-01350-5

Band 54 Dörte *Diemert,* Das Haushaltssicherungskonzept – Verfassungs- und haushaltsrechtliche Grundlagen in NRW unter Berücksichtigung des Neuen Kommunalen Finanzmanagements, 2005, 555 S., kartoniert, € 28,80.
ISBN 3-555-01370-X

Band 55 Andrea *Becker,* Die Entwicklung des Personalvertretungsrechts in Nordrhein-Westfalen – eine Untersuchung der wesentlichen Einflussfaktoren auf die Gesetzgebung am Beispiel des LPVG NRW, 2006, 495 S., kartoniert, € 29,00.
ISBN 3-555-01371-8

Band 56 Janbernd *Oebbecke* / Dirk *Ehlers* / Martin *Klein* / Theresia *Theurl* / Dörte *Diemert* (Hrsg.), Perspektiven für Sparkassen und Genossenschaftsbanken – Wissenschaftliche Fachtagung des Freiherr-vom-Stein-Instituts und des Instituts für Genossenschaftswesen der Universität Münster am 17. Oktober 2005 in Münster, 2006, 128 S., kartoniert, € 10,20.
ISBN 3-555-01385-5

Band 57 Inken *Pehla,* Der Haftungsverbund der Sparkassen-Finanzgruppe – eine Untersuchung der Institutssicherung der Sparkassen und Landesbanken unter besonderer Berücksichtigung des Einlagensicherungs- und Anlegerentschädigungsgesetzes, 2006, 240 S., kartoniert, € 20,80.
ISBN 3-555-01372-6

Band 58 Janbernd *Oebbecke* / Dirk *Ehlers* / Martin *Klein* / Dörte *Diemert* (Hrsg.), Zwischen kommunaler Kooperation und Verwaltungsreform – Fachtagung aus Anlass des 25-jährigen Bestehens des Freiherr- vom-Stein-Instituts am 12. Mai 2006 in Münster, 2006, 127 S., kartoniert, € 12,80.
ISBN 3-555-01391-2

Band 59 Simone *Schütte-Leifels,* Die Grundsätze der Sozialhilfe nach der Reform, 2007, 345 S., kartoniert, € 24,80.
ISBN 978-3-555-01399-2

Band 60 Christian *Thiemann,* Rechtsprobleme der Marke Sparkasse, 2008, 314 S., kartoniert, € 24,00.
ISBN 978-3-555-01451-7

Band 61 Linus *Tepe,* Verfassungsrechtliche Vorgaben für Zuständigkeitsverlagerungen zwischen Gemeindeverbandsebenen, 2009, 235 S., kartoniert, € 20,00.
ISBN 978-3-555-01459-3